필수 공식으로 빠르게 정복하는

엑셀

매크로&VBA

업무 공략집

최준선 지음

EXCEL MACRO&VBA

1

네이버 1위
엑셀 대표 카페
★★★★★
30만 직장인이
적극 추천한
엑셀 강의

2

40가지
매크로 필수 공식
★★★★★
내 업무에
매크로를 활용하는
가장 빠른 방법

3

모든 버전
사용 가능
★★★★★
최신 버전은 물론
하위 버전도
실습 가능

 한빛미디어
Hanbit Media, Inc.

지은이 최준선

마이크로소프트의 엑셀 MVP로, 엑셀 강의 및 기업 업무 컨설팅과 집필 활동을 활발히 하고 있습니다. 네이버 엑셀 대표 카페인 '엑셀..하루에 하나씩(http://cafe.naver.com/excelmaster)'에서 체계적인 교육 프로그램인 '엑셀 마스터 과정'을 운영하고 있습니다. 주요 저서로는 《엑셀 데이터 분석 바이블》(한빛미디어, 2021), 《엑셀 함수&수식 바이블》(한빛미디어, 2020), 《엑셀 업무 공략집》(한빛미디어, 2020), 《엑셀 매크로&VBA 바이블》(한빛미디어, 2019), 《엑셀 바이블》(한빛미디어, 2019), 《엑셀 2016 함수&수식 바이블》(한빛미디어, 2018), 《엑셀 피벗&파워 쿼리 바이블》(한빛미디어, 2017), 《엑셀 2016 매크로&VBA 바이블》(한빛미디어, 2016), 《엑셀 2016 바이블》(한빛미디어, 2016), 《엑셀 2013 바이블》(한빛미디어, 2013), 《회사에서 바로 통하는 엑셀 실무 데이터 분석》(한빛미디어, 2012), 《회사에서 바로 통하는 엑셀 2010 함수 이해&활용》(한빛미디어, 2012) 등이 있습니다.

필수 공식으로 빠르게 정복하는

엑셀 매크로&VBA 업무 공략집

초판 1쇄 발행 2021년 11월 30일

지은이 최준선 / **펴낸이** 김태헌
펴낸곳 한빛미디어(주) / **주소** 서울특별시 서대문구 연희로 2길 62 한빛미디어(주) IT출판부
전화 02-325-5544 / **팩스** 02-336-7124
등록 1999년 6월 24일 제25100-2017-000058호 / **ISBN** 979-11-6224-493-7 13000

총괄 전정아 / **책임편집** 배윤미 / **기획 · 편집** 박동민
디자인 표지 박정화 내지 윤혜원 / **전산편집** 오정화
영업 김형진, 김진불, 조유미 / **마케팅** 박상용, 송경석, 한종진, 이행은, 고광일, 성화정 / **제작** 박성우, 김정우

이 책에 대한 의견이나 오탈자 및 잘못된 내용에 대한 수정 정보는 한빛미디어(주)의 홈페이지나 아래 이메일로 알려주십시오.
잘못된 책은 구입하신 서점에서 교환해 드립니다. 책값은 뒤표지에 표시되어 있습니다.
한빛미디어 홈페이지 www.hanbit.co.kr / **이메일** ask@hanbit.co.kr / **자료실** www.hanbit.co.kr/src/10493

지금 하지 않으면 할 수 없는 일이 있습니다.
책으로 펴내고 싶은 아이디어나 원고를 메일(writer@hanbit.co.kr)로 보내주세요.
한빛미디어(주)는 여러분의 소중한 경험과 지식을 기다리고 있습니다.

매크로를 왜 공부해야 할까?

엑셀을 활용한 업무는 대부분 주기적으로 같은 작업을 반복하는 특성이 있습니다. 대다수 엑셀 사용자들이 단축키 몇 개와 복사/붙여넣기를 통해 반복 업무를 처리하는데, 이런 식의 작업은 개인을 지치게 만들며 창의적인 문제 해결 능력을 떨어뜨릴 수 있습니다. 업무 자동화를 위한 내부적인 교육 시스템이 구축되어 있지 않은 많은 회사의 경우 개개인은 발전 없이 반복 업무만 처리하는 도구로 전락하는 것이 현실입니다.

엑셀에는 여러 업무를 자동화할 수 있도록 매크로라는 방법을 지원합니다. 엑셀이 시장에서 굳건한 지위를 마련할 수 있었던 데에는 매크로가 큰 몫을 차지했습니다. 매크로를 이용하면 누구나 자신의 업무를 자동화할 수 있으며 이를 통해 생산성을 높이고 창의적인 결과를 만들어낼 수 있습니다.

매크로를 빠르게 배울 수 있을까?

매크로를 사용하려면 VBA(Visual Basic for Applications)라는 언어를 알아야 합니다. VBA는 프로그래밍 언어 중에서 가장 난이도가 낮은 Basic 언어를 기반으로 합니다. 따라서 전산 전문가가 아닌 일반 사용자도 쉽게 자신의 업무를 매크로로 개발할 수 있습니다.

다만, 프로그램을 마우스로 조작하는 방식이 아닌 명령어를 직접 입력하는 방식으로 코드를 개발해야 하므로 엑셀 사용자들은 매크로를 배우는 것이 어렵고 많은 시간을 투자해야 한다고 생각합니다. 이런 문제를 해결하기 위해 엑셀에는 매크로 기록기라는 기능이 제공됩니다. 매크로 기록기는 스마트폰의 녹음 앱처럼 엑셀에서 사용자가 진행하는 업무를 VBA 언어로 기록해주는 역할을 합니다. 이를 통해 자신의 업무를 매크로로 쉽게 개발할 수 있고 약간의 코드 수정 방법만 배울 수 있다면 기록된 매크로가 더욱 효율적으로 동작할 수 있도록 개선하는 것이 가능합니다.

이 책은 철저하게 매크로 기록기를 통해 코드를 얻고 수정하는 방법으로 진행하여 매크로를 보다 빠르게 사용할 수 있도록 안내합니다.

《엑셀 매크로&VBA 바이블》과 이 책의 차이는 무엇인가요?

제가 집필한 《엑셀 매크로&VBA 바이블》과 이번에 새로 출간된 《엑셀 매크로&VBA 업무 공략집》의 차이를 궁금해하실 분이 계실 것입니다. 《엑셀 매크로&VBA 바이블》은 사용자가 매크로 개발에 필요한 VBA를 체계적으로 학습할 수 있도록 구성되어 있습니다. 《엑셀 매크로&VBA 바이블》을 통해 매크로를 공부한다면 결국 원하는 매크로를 자유자재로 만드는 방법을 터득할 수 있습니다. 다만 두꺼운 책을 모두 차근차근 공부해 나가려면 어느 정도 시간이 걸리므로 업무에 매크로를 당장 활용해보고 싶은 사용자는 불편할 수 있습니다.

반면에 《엑셀 매크로&VBA 업무 공략집》은 매크로 입문자에게 좋은 책이라고 생각합니다. 보다 빠르게 매크로를 업무에 활용할 수 있는 방법을 안내드리기 위한 책으로, 매크로를 보다 쉽게 활용할 수 있는 여러 방법이 제공됩니다. 다만 이 책에서 소개하는 방법만으로 모든 업무를 자동화할 수는 없습니다.

따라서 《엑셀 매크로&VBA 업무 공략집》으로 매크로에 입문한 다음 매크로를 더욱 제대로 활용해보고 싶다면 《엑셀 매크로&VBA 바이블》로 심화 학습을 하는 방법을 권하고 싶습니다.

책에서 잘 이해되지 않거나 궁금한 점은 어떻게 해야 하나요?

책에 아무리 많은 정보를 담고 싶어도 지면에는 한계가 있고 도서상의 예제와 사용자의 데이터는 차이가 있기 마련입니다. 독학을 하다 보면 여러 가지 문제를 겪을 수밖에 없는데 저는 이런 문제를 공유하고 함께 해결하기 위해 2004년도부터 '엑셀..하루에 하나씩(https://cafe.naver.com/excelmaster)' 카페를 운영하고 있습니다.

공부하면서 주변에 도움을 얻을 수 있는 분이 있다면 다행이겠지만, 그렇지 않다면 제가 운영하는 커뮤니티를 방문해 다른 독자들과 함께 공부하면서 잘 이해되지 않는 부분이나 막히는 문제는 언제든 조언을 구할 수 있습니다.

엑셀..하루에하나씩(https://cafe.naver.com/excelmaster)

카페에서는 이 책에 수록한 내용 이외에도 엑셀 관련 다양한 추가 강좌를 제공하며, 독학으로 어려움을 겪는 분들을 위한 주말 강의도 제공합니다.

감사의 인사

이 책을 믿고 선택해주신 독자분께 진심을 담아 감사의 인사를 전합니다. 책이 발간되기까지 많은 수고를 아끼지 않은 한빛미디어 출판사 관계자분들께도 고생하셨다는 인사를 남깁니다. 또한 저를 잘 이해하고 지지해주는 가족에게 늘 고마운 마음과 사랑의 인사를 전합니다.

2021년 11월
최준선

내 업무에 매크로&VBA를 활용하는 가장 빠른 공략법!

반복 작업을 자동화해주는 엑셀 매크로&VBA, 낯설게만 느껴지시나요? 내 업무에 활용하고 싶어도 어려워 보인다는 이유로 배우기를 포기하고 매일 같은 작업을 비효율적으로 처리하지는 않았나요? 이 책은 엑셀 매크로&VBA를 내 업무에 활용하기 위해 꼭 필요한 내용만 추려내어 40가지 필수 공식에 담았습니다. 입문자도 매크로 필수 공식만 잘 따라 하면 실무에서 어렵지 않게 매크로&VBA를 활용할 수 있습니다.

40가지 매크로 필수 공식

엑셀을 어느 정도 할 줄 아는 사람은 많습니다. 그러나 매크로&VBA를 업무에 활용할 수 있는 사람은 드뭅니다. 이는 매크로&VBA가 배우기 어렵다는 선입견 때문입니다. 이 책에 담은 40가지 필수 공식만 따라 해도 엑셀 매크로&VBA를 활용하기 위한 필수 기능을 학습하고 실제로 내 업무에 활용할 수 있습니다.

엑셀 매크로&VBA 핵심 기능 공략

엑셀 매크로&VBA에서 지원하는 모든 기능을 외울 필요는 없습니다. 업무에 자주 쓰이는 핵심 기능은 따로 있기 때문입니다. 저자가 수많은 강의와 세미나, 실무 경험을 통해 얻은 매크로&VBA 학습 노하우를 바탕으로 꼭 필요한 핵심 기능, 코드, 문법만 골라서 학습할 수 있도록 구성했습니다.

학습을 돕는 알찬 구성

이 책에서는 매크로 기록기를 통해 내 업무를 자동화하는 과정을 40가지 필수 공식을 통해 배웁니다. 누구나 매크로&VBA를 빠르게 배워 활용할 수 있도록 매크로를 기록하고 수정하는 과정을 쉽고 자세하게 설명합니다. 각 필수 공식에 맞는 예제 파일을 다운로드해 매크로 공략 치트키, 공략 팁 등을 참고하여 따라 해보세요! 자연스럽게 매크로&VBA를 활용하고 있는 자신을 발견하게 될 것입니다.

업무 자동화의 핵심 스킬만 골라 배우는 매크로 실무 예제!

반복 업무를 자동화하기 위해 배워야 하는 엑셀 매크로&VBA의 가장 핵심적인 내용을 선별해 주제별 실무 예제에 담았습니다. 마이크로소프트 MVP 최준선 저자의 알짜배기 노하우가 담긴 실무 예제를 친절한 설명과 함께 차근차근 따라가면서 매크로&VBA의 기본기를 쉽고 빠르게 정복해보세요!

이 책의 구성

필수 공식

엑셀 매크로&VBA를 내 업무에 활용하기 위해 꼭 배워야 하는 내용을 40가지 필수 공식에 담았습니다. 이 공식만 잘 따라 하면 실무에 매크로&VBA를 활용할 수 있습니다.

내용 설명

매크로&VBA를 활용하는 데 꼭 필요한 핵심 개념을 본문에서 쉽고 자세하게 설명합니다.

예제_없음

개체 모델 이해하기

엑셀에는 엑셀 프로그램을 포함해 파일, 시트, 셀 등의 구성 요소가 존재합니다. 이들의 관계를 간단하게 표현하면 다음과 같은 구조로 설명할 수 있습니다.

매크로를 개발하려면 엑셀을 구성하는 각 구성 요소가 VBA에서 어떻게 불리는지 이름을 알고 있어야 합니다. ~~그램은~~ Application, 파일은 Workbook, 시트는 Worksheet와 Chart, 셀은 Range라 ~~니다.~~ 이런 이름을 개체라고 하고 개체 간의 관계를 설명하는 구조를 개체 모델이라고 함

~~(t)~~와 컬렉션(Collection)

~~이~~ 개체는 엑셀을 구성하는 요소의 이름을 의미합니다. 동일한 개체가 여럿 존재할 때는 ~~구~~분할 수 있는 방법이 필요한데, 이를 위해 제공되는 것이 바로 컬렉션입니다.

필수 공식
12 셀에 수식을 입력하는 매크로 기록하기

예제_PART 01 \ CHAPTER 03 \ 매크로 기록가-수식.xlsm

A1 참조 방식과 R1C1 참조 방식

수식을 입력하는 과정을 매크로 기록기로 기록하면 수식의 셀 주소는 다음 두 가지 패턴으로 입력됩니다.

```
R1C1
R[1]C[1]
```

이런 주소 체계는 엑셀 이전 세대 프로그램인 Lotus 1-2-3에서 사용했던 방식으로, R1C1 참조 방식이라고 합니다. 코드를 보기 쉽게 정리하려면 R1C1 참조 방식의 주소를 엑셀의 A1 참조 방식의 주소로 바꾸는 방법을 이해해야 합니다.

> **매크로 공략 치트키** | **R1C1 참조 방식 알아보기**
>
> 매크로 기록기가 사용하는 R1C1 참조 방식에서 R1C1의 R은 행(Row)을, C는 열(Column)을 의미합니다. R이나 C 뒤에는 보통 숫자가 나타나는데 대괄호가 붙는 방식과 붙지 않는 방식이 있습니다. 먼저 대괄호가 붙지 않은 R1C1은 1번 행과 1번 열을 의미하므로 엑셀에서는 [A1] 셀을 의미합니다.
>
> 대괄호 안의 숫자는 선택된 셀에서 몇 칸 떨어진 위치를 의미합니다. 예를 들어, [A1] 셀이 선택된 상태에서 R[1]C[1]은 행(Row) 방향(아래쪽)으로 한 칸, 열(Column) 방향(오른쪽)으로 한 칸 이동한 위치를 의미합니다. 엑셀에서는 [B2] 셀을 의미합니다.
>
> | A1 | | B1 |
> |----|----|----|
> | A2 | → | B2 |
>
> 위쪽이나 왼쪽으로 이동하려면 대괄호 안에 음수를 입력합니다. [B2] 셀이 선택된 상태에서 [A1] 셀은 R[-1]C[-1] 입니다.
>
> 이 개념을 이해하면 매크로로 기록된 수식을 분석할 때 많은 도움을 얻을 수 있습니다.

090 **PART 01** 엑셀의 필수 원리

예제 파일

따라 하기 예제에 필요한 실습 파일을 제공합니다.

매크로 공략 치트키

따라 하기 과정을 이해하는 데 도움되는 추가 설명뿐 아니라 엑셀 매크로&VBA를 학습할 때 꼭 필요한 정보, 알고 넘어가면 좋은 내용을 설명합니다.

첫 번째 줄은 참조할 때 사용하는 코드로 등호(=) 왼쪽이 입력받는 셀(또는 범위)이며 오른쪽이 참조하고
자 하는 원본 데이터입니다. 반면에 아래 줄의 복사 코드에서는 왼쪽이 복사할 원본 데이터이며 오른쪽이
붙여 넣을 셀(또는 범위)이 됩니다.

실전 매크로 공략하기

실전 매크로 공략하기

앞서 학습한 엑셀 매크로&VBA 기능의 실전 활
용법을 학습하기 위해 실무 예제의 VBA 코드를
직접 개발하고 수정해봅니다.

앞에서 설명한 참조와 복사 명령을 이용하는 방법으로 기존 코드를 수정합니다.

01 매크로 기록기-참조, 복사.xlsm 예제 파일을 열면 [F8:F9] 범위에 [참조]와 [복사] 단추를 확인할 수
있습니다.

> 각 단추에 지정되어 있는 기존 매크로 코드에서 하나는 참조 방식으로 수정하고, 다른 하나는 복사 방식으로 수정해 실행하겠습니다.

[공략 TIP] [보안 경고] 메시지 줄이 표시되면 [콘텐츠 사용]을 클릭합니다.

02 파일에 포함된 매크로 코드를 수정하기 위해 단축키 [Alt]+[F11]을 눌러 [VB 편집기] 창을 엽니다.

03 [프로젝트 탐색기] 창에서 [매크로기록기] 모듈을 더블클릭하면 다음과 같은 두 개의 매크로 코드를
확인할 수 있습니다.

> 이 매크로는 [참조] 단추에 연결되어 있습니다.

> 이 매크로는 [복사] 단추에 연결되어 있습니다.

084 **PART 01** 매크로 기본

TIP

예제 실습 중 헷갈리기 쉬운 부분이나 도움되는
정보를 정리해줍니다.

공략 TIP

따라 하기 예제를 실습하며 참고할 수 있는
추가 기능과 유용한 정보를 설명합니다.

코드 이해하기

매크로 기록기로 얻은 샘플 코드나 개선한 코드
를 상세하게 설명하여 매크로 코드의 구성 원리
부터 응용법까지 손쉽게 학습합니다.

[직접 실행] 창에서 경로를 확인하려면 Print 명령을 사용해 출력합니다.

```
Print ThisWorkbook.Path
```

[공략 TIP] 위에서 입력한 ? 기호는 Print 명령의 약어로, 입력이 간편해 자주 사용됩니다.

이번에 기록된 코드에서 경로가 기록된 부분을 ThisWorkbook.Path 명령으로 수정하면 다음과 같은 코
드를 얻을 수 있습니다.

```
Sub 데이터_가져오기()

    ChDir ThisWorkbook.Path                                         ①
    Workbooks.Open Filename:=ThisWorkbook.Path & "\급여대장.xlsx"     ②
    Range("I6:I10").Copy
    ThisWorkbook.Activate
    Range("C6").PasteSpecial Paste:=xlPasteValues
    Workbooks("급여대장.xlsx").Activate
    ActiveWorkbook.Close

End Sub
```

① 기존 코드는 다음과 같았습니다.

```
ChDir "C:\예제\Part 02\Chapter 05"
```

[직접 실행] 창에서 ThisWorkbook.Path 명령의 결과를 반환하면 다음과 같습니다.

```
C:\예제\Part 02\Chapter 05
```

즉, ChDir 뒤의 문자열은 ThisWorkbook.Path 명령으로 반환된 결과와 동일합니다. 이와 같이 코드를 수정
하면 경로를 변경하거나 폴더명을 수정하는 경우에 코드가 정확히 동작하도록 만들 수 있습니다.

② 기존 코드는 다음과 같았습니다.

```
Workbooks.Open Filename:="C:\예제\Part 02\Chapter 05\급여대장.xlsx"
```

앞 코드에서 파란색 부분이 ThisWorkbook.Path가 반환되는 결과와 동일합니다. 그러므로 이 부분만
ThisWorkbook.Path 코드로 대체하고 오른쪽에 파일명에 해당하는 문자열을 연결합니다.

[공략 TIP] 수정된 코드는 급여 분석 (코드 5).txt 파일로 제공됩니다.

수정된 코드가 제대로 동작하는지 [코드] 창에서 [F5]를 눌러 매크로를 실행해 봅니다.

136 **PART 02** VBA

업무를 제대로 공략할 실습 예제 다운로드하기

이 책에 사용된 모든 실습 예제 파일은 한빛출판네트워크 홈페이지(www.hanbit.co.kr)에서 다운로드할 수 있습니다. 실습 예제 파일은 따라 하기를 진행할 때마다 사용되므로 컴퓨터에 복사해두고 활용합니다. 더 빠르게 다운로드하려면 자료실(www.hanbit.co.kr/src/10493)로 접속합니다.

1 한빛미디어 홈페이지(www.hanbit.co.kr/media)로 접속합니다. 메인 페이지에서 부록/예제소스 를 클릭합니다.

이 책에 사용된 예제의 저작권은 저자에게 있습니다. 저자의 허락 없이 영리적 이용을 금하며 파일의 배포, 재판매 및 유료 콘텐츠의 예제로 사용할 시 법적 제재를 받을 수 있습니다.

2 자료실 도서 검색란에 도서명을 입력하고 🔍 을 클릭합니다.

3 선택한 도서 정보가 표시되면 예제소스 를 클릭해 예제 파일을 다운로드합니다.

다운로드한 예제 파일은 일반적으로 [다운로드] 폴더에 저장되며, 사용하는 웹 브라우저 설정에 따라 다를 수 있습니다.

PART 01

매크로 기본

CHAPTER 01 　매크로 환경 설정

CHAPTER 03 수식 활용 매크로

CHAPTER 04 매크로 활용 팁

PART 02
VBA

CHAPTER 05 엑셀의 개체 모델

CHAPTER 06　변수

PART 03 ──────────

매크로 활용

CHAPTER 08   셀, 범위를 참조하는 매크로

CHAPTER 09   엑셀 파일, 시트 관련 매크로

CHAPTER 10 피벗 테이블, 차트 관련 매크로

PART 01

매크로 기본

매크로는 반복적인 엑셀 작업을 자동화할 때 사용하는 엑셀 기능입니다. 사용자는 특정 동작을 엑셀이 자동으로 수행할 수 있도록 VBA 언어를 사용해 매크로를 개발합니다. VBA(Visual Basic for Applications)는 MS 오피스에서 사용할 수 있는 개발 언어로, VB(Visual Basic)라는 마이크로소프트의 개발 언어에서 파생된 언어입니다. MS 오피스 프로그램에는 VBA 같은 프로그래밍 언어에 익숙하지 않은 사용자가 매크로를 쉽게 만들어 사용할 수 있도록 매크로 기록기가 제공됩니다. 매크로 기록기는 엑셀 작업 과정을 자동으로 기록해 매크로를 생성합니다. 초보자라면 기록한 매크로 코드를 알맞게 수정하는 방법만 알아도 손쉽게 매크로를 활용할 수 있습니다. PART 01에서는 본격적으로 매크로를 생성해보기 전에 매크로 사용에 필요한 기본 지식을 습득하고 매크로가 무엇인지 이해하는 시간을 가져보겠습니다.

CHAPTER

01

매크로
환경 설정

매크로를 업무에 활용하는 엑셀 사용자는 매우 적
습니다. 대부분의 사용자가 컴퓨터 프로그래밍을
경험해보지 못해 막연한 두려움을 가지고 있기 때
문입니다. CHAPTER 01에서는 매크로를 사용하
기 위한 기본적인 환경 설정을 세팅하고 필요한 제
반 지식을 습득할 수 있도록 구성했으니 초보자라
면 필독할 것을 권합니다.

필수 공식 01

리본 메뉴에 [개발 도구] 탭 표시하기

예제_없음

[개발 도구] 탭

리본 메뉴에는 매크로 사용에 필요한 명령이 포함되어 있는 [개발 도구] 탭이 제공됩니다. [개발 도구] 탭은 따로 설정하지 않으면 리본 메뉴에 표시되지 않습니다. 사용자는 자신의 엑셀 프로그램의 리본 메뉴에 [개발 도구] 탭이 표시되고 있는지 먼저 확인해야 합니다.

만약 [개발 도구] 탭이 표시되고 있지 않다면 다음 과정을 참고해 [개발 도구] 탭을 표시합니다.

01 리본 메뉴에서 [파일] 탭-[옵션]을 클릭합니다.

02 [Excel 옵션] 대화상자에서 [리본 사용자 지정] 탭을 클릭합니다.

⌨ 매크로 공략 **치트키** 단계 줄이기

위 01-02 단계를 좀 더 빠르게 진행하려면 리본 메뉴의 탭 중 아무 탭을 마우스 오른쪽 버튼으로 클릭한 후 [리본 메뉴 사용자 지정]을 클릭합니다.

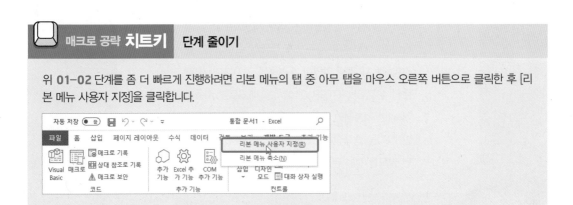

03 리본 메뉴 사용자 지정 목록에서 [개발 도구]에 체크하고 [확인]을 클릭합니다.

공략 **TIP** 엑셀 2007 버전에서는 리본 메뉴의 [기본 설정] 탭– [리본 메뉴에 개발 도구 탭 표시]에 체크합니다.

[개발 도구] 탭의 주요 명령

[개발 도구] 탭에는 다음과 같은 명령이 포함되어 있습니다.

아이콘	명령	설명	단축키
	Visual Basic	[VB 편집기] 창을 실행합니다. [VB 편집기] 창을 이용해 매크로를 개발할 수 있습니다	Alt + F11
	매크로	[매크로] 대화상자를 실행합니다. [매크로] 대화상자에서는 실행 가능한 매크로를 표시해주며 [실행], [삭제], [편집] 등의 작업을 할 수 있습니다.	Alt + F8
	매크로 기록	[매크로 기록] 대화상자를 실행합니다. 이 명령을 클릭하여 매크로 기록이 시작되면 명령 아이콘이 [기록 중지 □]로 변경됩니다.	
	Excel 추가 기능	[추가 기능] 대화상자를 실행합니다. VBA로 개발된 추가 기능을 목록에서 확인하고 엑셀에 기 능을 추가해 사용할 수 있습니다. 대표적인 Excel 추가 기 능으로는 [분석 도구]와 [해 찾기]가 있습니다.	
	컨트롤 삽입	[컨트롤] 대화상자를 실행합니다. 매크로와 함께 사용하면 좋을 다양한 컨트롤을 제공합니다.	

매크로를 사용할 수 있는 파일로 저장하기

예제 _ 없음

매크로 사용 파일 형식

엑셀에서 자주 사용하는 파일 확장자는 다음과 같습니다.

버전	확장자	설명
엑셀 2003 버전	XLS	기본 파일 형식으로 데이터를 바이너리(이진수)로 저장합니다. VBA 코드를 저장할 수 있습니다.
엑셀 2007 버전 ~ 현재	XLSX	엑셀 2007 이상 버전의 기본 파일 형식입니다. X는 XML의 약어로 데이터를 입력한 그대로 저장하며, VBA 코드가 저장되지 않습니다.
	XLSM	엑셀 2007 이상 버전에서 매크로 기능이 포함된 파일을 저장하는 기본 파일 형식입니다. M은 Macro의 약어입니다.
	XLSB	엑셀 2007 이상 버전에서 사용되는 바이너리 형식의 파일입니다. B는 Binary의 약어이며, VBA 코드를 저장할 수 있습니다.

엑셀 2007 이상 버전에서 매크로 코드를 엑셀 파일에 저장하려면 반드시 XLSM(Excel 매크로 사용 통합 문서)나 XLSB(Excel 바이너리 통합 문서) 확장자로 저장해야 합니다.

파일을 처음 저장하는 경우

저장하려는 파일에 매크로가 존재한다면 다음 단계를 참고합니다.

01 빠른 실행 도구 모음의 [저장 🖫]을 클릭하거나 단축키 Ctrl + S 를 눌러 저장합니다.

02 마이크로소프트 365 버전에서는 [이 파일 저장하기] 대화상자가 표시됩니다.

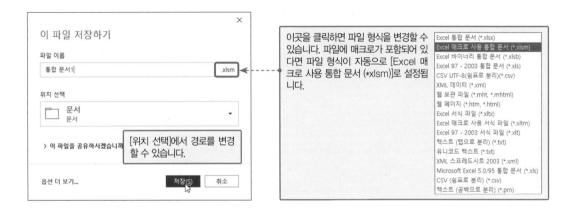

이곳을 클릭하면 파일 형식을 변경할 수 있습니다. 파일에 매크로가 포함되어 있다면 파일 형식이 자동으로 [Excel 매크로 사용 통합 문서 (*.xlsm)]로 설정됩니다.

[위치 선택]에서 경로를 변경할 수 있습니다.

03 엑셀 버전에 따라 대화상자 대신 [다른 이름으로 저장] 화면이 표시될 수 있습니다.

04 컴퓨터에 저장하려면 [이 PC]를 클릭하고 화면 오른쪽 상단에서 [파일 형식]을 [Excel 매크로 사용 통합 문서 (*.xlsm)]로 변경합니다. 원하는 파일명을 입력한 후 [저장]을 클릭합니다.

05 [다른 이름으로 저장] 화면이 표시되지 않는다면 [찾아보기]를 클릭합니다.

06 [파일 형식]을 [Excel 매크로 사용 통합 문서 (*.xlsm)]로 변경하고 [저장]을 클릭합니다.

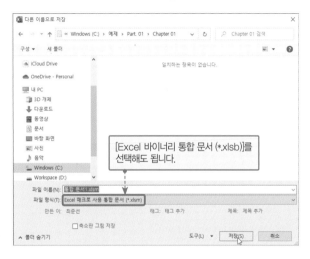

[Excel 바이너리 통합 문서 (*.xlsb)]를 선택해도 됩니다.

이미 저장된 파일(XLSX)에서 매크로를 개발할 경우

기존 Excel 통합 문서(XLSX) 형식으로 저장했던 파일에 매크로를 새로 생성한 후 파일을 다시 저장하면 다음과 같은 경고 메시지가 표시됩니다.

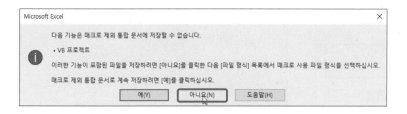

이 메시지가 표시될 때 파일에 포함된 매크로를 저장하려면 [아니오]를 클릭해야 합니다. [아니오]를 클릭하면 [다른 이름으로 저장] 화면이 표시됩니다. 앞에서 설명한 방법을 참고해 파일을 Excel 매크로 사용 통합 문서(XLSM)로 저장합니다.

윈도우 탐색기에서 파일 아이콘으로 파일 형식 구분하기

윈도우 탐색기에서는 보통 파일 확장자가 표시되지 않아 파일 형식을 구분하기 어렵습니다. 다음과 같이 파일 아이콘을 확인하면 파일 형식을 쉽게 구분할 수 있습니다.

Excel 통합 문서(XLSX)	Excel 매크로 사용 통합 문서(XLSM)	Excel 바이너리 통합 문서(XLSB)

파일 아이콘에 느낌표(!)가 포함된 쪽이 매크로가 포함된 파일입니다. Excel 통합 문서 아이콘의 셀 모양이 표시되지 않는 Excel 바이너리 통합 문서 형식에서도 매크로를 저장하고 실행할 수 있습니다.

필수 공식

03 매크로가 포함된 파일을 사용할 때 주의할 점

예제 _ PART 01 \ CHAPTER 01 \ 매크로.xlsm

보안 경고 메시지 줄

매크로가 포함된 파일을 처음 열면 화면과 같은 [보안 경고] 메시지 줄이 표시될 수 있습니다. **매크로.xlsm** 예제 파일을 열어 확인합니다.

공략 TIP 엑셀 2007 버전 사용자는 [보안 경고] 메시지 줄의 [옵션]을 클릭하고 대화상자가 표시되면 [이 콘텐츠 사용]을 클릭합니다.

[보안 경고] 메시지 줄이 표시되면 [콘텐츠 사용]을 클릭합니다. 파일 내 매크로 사용에 대한 권한을 인증해주는 절차로, 한 번 [콘텐츠 사용]을 클릭해두면 해당 파일은 [신뢰할 수 있는 문서]로 구분되어 이후부터는 [보안 경고] 메시지 줄이 표시되지 않습니다.

만약 [콘텐츠 사용]을 클릭하지 않고 매크로를 실행하면 다음과 같은 경고 메시지가 표시되며 매크로가 실행되지 않습니다.

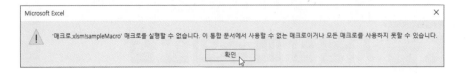

이 경우 [보안 경고] 메시지 줄에서 [콘텐츠 사용]을 클릭하는 것을 권하지만, 해당 엑셀 파일의 매크로를 바로 실행하고 싶다면 다음 과정을 참고해 작업합니다.

01 리본 메뉴의 [파일] 탭-[정보]를 클릭합니다.

02 [보안 경고]-[콘텐츠 사용]을 클릭하고 [모든 콘텐츠 사용]을 클릭합니다.

설정을 변경하고 매크로를 다시 실행해봅니다. 경고 메시지 없이 파일에 포함된 매크로가 정상적으로 실행됩니다.

필수 공식 04

[VB 편집기] 창 이해하기

예제 _ 없음

[VB 편집기] 창의 구성

엑셀 매크로는 프로그래밍 언어인 VBA를 사용해 개발합니다. VBA 언어의 개발 도구인 VB 편집기로 새로운 매크로를 개발하거나 기존 매크로 코드를 수정 및 관리할 수 있습니다.

[VB 편집기] 창을 표시하려면 리본 메뉴의 [개발 도구] 탭-[코드] 그룹-[Visual Basic🖼]을 클릭하거나 단축키 Alt + F11 을 누릅니다. 실행된 [VB 편집기] 창은 다음과 같습니다.

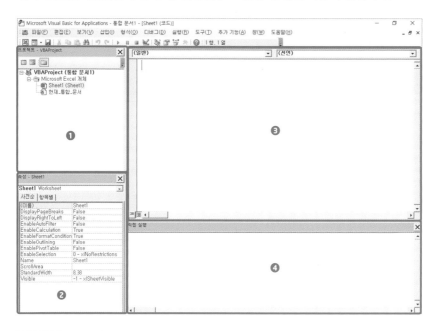

> 공략 TIP [VB 편집기] 창을 처음 호출한 경우에는 ③, ④ 영역의 창이 나타나지 않을 수 있습니다.

각 위치의 창은 다음 설명을 참고합니다.

❶ [프로젝트 탐색기] 창(Ctrl + R)

프로젝트(Project)는 프로그래밍 언어에서 하나의 작업 단위를 가리키는 용어입니다. 엑셀 같은 응용 프로그램은 파일 단위로 작업 데이터를 보관합니다. 따라서 VBA에서의 프로젝트는 엑셀의 파일 단위와 동일하게 이해해도 무방합니다.

[프로젝트 탐색기] 창은 매크로 개발에 사용되는 여러 개체를 같은 종류끼리 묶어서 표시해줍니다. [프로젝트 탐색기] 창이 표시되지 않으면 [보기] 탭-[프로젝트 탐색기]를 클릭하거나 단축키 Ctrl + R 을 누릅니다.

개체(Object)는 엑셀에서 하나의 작업 단위를 지칭하는 용어입니다. 엑셀의 개체는 시트와 파일로 구분해 표시하고, VBA의 개체는 폼, 모듈, 클래스 모듈로 구분해 폴더로 묶어 표시해줍니다. 다음은 다양한 개체를 갖고 있을 때 [프로젝트 탐색기] 창의 모습입니다.

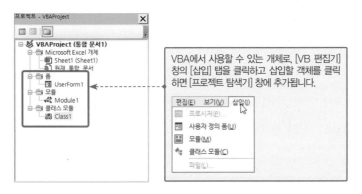

개체	설명
사용자 정의 폼	엑셀에서 기본으로 제공하지 않는 대화상자를 개발할 때 사용합니다.
모듈	매크로를 개발할 때 사용합니다.
클래스 모듈	엑셀에서 제공하지 않는 새로운 기능을 개발할 때 사용합니다.

[Microsoft Excel 개체] 폴더에서는 현재 엑셀 파일에서 사용 중인 시트(Sheet)와 현재 파일을 컨트롤할 수 있는 엑셀 문서(현재_통합_문서) 개체가 표시됩니다. 엑셀 창에서 시트를 추가하면 [프로젝트 탐색기] 창에 자동으로 추가됩니다.

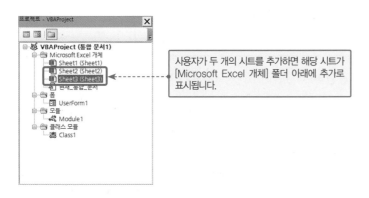

[프로젝트 탐색기] 창에 표시된 개체 중 매크로 개발에 가장 중요한 개체는 모듈(Module)입니다. 엑셀 시트에 사용자가 작업한 엑셀 데이터를 저장하는 것과 마찬가지로 모듈에는 사용자가 개발한 매크로 코드를 저장할 수 있습니다.

모듈도 시트처럼 여러 개를 생성해 사용할 수 있습니다. [VB편집기] 창에서 [삽입] 탭-[모듈]을 클릭하면 모듈이 하나씩 추가됩니다.

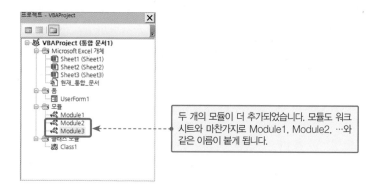

두 개의 모듈이 더 추가되었습니다. 모듈도 워크 시트와 마찬가지로 Module1, Module2, …와 같은 이름이 붙게 됩니다.

[프로젝트 탐색기] 창에는 현재 열려 있는 모든 엑셀 파일의 개체가 표시됩니다. 다음은 파일이 여러 개 열려 있을 때 [프로젝트 탐색기] 창의 모습입니다.

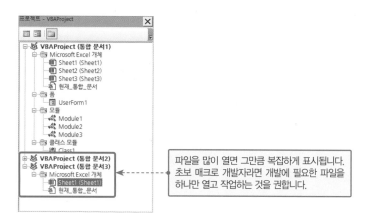

파일을 많이 열면 그만큼 복잡하게 표시됩니다. 초보 매크로 개발자라면 개발에 필요한 파일을 하나만 열고 작업하는 것을 권합니다.

❷ [속성] 창(F4)

[프로젝트 탐색기] 창에서 선택한 개체의 주요 정보를 확인하거나 수정할 수 있습니다. [속성] 창이 표시되지 않으면 [보기] 탭-[속성]을 클릭하거나 단축키 F4 를 누릅니다.

[속성] 창에서 모듈의 이름을 변경할 수 있습니다. [프로젝트 탐색기] 창에서 [Module1] 모듈을 클릭하고 [속성] 창을 확인하면 다음과 같은 정보를 확인할 수 있습니다.

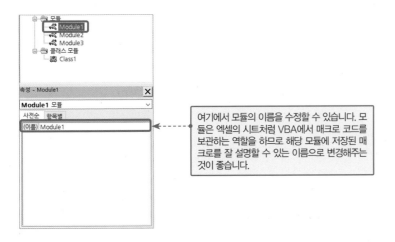

여기에서 모듈의 이름을 수정할 수 있습니다. 모듈은 엑셀의 시트처럼 VBA에서 매크로 코드를 보관하는 역할을 하므로 해당 모듈에 저장된 매크로를 잘 설명할 수 있는 이름으로 변경해주는 것이 좋습니다.

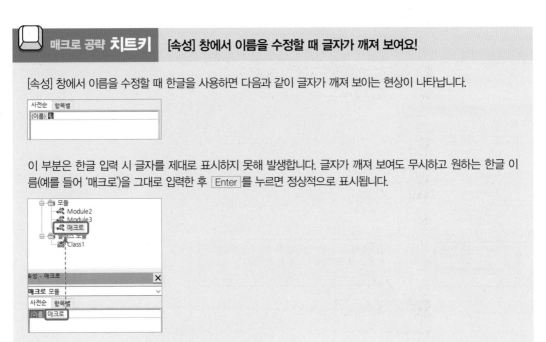

매크로 공략 치트키 [속성] 창에서 이름을 수정할 때 글자가 깨져 보여요!

[속성] 창에서 이름을 수정할 때 한글을 사용하면 다음과 같이 글자가 깨져 보이는 현상이 나타납니다.

이 부분은 한글 입력 시 글자를 제대로 표시하지 못해 발생합니다. 글자가 깨져 보여도 무시하고 원하는 한글 이름(예를 들어 '매크로')을 그대로 입력한 후 Enter 를 누르면 정상적으로 표시됩니다.

❸ [코드] 창(F7)

[프로젝트 탐색기] 창에 표시되는 개체(Sheet1, Sheet2, …, 현재_통합_문서, UserForm1, Module1, …)는 모두 개별 [코드] 창을 갖고 있습니다. 개체에 저장된 코드를 확인할 때는 [프로젝트 탐색기] 창에서 개체 이름을 더블클릭합니다. 화면 오른쪽에 해당 개체의 [코드] 창이 표시됩니다.

다음은 [매크로] 모듈을 더블클릭해 해당 모듈의 [코드] 창을 연 화면입니다.

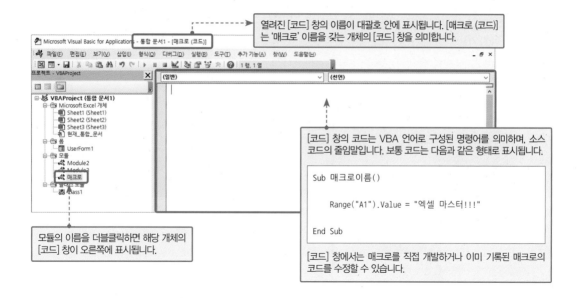

열려진 [코드] 창의 이름이 대괄호 안에 표시됩니다. [매크로 (코드)]는 '매크로' 이름을 갖는 개체의 [코드] 창을 의미합니다.

모듈의 이름을 더블클릭하면 해당 개체의 [코드] 창이 오른쪽에 표시됩니다.

[코드] 창의 코드는 VBA 언어로 구성된 명령어를 의미하며, 소스 코드의 줄임말입니다. 보통 코드는 다음과 같은 형태로 표시됩니다.

```
Sub 매크로이름()

    Range("A1").Value = "엑셀 마스터!!!"

End Sub
```

[코드] 창에서는 매크로를 직접 개발하거나 이미 기록된 매크로의 코드를 수정할 수 있습니다.

❹ [직접 실행] 창(Ctrl + G)

VBA 코드 한 줄을 실행해 결과를 반환해볼 때 사용하는 창입니다. [직접 실행] 창이 표시되지 않으면 [VB 편집기] 창에서 [보기] 탭–[직접 실행 창]을 클릭하거나 단축키 Ctrl + G를 누릅니다.

[VB 편집기] 창을 구성하는 여러 가지 창 결합하기

[VB 편집기] 창은 기본적으로 [프로젝트 탐색기], [속성], [코드], [직접 실행] 창 등이 결합(도킹)된 상태로 표시됩니다. 사용자 설정에 따라 다음과 같이 창이 분리되어 표시되는 경우도 있습니다.

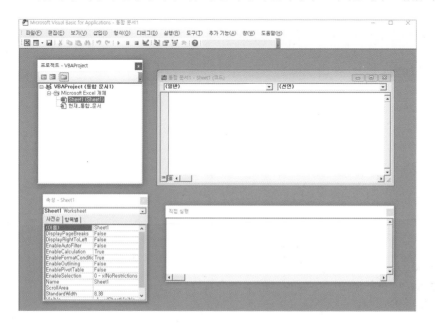

분리된 창을 다시 결합하려면 창을 원하는 모서리 방향으로 드래그합니다. 예를 들어 [프로젝트 탐색기] 창을 [VB 편집기] 창의 좌측 모서리 방향으로 드래그하면 투명한 음영이 표시되고, 이 상태에서 마우스 버튼을 놓으면 [프로젝트 탐색기] 창이 좌측에 결합됩니다.

 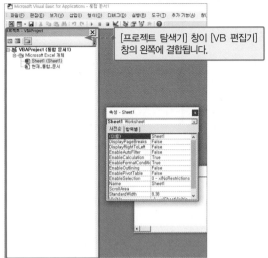

[프로젝트 탐색기] 창이 [VB 편집기] 창의 왼쪽에 결합됩니다.

만약 위와 같이 작업해도 창이 결합되지 않는다면 ❶ [VB 편집기] 창에서 [도구] 탭-[옵션]을 클릭하고 ❷ [옵션] 대화상자의 [도킹] 탭을 선택한 후 ❸ 결합하려는 창에 모두 체크합니다. [확인]을 클릭해 대화상자를 닫고 다시 결합 작업을 진행합니다.

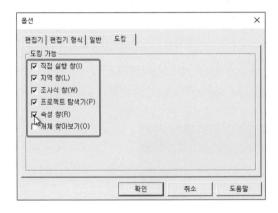

매크로를 실행하는 방법

예제 _ PART 01 \ CHAPTER 01 \ 매크로 실행.xlsm

양식 컨트롤을 이용해 매크로 실행하기

엑셀에서 매크로를 실행할 때는 리본 메뉴의 [개발 도구] 탭-[컨트롤] 그룹-[삽입]을 클릭하면 양식 컨트롤을 이용할 수 있습니다. **매크로 실행.xlsm** 예제 파일을 열고 매크로를 실행하는 작업을 진행합니다. B열과 C열의 데이터를 올바른 날짜 데이터로 변환해주는 두 개의 매크로를 개발해놓았습니다.

공략 **TIP** 예제를 열 때 [보안 경고] 메시지 줄이 표시되면 [콘텐츠 사용]을 클릭합니다.

공략 **TIP** [양식 컨트롤]은 엑셀의 내장 컨트롤이고 [ActiveX 컨트롤]은 오피스 공용 컨트롤입니다. [양식 컨트롤]은 워크시트에서 주로 사용하며 [ActiveX 컨트롤]은 보통 폼을 개발할 때 사용합니다.

리본 메뉴의 [개발 도구] 탭-[컨트롤] 그룹-[삽입📷]을 클릭한 후 [양식 컨트롤]에서 사용하려는 컨트롤을 클릭합니다. [양식 컨트롤]은 다음과 같은 12개의 컨트롤로 구성됩니다.

아이콘	이름	설명
▭	단추	가장 많이 사용되는 컨트롤로, 우리가 보통 버튼으로 알고 있는 컨트롤이 바로 단추 컨트롤입니다. 버튼을 클릭해 연결된 매크로를 실행하는 작업을 만들 때 가장 많이 사용합니다.
▦	콤보 상자	텍스트 필드 컨트롤과 목록 상자 컨트롤이 결합된 형태입니다. 아래 화살표▾를 클릭해 목록에서 값을 선택할 수 있고 값을 직접 입력할 수도 있습니다.
☑	확인란	[Excel 옵션] 대화상자에서 많이 볼 수 있는 컨트롤로 특정 옵션을 적용하거나 해제할 때 주로 사용합니다.
▣	스핀 단추	셀의 값을 증가시키거나 감소시킬 때 사용합니다.
▤	목록 상자	콤보 상자 컨트롤과 달리 목록을 숨기지 않고 여러 옵션을 모두 펼쳐 표시합니다. 옵션 중 하나를 선택하여 적용하는 작업을 만들 때 사용합니다.
◉	옵션 단추	나이대, 성별과 같이 여러 가지 선택 값 중 하나를 선택하는 작업을 만들 때 사용합니다.
⬚	그룹 상자	서로 관련 있는 컨트롤을 하나로 묶어 표시할 때 사용합니다. 주로 옵션 단추 컨트롤과 함께 사용합니다.
가가	레이블	읽기 전용 문자열을 입력하는 컨트롤입니다. 사용자가 문자열을 입력하거나 고칠 수 있는 텍스트 필드 컨트롤과는 달리 레이블 컨트롤에 입력된 문자열은 사용자가 고칠 수 없습니다.
▥	스크롤 막대	스핀 단추 컨트롤보다 넓은 범위의 값을 조정하고자 할 때 사용합니다.
▥	텍스트 필드	엑셀 5.0 버전의 대화상자 시트에서 사용할 수 있는 컨트롤입니다. 워크시트에서는 사용할 수 없습니다.
▦	콤보 목록 – 편집	
▦	콤보 드롭 다운 – 편집	

[양식 컨트롤]에서 매크로 실행에 가장 많이 사용되는 컨트롤은 [단추(양식 컨트롤)▭]입니다. [단추(양식 컨트롤)▭]를 클릭해 워크시트에 삽입하면 다음 그림처럼 [매크로 지정] 대화상자가 바로 표시됩니다. [매크로 이름]에서 [B열데이터변환]을 클릭하고 [확인]을 클릭합니다.

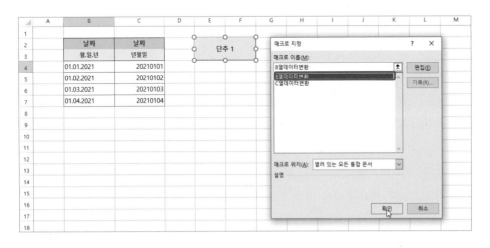

공략 TIP [매크로 지정] 대화상자에서 [B열데이터변환] 매크로를 클릭하고 [확인]을 클릭합니다.

단추의 글자 부분을 클릭해 표시된 문자열(단추 1)을 **B열 날짜 변환**으로 수정하고 임의의 빈 셀을 클릭합니다. 빈 셀을 클릭하면 단추 컨트롤의 편집 상태가 해제되어 매크로를 실행할 수 있습니다.

[단추□] 컨트롤을 클릭하면 B열의 데이터가 mm.dd.yyyy 형식에서 yyyy-mm-dd 형식의 날짜 데이터로 변환됩니다.

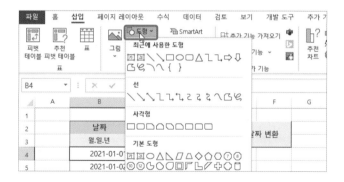

도형을 이용하여 매크로 실행하기

도형에 매크로를 연결해 실행할 수 있습니다. 리본 메뉴의 [삽입] 탭-[일러스트레이트] 그룹-[도형🖫]을 클릭하고 매크로를 연결할 도형을 클릭합니다.

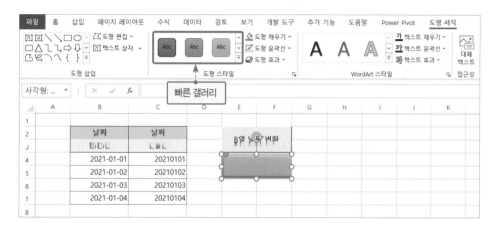

도형을 삽입한 후 원하는 서식 효과를 적용합니다. 참고로 리본 메뉴의 [서식] 탭-[도형 스타일] 그룹-[빠른 갤러리]를 이용하면 빠르게 서식을 적용할 수 있습니다.

원하는 도형을 삽입하고 서식을 적용했다면 도형을 마우스 오른쪽 버튼으로 클릭한 후 [매크로 지정]을 클릭합니다.

양식 컨트롤을 사용했을 때와 마찬가지로 [매크로 지정] 대화상자가 바로 표시되어 연결할 매크로를 선택할 수 있습니다. 이후 매크로 연결 방법이나 실행 방법은 앞에서 설명한, 단추 컨트롤에 매크로에 연결하는 방법과 동일합니다. 다음은 도형에 [C열데이터변환] 매크로를 연결한 후 다시 도형을 클릭해 C열의 데이터를 yyyymmdd 형식에서 yyyy-mm-dd 형식의 날짜 데이터로 변환한 화면입니다.

공략 **TIP** 이벤트를 이용해 굳이 컨트롤(단추 등)을 클릭하지 않아도 특정 상황에 원하는 매크로가 자동으로 실행되도록 만들 수도 있습니다. 이 책에서는 주로 기본적인 컨트롤을 활용하여 실습하므로 이벤트는 다루지 않습니다. 이벤트를 활용해 매크로를 실행하는 방법이 궁금하다면 《엑셀 매크로&VBA 바이블》을 참고해주세요!

매크로 기록기 활용하기

매크로 기록기는 초보자가 매크로를 쉽게 개발할 수 있도록 사용자의 동작을 VBA 코드로 기록해줍니다. 업무를 위해 매크로를 개발해야 하지만 어떻게 시작해야 할지 막막하다면 엑셀로 작업하는 과정을 매크로 기록기로 저장하여 기초적인 샘플 코드를 얻어 볼 수 있습니다. 기록된 코드를 수정 및 보완하는 과정을 거치면 원하는 매크로를 쉽게 만들 수 있습니다.

매크로 기록기 사용하기

예제 _ 없음

매크로 기록기 사용 방법

매크로 기록기는 사용자가 엑셀로 작업하는 과정을 VBA 코드로 번역해 기록해줍니다. 매크로 기록기를
이용하는 방법은 다음과 같습니다.

1단계 : 기록 시작

리본 메뉴의 [개발 도구] 탭-[코드] 그룹-[매크로 기록🔲]을 클릭하면 [매크로 기록] 대화상자가 표시됩
니다. 다음을 참고해 각 항목을 설정하고 [확인]을 클릭합니다.

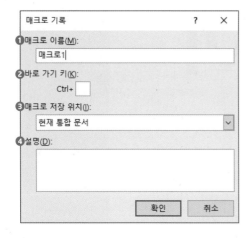

 **매크로 공략 치트키** | **[매크로 기록] 대화상자 설정 방법**

❶ 매크로 이름

기록할 매크로의 이름을 입력합니다. 이름에 대부분의 특수 문자는 사용할 수 없으며 Spacebar 를 눌러 단어 사이를 띄어 쓸 수도 없습니다. 단어를 구분하고 싶을 때는 보통 밑줄(_)이나 마침표(.)를 사용합니다.

❷ 바로 가기 키

단축키를 이용해 매크로를 실행하고 싶을 때 지정합니다. 단축키는 텍스트 상자에 영문자를 입력하여 Ctrl +영문자로 기록된 매크로를 실행할 수 있습니다. 다만 저장 단축키 Ctrl + S , 출력 단축키 Ctrl + P 와 같이 엑셀의 내부 단축키와 동일한 단축키를 지정하면 엑셀 내부 단축키는 무시되고 매크로가 우선적으로 실행됩니다. 따라서 내부 단축키와 중복되지 않도록 설정하는 것이 좋습니다.

❸ 매크로 저장 위치

매크로를 저장할 위치를 지정합니다. 다음 세 가지 중 하나를 선택할 수 있습니다.

구분	설명
현재 통합 문서	현재 파일에 매크로를 저장합니다.
새 통합 문서	새 파일을 만들고 해당 파일에 매크로를 저장합니다.
개인용 매크로 통합 문서	모든 파일에서 사용할 수 있는 매크로를 저장합니다.

❹ 설명

저장할 매크로에 대한 간략한 설명을 입력합니다. 입력된 내용은 [매크로] 대화상자에서 매크로를 실행할 때 확인할 수 있으며 VB 편집기의 [코드] 창에 주석으로 기록됩니다.

2단계 : 매크로 기록

[매크로 기록] 대화상자의 각 항목을 알맞게 설정한 후 [확인]을 클릭하면 매크로 기록이 시작됩니다. 매크로는 마우스를 클릭하거나 키보드를 누르는 동작 등을 기록합니다. 마우스 포인터를 움직이는 동작은 기록되지 않고 시간 제한도 존재하지 않습니다.

매크로 기록기를 사용하는 중에는 실행 취소(Ctrl + Z)를 해도 이미 기록된 코드가 삭제되지 않습니다. 따라서 매크로를 기록할 때는 가급적 불필요한 동작이 기록되지 않도록 작업을 최대한 천천히 순서대로 진행하는 것이 좋습니다. 긴 작업을 한번에 기록하기보다는 단계를 나누어 미리 구분해놓은 후 정리된 내용을 보면서 작업하도록 합니다. 예를 들어, 특정 범위의 데이터로 차트를 생성하는 매크로를 기록하려고 한다면 먼저 다음과 같이 단계별로 작업 내용을 정리합니다.

❶ [B5:E20] 범위를 선택합니다.
❷ [꺾은선형] 차트를 삽입합니다.
❸ 생성된 차트를 [F5:K20] 범위로 드래그하여 옮긴 후 사이즈를 조정합니다.
❹ 차트 스타일을 적용합니다.
❺ 차트 제목을 원하는 대로 변경합니다.

매크로를 기록할 때는 처음 작업 대상이 되는 셀(또는 범위)을 선택하는 동작부터 시작하는 것이 좋습니다. 매크로 기록 전에 항상 [A1] 셀을 선택해놓은 후 기록을 시작하는 것도 좋은 방법입니다.

3단계 : 기록 중지

기록을 모두 끝냈다면 리본 메뉴의 [개발 도구] 탭-[코드] 그룹-[기록 중지□]를 클릭해 매크로 기록을 중단합니다. [상태 표시줄]의 [기록 중지■]를 클릭해도 됩니다.

다른 파일을 열고 작업하는 단계에서도 해당 파일에서 [기록 중지□]를 클릭하면 매크로 기록이 종료됩니다.

필수 공식 07

매크로 기록기를 이용해 소스 코드 얻기

예제 _ PART 01 \ CHAPTER 02 \ 매크로 기록기.xlsm

소스 코드를 얻는 방법

매크로 기록기를 이용하면 사용자가 엑셀로 업무를 처리하는 과정을 VBA 언어로 기록할 수 있습니다. 기록된 매크로 코드는 사용자의 동작을 그대로 재현해주기 때문에 매크로를 직접 개발하지 못하는 초보자에게 특히 편리합니다. 다만, 매크로 기록기로 저장한 매크로는 다양한 데이터 형식에 맞춰 유기적으로 작업하기보다는 항상 동일한 데이터가 동일한 위치에 있는 경우에만 제대로 동작을 합니다. 이런 점 때문에 매크로 기록기를 효율적으로 업무에 활용하기에는 많은 제한이 따릅니다. 하지만 기록된 코드를 이해하고 알맞게 수정하는 방법을 배운다면 매크로 기록기로도 효율적으로 작동하는 매크로를 충분히 만들 수 있습니다.

매크로 기록기를 이용해 소스 코드를 얻는 방법에 대해서 알아보겠습니다.

01 매크로 기록기.xlsm 예제 파일을 열면 다음과 같은 표가 존재합니다.

	A	B	C	D	E	F	G
1							
2				데이터 형식 변환			
3							
4							
5		날짜		날짜		작업자	
6		01.01.2021					
7		01.02.2021					
8		01.03.2021					
9		01.04.2021					
10							

 매크로 공략 치트키 **기록할 매크로 동작 이해하기**

위의 표에서 [B6:B9] 범위의 날짜 데이터가 잘못된 형식으로 입력되어 있습니다. [B6:D9] 범위의 날짜 데이터를 올바른 날짜 데이터 형식으로 수정하여 [D6:D9] 범위에 입력한 후 작업자의 이름을 [F6] 셀에 기록하는 작업을 매크로 기록기로 기록해 자동화할 수 있습니다. 이번 예제에서 기록할 동작은 다음과 같습니다.

❶ [B6:B9] 범위의 데이터를 [D6:D9] 범위로 복사합니다.
❷ [D6:D9] 범위에 복사된 날짜 데이터를 올바른 날짜 데이터로 변환합니다.
❸ [F6] 셀에 작업자 이름을 입력합니다.

02 매크로를 기록하기 전 코드가 어떻게 기록되는지 확인하기 위해 [VB 편집기] 창을 열겠습니다.

03 단축키 Alt + F11 을 누르거나 리본 메뉴의 [개발 도구] 탭-[코드] 그룹-[Visual Basic💻]을 클릭합니다.

04 엑셀 창과 [VB 편집기] 창을 화면과 같이 정렬합니다.

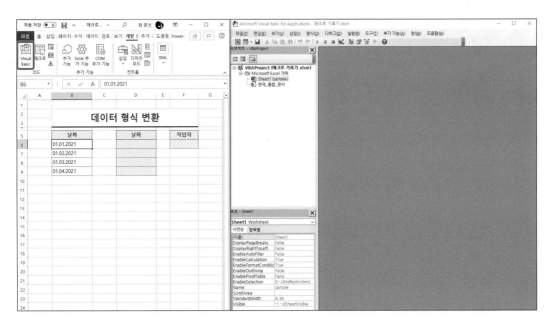

공략 TIP 엑셀 창 또는 [VB 편집기] 창을 클릭하고 WIN + 방향키를 누르면 창 위치를 쉽게 맞출 수 있습니다.

05 매크로를 기록하기 전에 [A1] 셀을 클릭합니다.

공략 TIP 매크로를 기록할 때는 작업할 대상 셀(또는 범위)을 클릭하는 동작부터 기록하는 것이 좋습니다.

06 리본 메뉴의 [개발 도구] 탭-[코드] 그룹-[매크로 기록💻]을 클릭합니다.

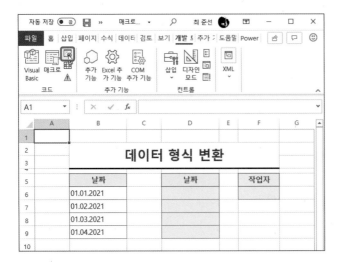

07 [매크로 기록] 대화상자가 나타나면 [매크로 이름]에 **첫번째매크로**를 입력하고 [확인]을 클릭합니다.

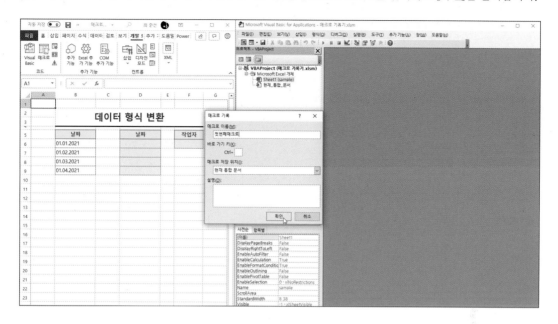

08 [VB 편집기] 창-[프로젝트 탐색기] 창에 [모듈] 폴더가 추가됩니다.

09 [모듈] 폴더를 더블클릭하고 [Module1] 모듈을 더블클릭하면 [코드] 창에 **07** 과정에서 입력한 매크로 이름을 확인할 수 있습니다.

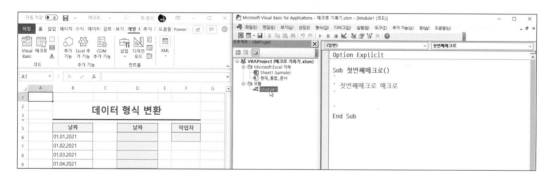

모듈은 매크로 코드가 저장되는 종이라고 생각하면 됩니다. [Module1] 모듈은 매크로 기록기가 코드를 기록하기 위해 생성한 모듈입니다. 저장된 코드는 [프로젝트 탐색기] 창에서 해당 모듈을 더블클릭해 [코드] 창에서 확인할 수 있습니다. [Module1] 모듈에 기록된 코드는 다음과 같습니다.

```
Sub 첫번째매크로( )  ─────────── ❶
'
' 첫번째매크로 매크로  ─────────── ❷
'

'
End Sub  ─────────── ❸
```

❶ Sub는 매크로 시작을 의미하는 명령으로, Sub 오른쪽에 매크로 이름이 기록됩니다.

❷ 작은따옴표(')가 맨 앞에 입력된 줄은 주석이라고 합니다.
주석은 녹색으로 표시되며 매크로가 실행될 때 주석 부분은 무시됩니다. 따라서 코드에 대한 설명을 달아놓고 싶을 때는 작은따옴표(')를 입력하고 원하는 내용을 입력합니다. 매크로 기록을 시작하면 매크로 이름이 주석으로 삽입됩니다.

❸ End Sub는 Sub 문이 종료된다는 의미로, 매크로의 마지막을 가리킵니다.

10 데이터 변환 작업을 시작합니다. 먼저 B열의 날짜 데이터를 D열로 옮기겠습니다.

11 [B6:B9] 범위를 드래그하여 선택합니다.

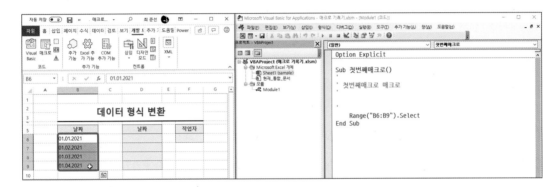

[Module1] 모듈의 [코드] 창에 기록된 내용은 다음과 같습니다.

```
Sub 첫번째매크로()
'
' 첫번째매크로 매크로
'


'
Range("B6:B9").Select ──────── ❶
End Sub
```

❶ [B6:B9] 범위를 선택하는 코드입니다.
Range 명령어는 잠시 무시해도 됩니다. 기록된 코드를 보면 두 개의 명령어가 마침표(.)로 구분되어 있고 마침표(.) 좌우에 명령이 하나씩 존재합니다. 왼쪽 명령은 작업할 대상을 의미하며 VBA에서는 이를 개체(Object)라고 합니다. 오른쪽 명령은 해당 개체가 할 수 있는 일을 의미하며, 구성원(Member)이라고 합니다. 기록된 코드는 일반적으로 다음과 같은 구성을 갖습니다.

> 개체.구성원

이번 코드는 [B6:B9] 범위를 선택합니다. Range는 셀(또는 범위)을 가리키는 개체로 참조할 주소가 큰따옴표 (")안에 입력됩니다. 엑셀 창에서 해당 범위를 선택하는 명령인 Select가 오른쪽에 표시됩니다.

12 리본 메뉴의 [홈] 탭-[클립보드] 그룹-[복사 📋]를 클릭합니다.

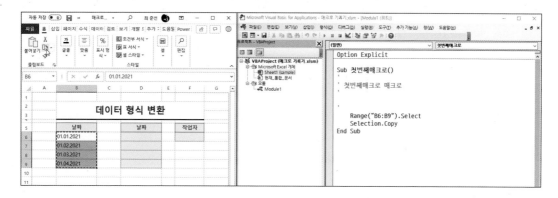

공략 TIP 매크로를 기록할 때는 단축키를 사용하는 것보다 리본 메뉴를 이용하는 편이 실수를 줄일 수 있습니다.

[Module1] 모듈의 [코드] 창에 기록된 내용은 다음과 같습니다.

```
Sub 첫번째매크로()
'
' 첫번째매크로 매크로
'

'
Range("B6:B9").Select
Selection.Copy ──────────── ❶
End Sub
```

❶ 선택된 개체(Selection)를 복사(Copy)하라는 의미입니다.
　바로 위의 코드에서 [B6:B9] 범위(Range)를 선택(Select)했으므로 [B6:B9] 범위를 복사하라는 의미와 같습니다.

13 붙여 넣을 위치인 [D6] 셀을 클릭합니다.

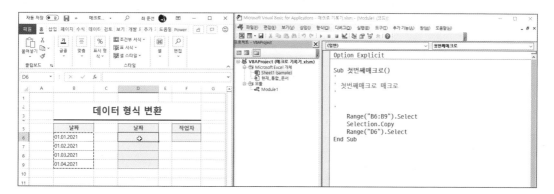

[Module1] 모듈의 [코드] 창에 기록된 내용은 다음과 같습니다.

```
Sub 첫번째매크로()
'
' 첫번째매크로 매크로
'

'
Range("B6:B9").Select
Selection.Copy
Range("D6").Select ───────────── ❶
End Sub
```

❶ [D6] 셀을 선택하라는 의미입니다.

14 리본 메뉴의 [홈] 탭-[클립보드] 그룹-[붙여넣기 📋]를 클릭합니다.

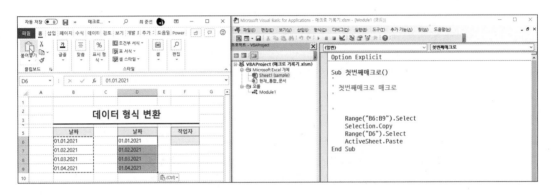

[Module1] 모듈의 [코드] 창에 기록된 내용은 다음과 같습니다.

```
Sub 첫번째매크로()
'
' 첫번째매크로 매크로
'

'
Range("B6:B9").Select
Selection.Copy
Range("D6").Select
ActiveSheet.Paste ───────────── ❶
End Sub
```

❶ 클립보드에 복사된 내용을 현재 위치에 붙여 넣습니다.
ActiveSheet가 어떤 개체를 의미하는지는 아직 이해하지 않아도 상관없습니다. Paste 명령은 붙여넣기 명령입니다. 위의 코드에서 [D6] 셀을 선택했기 때문에 [D6] 셀에 붙여 넣습니다.

15 복사 모드를 해제하기 위해 Esc를 누릅니다.

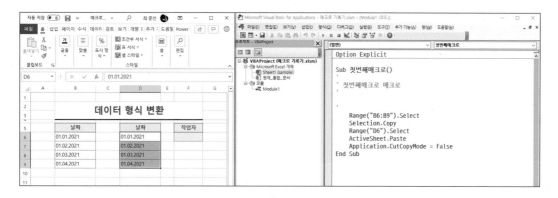

공략 TIP 복사 모드가 해제되어 [B6:B9] 범위 테두리의 점선이 사라집니다.

[Module1] 모듈의 [코드] 창에 기록된 내용은 다음과 같습니다.

```
Sub 첫번째매크로()
'
' 첫번째매크로 매크로
'

'
Range("B6:B9").Select
Selection.Copy
Range("D6").Select
ActiveSheet.Paste
Application.CutCopyMode = False    ──────────── ❶
End Sub
```

❶ 복사 모드를 해제합니다.
셀을 선택하고 복사 명령을 실행하면 해당 셀의 테두리가 점선으로 바뀝니다. 이 상태를 복사 모드라고 합니다.
복사 모드에서는 복사한 데이터를 연속해서 다른 셀에 붙여 넣을 수 있습니다. 복사 모드는 Esc를 눌러 해제
할 수 있습니다. 이번에 기록된 코드는 복사 모드를 해제하는 코드입니다.
이 코드는 앞서 살펴본 코드와는 다른 구성을 가지고 있습니다.

```
개체.구성원 = 값
```

'개체.구성원' 구조를 갖는 코드는 두 가지 타입이 존재합니다. '개체.구성원'으로 끝나는 명령이 있고 이번과 같이
'개체.구성원'에 등호(=)가 붙어 값을 전달하는 코드가 존재합니다.
전자의 구성원을 메서드(Method), 후자의 구성원을 속성(Attribute)이라고 구분합니다. 지금은 메서드와 속성
을 정확하게 구분해 사용하는 것보다 구성원은 두 가지 타입이 존재한다는 정도만 이해하도록 합니다.

16 데이터 형식을 변환하기 위해 텍스트 나누기 기능을 사용하겠습니다.

17 리본 메뉴의 [데이터] 탭–[데이터 도구] 그룹–[텍스트 나누기 📇]를 클릭합니다.

공략 TIP [VB 편집기] 창의 [코드] 창에는 아무 코드도 추가로 기록되지 않습니다.

18 [텍스트 마법사 – 3단계 중 1단계] 대화상자가 표시되면 [다음]을 클릭합니다.

공략 TIP 대화상자에서 작업한 내용은 모든 설정을 마친 후 한번에 [코드] 창에 기록됩니다.

19 [텍스트 마법사 – 3단계 중 2단계] 대화상자에서도 아무런 설정도 하지 않고 바로 [다음]을 클릭합니다.

20 [텍스트 마법사 − 3단계 중 3단계] 대화상자가 나타나면 [열 데이터 서식]에서 [날짜]를 클릭하고 날짜 형식을 [월일년]으로 선택한 후 [마침]을 클릭합니다.

21 [D6:D9] 범위의 데이터가 올바른 날짜 데이터로 변환됩니다.

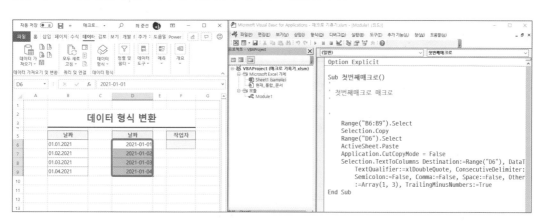

[Module1] 모듈의 [코드] 창에 기록된 내용은 다음과 같습니다.

```
Sub 첫번째매크로()
'
' 첫번째매크로 매크로
'


Range("B6:B9").Select
Selection.Copy
```

```
Range("D6").Select
ActiveSheet.Paste
Application.CutCopyMode = False
Selection.TextToColumns Destination:=Range("D6"), DataType:=xlDelimited,
    TextQualifier:=xlDoubleQuote, ConsecutiveDelimiter:=False, Tab:=True,
    Semicolon:=False, Comma:=False, Space:=False, Other:=False, FieldInfo
    :=Array(1, 3), TrailingMinusNumbers:=True ——————— ❶
End Sub
```

줄 연속 문자

❶ 텍스트 나누기 기능을 실행합니다.

이번 코드는 네 줄에 걸쳐 작성됐지만 하나의 명령을 기록한 코드입니다. 기록된 각 코드 줄의 마지막 부분을 보면 밑줄(_)이 하나씩 입력되어 있는 것을 확인할 수 있습니다.

밑줄은 [VB 편집기] 창에서 줄 연속 문자로 사용합니다. 긴 코드를 작성할 때 이해하기 쉽도록 코드를 여러 줄로 나눠서 입력할 때 사용합니다. 코드 줄의 마지막 부분에서 Spacebar 를 눌러 한 칸 띄어쓰기한 후 줄 연속 문자(_)를 입력하면 Enter 를 눌러 줄을 바꾼 후에도 계속해서 코드를 입력할 수 있습니다. 줄 연속 문자를 적절히 사용해 이번 코드를 좀 더 이해하기 쉽게 정리하면 다음과 같습니다.

```
Selection.TextToColumns Destination:=Range("D6"), _
                        DataType:=xlDelimited, _
                        TextQualifier:=xlDoubleQuote, _
                        ConsecutiveDelimiter:=False, _
                        Tab:=True, _
                        Semicolon:=False, _
                        Comma:=False, _
                        Space:=False, _
                        Other:=False, _
                        FieldInfo:=Array(1, 3), _
                        TrailingMinusNumbers:=True
```

Selection은 명령을 실행하기 전 선택된 개체입니다. 여기서는 [텍스트 나누기🔳]를 클릭하기 전 선택된 [D6:D9] 범위를 의미합니다. TextToColumns 명령은 텍스트 나누기 기능을 의미합니다.

엑셀 창에서 [텍스트 나누기🔳]를 클릭하면 [텍스트 마법사] 대화상자가 나타나며 단계별로 다양한 옵션을 선택할 수 있습니다. 대화상자에서 설정된 옵션은 TextToColumns 명령어 뒤에 Destination:=과 같은 코드로 나타납니다. 이와 같은 코드를 매개변수(Parameter)라고 하며 여기서 각 매개변수는 [텍스트 마법사] 대화상자의 개별 옵션을 의미합니다. 매크로 기록기는 [텍스트 마법사] 대화상자에서 사용자가 변경한 옵션뿐만 아니라 대화상자 안에 존재하는 모든 옵션의 설정 값을 VBA 코드로 기록합니다.

모든 옵션의 설정 값이 기록되면 필연적으로 코드가 길어질 수밖에 없습니다. 이런 단점을 보완하기 위해 매크로 기록기가 줄 연속 문자(_)를 이용해 한 줄의 코드를 여러 줄로 나눠 기록해줍니다. 다만 각 옵션에 맞춰 깔끔하게 구분해주지는 않으므로 나중에 코드를 볼 때 이해하기 쉽도록 위와 같이 옵션별로 정리해주는 작업이 필요합니다.

22 작업자 이름을 입력하기 위해 [F6] 셀을 클릭합니다.

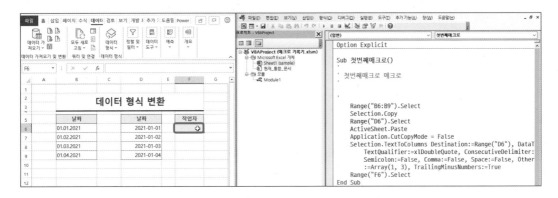

[Module1] 모듈의 [코드] 창에 기록된 내용은 다음과 같습니다.

```
Sub 첫번째매크로()
'
' 첫번째매크로 매크로
'


Range("B6:B9").Select
Selection.Copy
Range("D6").Select
ActiveSheet.Paste
Application.CutCopyMode = False
Selection.TextToColumns Destination:=Range("D6"), DataType:=xlDelimited, _
        TextQualifier:=xlDoubleQuote, ConsecutiveDelimiter:=False, Tab:=True, _
        Semicolon:=False, Comma:=False, Space:=False, Other:=False, FieldInfo _
        :=Array(1, 3), TrailingMinusNumbers:=True
Range("F6").Select ───────────── ❶
End Sub
```

❶ [F6] 셀을 선택합니다.

23 본인의 이름을 입력하고 Enter 를 누릅니다.

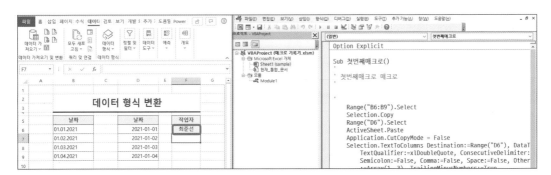

[Module1] 모듈의 [코드] 창에 기록된 내용은 다음과 같습니다.

```
Sub 첫번째매크로()
'
' 첫번째매크로 매크로
'

'
    Range("B6:B9").Select
    Selection.Copy
    Range("D6").Select
    ActiveSheet.Paste
    Application.CutCopyMode = False
    Selection.TextToColumns Destination:=Range("D6"), DataType:=xlDelimited, _
        TextQualifier:=xlDoubleQuote, ConsecutiveDelimiter:=False, Tab:=True, _
        Semicolon:=False, Comma:=False, Space:=False, Other:=False, FieldInfo _
        :=Array(1, 3), TrailingMinusNumbers:=True
    Range("F6").Select
    ActiveCell.FormulaR1C1 = "최준선"                     ❶
    Range("F7").Select                                  ❷
End Sub
```

❶ 현재 셀에 "최준선" 문자열을 입력합니다.

입력할 값이 큰따옴표(")로 묶인 것은 입력할 데이터가 텍스트 형식이기 때문입니다. 다음과 같이 입력할 데이터가 숫자 형식이라면 큰따옴표 없이 코드가 기록됩니다.

```
ActiveCell.FormulaR1C1 = 10000
```

날짜나 시간 데이터가 입력될 때도 큰따옴표(")로 묶여 표시됩니다. 다음은 2021년 3월 1일을 입력한 경우에 기록되는 코드입니다.

```
ActiveCell.FormulaR1C1 = "3/1/2021"
```

날짜를 년–월–일 형식으로 입력해도 VBA 코드는 월/일/년 형식으로 기록됩니다. VBA에서는 날짜나 시간 데이터를 # 기호로 묶기 때문에 다음과 같이 수정하는 것이 더 좋습니다.

```
ActiveCell.FormulaR1C1 = #3/1/2021#
```

❷ [F7] 셀을 선택합니다.

엑셀 작업을 할 때 [F6] 셀에서 값을 입력하고 Enter 를 누르면 [F7] 셀이 자동으로 선택됩니다. 이 동작까지 매크로 기록기가 기록한 것입니다. 매크로 기록기가 사용자의 동작을 여과 없이 기록한다는 점을 확인할 수 있습니다.

24 모든 기록을 끝냈다면 리본 메뉴의 [개발 도구] 탭-[코드] 그룹-[기록 중지□]를 클릭합니다.

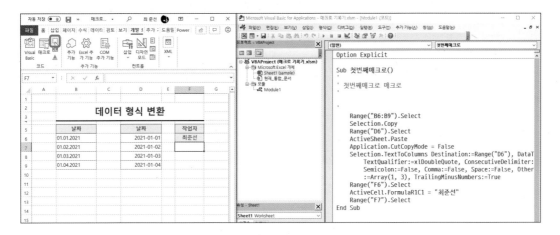

25 [B6] 셀을 클릭해보면 더 이상 코드가 기록되지 않는 것을 확인할 수 있습니다.

이 작업은 매크로 기록을 중단한 후 더 이상 VBA 코드가 입력되지 않는다는 것을 확인하기 위함입니다.

26 기록이 제대로 되었는지 확인해보겠습니다.

27 먼저 [D6:D9] 범위와 [F6] 셀을 각각 선택하고 Delete 를 눌러 데이터를 삭제합니다.

28 리본 메뉴의 [개발 도구] 탭-[컨트롤] 그룹-[삽입🖩]을 클릭하고 [양식 컨트롤]-[단추(양식 컨트롤)□]를 클릭한 후 [F8:F9] 범위에 삽입합니다.

29 [매크로 지정] 대화상자가 표시되면 [첫번째매크로]를 클릭하고 [확인]을 클릭합니다.

30 [단추1] 단추를 클릭하면 [B5:B9] 범위의 날짜 데이터가 D열에 변환되어 입력되고 작업자 이름도 [F6] 셀에 입력됩니다.

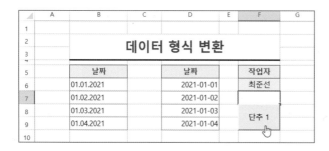

 필수 공식
08 기록된 매크로 코드
수정 방법 I – Select

예제 _ PART 01 \ CHAPTER 02 \ 매크로 기록기-Select.xlsm

기록된 코드 분석하기

매크로 기록기로 기록된 코드는 **Select**로 끝나는 코드 줄이 많이 나오게 됩니다. 이것은 현재 컴퓨터 운영체제가 모두 GUI(Graphic User Interface) 구조를 갖기 때문입니다. GUI에서 마우스로 컴퓨터를 조작하므로 작업 대상을 먼저 클릭한 후 원하는 작업을 처리하는 이중 실행 구조를 갖습니다. 따라서 GUI 환경에서의 작업을 매크로 기록기로 기록하면 선택을 의미하는 코드가 반복해서 나타날 수밖에 없습니다.

다음은 **필수 공식 07**에서 매크로 기록기로 얻은 매크로 코드입니다. 다음과 같이 Select 명령으로 끝나는 네 개의 코드 줄이 존재합니다.

```
Sub 첫번째매크로()

Range("B6:B9").Select  ─────────── ❶
Selection.Copy
Range("D6").Select  ─────────── ❷
ActiveSheet.Paste
Application.CutCopyMode = False
Selection.TextToColumns Destination:=Range("D6"), DataType:=xlDelimited, _
        TextQualifier:=xlDoubleQuote, ConsecutiveDelimiter:=False, Tab:=True, _
        Semicolon:=False, Comma:=False, Space:=False, Other:=False, FieldInfo _
        :=Array(1, 3), TrailingMinusNumbers:=True
Range("F6").Select  ─────────── ❸
ActiveCell.FormulaR1C1 = "최준선"
Range("F7").Select  ─────────── ❹

End Sub
```

공략 **TIP** 기록된 코드에서 주석(')은 모두 삭제했습니다.

코드를 수정하기 위해서 먼저 코드의 구성을 이해해야 합니다. 대부분의 코드는 마침표(.)를 중심으로 좌우 두 개의 명령어가 존재합니다. 왼쪽 명령어는 작업할 대상을 의미하며 VBA에서는 이를 개체(Object)라고 합니다. 오른쪽 명령어는 해당 개체에서 실행할 수 있는 작업이나 정보를 의미하는 명령으로 이를 구성원(Member)이라고 합니다. 즉 대부분의 코드는 다음과 같은 구조를 갖습니다.

```
개체.구성원

Or

개체.구성원 = 값
```

보통 '개체.구성원' 코드에서 사용된 구성원을 **메서드**, '개체.구성원 = 값' 코드에서 사용된 구성원을 **속성**이라 합니다.

Select와 Selection

기록된 코드 줄이 Select(선택하라)로 끝나고 다음 줄에서 Selection(선택된 것)으로 시작한다면 Selection은 위 줄에서 선택한 개체를 의미합니다. 따라서 ❶의 아래 줄에 있는 Selection은 Range("B6:B9")를 의미합니다.

```
Sub 첫번째매크로()

Range("B6:B9").Select ──────── ❶
Selection.Copy

End Sub
```

사용자가 엑셀 창에서 작업할 때는 대상 셀(또는 범위)을 꼭 선택해야 하지만 VBA 명령어로 실행할 경우에는 대상을 반드시 선택할 필요 없이 개체에 바로 실행 명령을 내릴 수 있습니다. 따라서 코드를 다음과 같이 수정할 수 있습니다.

```
Sub 첫번째매크로()

Range("B6:B9").Copy

End Sub
```

공략 TIP 　개체와 구성원은 반드시 마침표(.) 하나로 구분되어야 합니다.

이런 방식으로 기록된 코드 줄을 좀 더 간결하게 정리할 수 있습니다.

Select와 ActiveCell

기록된 코드 줄이 Select로 끝나고 다음 줄에서 ActiveCell로 시작한다면, ActiveCell은 위 줄에서 선택 (Select)한 대상의 첫 번째 셀을 의미합니다. 기록된 매크로의 ❸에서 해당 부분에서 나타납니다.

```
Sub 첫번째매크로()

Range("F6").Select ───────────── ❸
ActiveCell.FormulaR1C1 = "최준선"

End Sub
```

ActiveCell은 앞서 선택(Select)한 대상 범위(F6)의 첫 번째 셀이므로 [F6] 셀을 의미합니다. 따라서 코드를 다음과 같이 수정할 수 있습니다.

```
Sub 첫번째매크로()

Range("F6").FormulaR1C1 = "최준선"

End Sub
```

여기에서 FormulaR1C1 속성은 엑셀 이전 세대 프로그램인 Lotus 1-2-3과의 호환성 때문에 제공되는 명령입니다. 고치지 않아도 제대로 동작하지만 코드의 가독성을 위해 다음과 같이 Value 속성으로 수정하는 것이 좋습니다.

```
Sub 첫번째매크로()

Range("F6").Value = "최준선"

End Sub
```

필요 없는 Select 제거하기

지금까지 설명한 부분이 모두 수정됐다면 다음과 같은 코드를 확인할 수 있습니다.

```
Sub 첫번째매크로()

    Range("B6:B9").Copy              ────────────  ❶
    Range("D6").Select               ────────────  ❷
    ActiveSheet.Paste
    Application.CutCopyMode = False
    Selection.TextToColumns Destination:=Range("D6"), DataType:=xlDelimited, _
            TextQualifier:=xlDoubleQuote, ConsecutiveDelimiter:=False, Tab:=True, _
            Semicolon:=False, Comma:=False, Space:=False, Other:=False, FieldInfo _
            :=Array(1, 3), TrailingMinusNumbers:=True
    Range("F6").Value = "최준선"       ────────────  ❸
    Range("F7").Select               ────────────  ❹

End Sub
```

❷는 아래 줄이 ActiveSheet로 시작되므로 따로 수정할 수 없습니다. 이와 같은 부분을 수정하는 방법에 대해서는 **필수 공식 09**를 참고합니다.

❹는 아래 줄에 코드가 없습니다. 셀에 데이터를 입력한 후 Enter 를 눌러 입력하면 자동으로 아래 셀이 선택되는 동작이 코드로 기록된 부분이므로 삭제해도 무방합니다. 이 부분에 대해 제대로 이해하려면 **필수 공식 07**에서 매크로를 기록하는 과정을 다시 참고합니다. ❹를 삭제해 완성된 매크로 코드는 다음과 같습니다.

```
Sub 첫번째매크로()

    Range("B6:B9").Copy
    Range("D6").Select
    ActiveSheet.Paste
    Application.CutCopyMode = False
    Selection.TextToColumns Destination:=Range("D6"), DataType:=xlDelimited, _
            TextQualifier:=xlDoubleQuote, ConsecutiveDelimiter:=False, Tab:=True, _
            Semicolon:=False, Comma:=False, Space:=False, Other:=False, FieldInfo _
            :=Array(1, 3), TrailingMinusNumbers:=True
    Range("F6").Value = "최준선"

End Sub
```

실전 매크로 공략하기

앞서 배운 내용을 제대로 이해했는지 직접 매크로 코드를 수정하고 실행해봅니다.

01 매크로 기록기-Select.xlsm 예제 파일을 열고, 기록된 매크로 코드를 확인한 후 코드를 수정합니다.

공략 TIP 이 코드를 연습하려면 직접 실행 창에서 입력하고 Enter 를 눌러 확인합니다.

02 단축키 Alt + F11 를 눌러 [VB 편집기] 창을 엽니다.

03 [프로젝트 탐색기] 창의 [매크로기록기] 모듈을 더블클릭합니다.

04 [첫번째매크로] 매크로의 코드를 앞에서 설명한 방법을 참고해 수정합니다.

공략 TIP 수정된 코드는 매크로 기록기-Select (코드).txt 파일을 참고합니다.

05 [VB 편집기] 창을 닫고 [실행] 단추를 눌러 원하는 결과가 반환되는지 확인합니다.

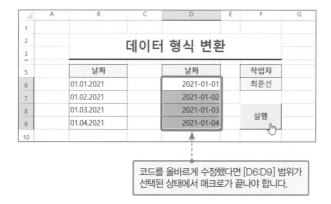

코드를 올바르게 수정했다면 [D6:D9] 범위가
선택된 상태에서 매크로가 끝나야 합니다.

기록된 매크로 코드 수정 방법 II - 동적 범위

필수 공식 **09**

예제 _ PART 01 \ CHAPTER 02 \ 매크로 기록기-동적 범위.xlsm

작업 이해하기

매크로 기록기로 기록한 범위는 사용자가 선택한 범위만을 대상으로 동작합니다. 따라서 데이터를 추가한 후 매크로를 실행하면 추가된 데이터는 매크로 실행에서 제외됩니다.

매크로 기록기-동적 범위.xlsm 예제 파일을 열면 기존 예제에서 B열의 날짜 데이터 두 개가 추가된 것을 확인할 수 있습니다.

	A	B	C	D	E	F	G
1							
2			**데이터 형식 변환**				
3							
5		날짜		날짜		작업자	
6		01.01.2021					
7		01.02.2021					
8		01.03.2021				실행	
9		01.04.2021					
10		01.05.2021		◀- - - - 기존에 비해 날짜 데이터가 두 개 추가되어 있습니다.			
11		01.06.2021					
12							

> **공략 TIP** 파일을 열 때 [보안 경고] 메시지 줄이 표시되면 [콘텐츠 사용]을 클릭합니다.

> **공략 TIP** 이번 작업은 **필수 공식 07**, **필수 공식 08** 과정을 먼저 학습한 후 진행해야 잘 이해할 수 있습니다.

[실행] 단추를 클릭해 매크로를 실행하면 추가된 데이터는 날짜가 변환되지 않습니다.

	A	B	C	D	E	F	G
1							
2			**데이터 형식 변환**				
3							
5		날짜		날짜		작업자	
6		01.01.2021		2021-01-01		최준선	
7		01.02.2021		2021-01-02			
8		01.03.2021		2021-01-03		실행	
9		01.04.2021		2021-01-04			
10		01.05.2021					
11		01.06.2021					
12							

단축키 Ctrl + A 를 활용한 동적 범위 지정하기

엑셀에서 데이터가 입력된 범위를 한번에 선택할 때는 단축키 Ctrl + A 를 누르는 방법이 가장 쉽습니다. 단축키 Ctrl + A 를 누르는 동작에 해당하는 VBA 명령은 CurrentRegion입니다. 그런데 이 명령은 매크로 기록기로는 기록할 수 없기 때문에 코드를 직접 수정해야 합니다.

예제의 VBA 코드 중 다음과 같이 범위를 선택하는 코드를 확인합니다.

```
Range("B6:B9")
```

위의 코드를 단축키 Ctrl + A 를 누르는 방법으로 변경하려면 다음과 같이 수정합니다.

```
Range("B6").CurrentRegion
```

이렇게 하면 [B6] 셀에서 단축키 Ctrl + A 를 눌러 선택한 범위를 참조할 수 있습니다.

예제 파일의 매크로를 앞서 배운 방법으로 수정합니다. 단축키 Alt + F11 을 눌러 [VB 편집기] 창을 열고 코드를 다음과 같이 수정합니다.

수정된 코드는 다음과 같습니다.

```
Sub 첫번째매크로()

    Range("B6").CurrentRegion.Copy ───────────── ❶
    Range("D6").Select
    ActiveSheet.Paste
    Application.CutCopyMode = False
    Selection.TextToColumns Destination:=Range("D6"), DataType:=xlDelimited, _
        TextQualifier:=xlDoubleQuote, ConsecutiveDelimiter:=False, Tab:=True, _
```

```
            Semicolon:=False, Comma:=False, Space:=False, Other:=False, FieldInfo _
            :=Array(1, 3), TrailingMinusNumbers:=True
        Range("F6").Value = "최준선"

    End Sub
```

❶ 원래 코드는 다음과 같습니다.

```
Range("B6:B9").Copy
```

위 코드는 항상 [B6:B9] 범위를 복사하므로 범위 선택 방식을 변경해야 추가된 데이터도 모두 복사할 수 있습니다. 그러므로 [B6] 셀에서 단축키 Ctrl + A 를 눌러 선택되는 범위를 대상으로 동작하도록 다음과 같이 코드를 수정한 것입니다.

```
Range("B6").CurrentRegion.Copy
```

엑셀 창에서 [실행] 단추를 눌러 매크로를 실행하면 다음과 같은 결과를 얻을 수 있습니다.

▲	A	B	C	D	E	F	G
1							
2			데이터 형식 변환				
3							
4							
5		날짜		날짜		작업자	
6		01.01.2021		날짜		최준선	
7		01.02.2021		2021-01-01			
8		01.03.2021		2021-01-02		실행	
9		01.04.2021		2021-01-03			
10		01.05.2021		2021-01-04			
11		01.06.2021		2021-01-05			
12				2021-01-06			
13							

왜 잘못된 결과가 반환되었는지 이해된다면 CurrentRegion 명령을 정확하게 이해하고 있는 것입니다. 앞에서 ❶의 코드를 다음과 같이 수정했습니다.

```
Range("B6").CurrentRegion.Copy
```

[B6] 셀에서 단축키 Ctrl + A 를 누른 범위로 [B5:B11] 범위가 참조됩니다. 이 범위를 복사해 [D6] 셀에 붙여 넣으므로 [B5] 셀의 머리글이 [D6] 셀에 나타나게 되는 것입니다.

이 문제를 해결하려면 복사할 데이터를 [B6:B11] 범위만 선택하거나 붙여 넣을 위치를 [D5] 셀로 지정합니다. VBA를 배우기 시작하는 단계에서는 후자의 방법이 쉬우므로 해당 방법을 이용해 코드를 수정해보겠습니다.

단축키 Alt + F11 를 눌러 [VB 편집기] 창을 열고 다음 위치의 코드를 수정합니다.

```
(일반)                                    첫번째매크로

Option Explicit

Sub 첫번째매크로()

    Range("B6").CurrentRegion.Copy
    Range("D5").Select
    ActiveSheet.Paste
    Application.CutCopyMode = False
    Selection.TextToColumns Destination:=Range("D5"), DataType:=xlDelimited, _
        TextQualifier:=xlDoubleQuote, ConsecutiveDelimiter:=False, Tab:=True, _
        Semicolon:=False, Comma:=False, Space:=False, Other:=False, FieldInfo _
        :=Array(1, 3), TrailingMinusNumbers:=True
    Range("F6").Value = "최준선"

End Sub
```

두 번째 코드 줄과 다섯 번째 코드 줄의 셀 주소만 [D6] 셀에서 [D5] 셀로 변경합니다.

```
Sub 첫번째매크로()

    Range("B6").CurrentRegion.Copy
    Range("D5").Select
    ActiveSheet.Paste
    Application.CutCopyMode = False
    Selection.TextToColumns Destination:=Range("D5"), DataType:=xlDelimited, _
            TextQualifier:=xlDoubleQuote, ConsecutiveDelimiter:=False, Tab:=True, _
            Semicolon:=False, Comma:=False, Space:=False, Other:=False, FieldInfo _
            :=Array(1, 3), TrailingMinusNumbers:=True
    Range("F6").Value = "최준선"

    End Sub
```

위의 코드에서 [D6] 셀을 참조하는 부분을 모두 [D5] 셀로 변경합니다. 먼저 두 번째 줄의 Range("D6") 부분의 셀 주소를 [D5] 셀로 변경한 이유는 바로 앞에서 설명한 바 있습니다.
다섯 번째 줄의 Range("D6")에서 셀 주소를 [D5] 셀로 변경하는 부분은 잘 이해되지 않을 수 있습니다. 이 명령은 텍스트 나누기 기능이 실행되는 코드로, 실행 결과를 어느 위치로 반환할지 지정하는 부분입니다. 두 번째 줄에서 [D5] 셀이 선택되고 바로 아래 줄에서 붙여넣기를 하므로, 다섯 번째 줄의 Selection은 Range("D5:D11") 범위가 됩니다. 따라서 텍스트 나누기의 결과도 반환되는 범위의 첫 번째 셀을 [D5] 셀로 지정해야 합니다.

공략 TIP 수정된 코드는 매크로 기록기-동적 범위 (코드 1).txt 파일로 제공됩니다.

VBA 코드를 활용하는 방식이 처음에는 낯설고 어렵게 느껴질 수 있지만 퍼즐을 하나씩 맞춰 가는 방식으로 코드를 수정하다 보면 자연스럽게 이해할 수 있습니다.

[실행] 단추를 클릭해 매크로를 다시 실행하면 다음 결과를 얻을 수 있습니다.

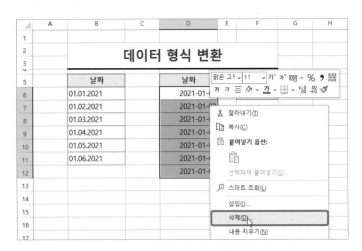

실행 결과가 반환된 화면을 보면 [D5:D11] 범위가 선택된 채 매크로가 끝났습니다. 이 범위가 매크로를 통해 데이터를 복사/붙여넣기한 범위입니다.

[D12] 셀에 날짜(2021-01-06)가 하나 더 존재하는데 이는 직전에 실행된 결과가 남아 있는 것입니다. [D6:D12] 범위를 드래그하여 선택하고 마우스 오른쪽 버튼을 클릭한 후 [삭제]를 클릭합니다. 매크로를 다시 실행하면 [D5:D11] 범위에만 결과가 반환됩니다.

이렇게 정확한 매크로 실행 결과를 확인하고 싶다면 데이터를 초기화한 후 매크로를 실행해야 합니다. 위 과정에서 데이터를 삭제한 작업을 매크로 기록기로 기록하면 다음과 같은 코드를 얻게 됩니다.

```
Sub 초기화()
'
' 초기화 매크로
'
'

    '
```

```
Range("D6:D12").Select
    Selection.Delete Shift:=xlUp


End Sub
```

공략 TIP 필수 공식 07을 참고해 매크로를 기록합니다.

위 코드를 **필수 공식 08**을 참고해 주석을 제거하고 Select, Selection 부분을 한 줄로 변경하도록 수정하면
다음과 같은 코드를 얻을 수 있습니다.

```
Sub 초기화()

    Range("D6:D12").Delete Shift:=xlUp

End Sub
```

위 코드를 이번과 같은 동적 범위를 참조하도록 하면 다음과 같은 코드가 됩니다.

```
Sub 초기화()

    Range("D6").CurrentRegion.Delete Shift:=xlUp

End Sub
```

위 매크로의 실행 코드를 기존 [첫번째매크로] 매크로 코드의 맨 앞에 추가하면 다음과 같습니다.

```
Sub 첫번째매크로()

    Range("D6").CurrentRegion.Delete Shift:=xlUp ─────────── ❶

    Range("B6").CurrentRegion.Copy
    Range("D5").Select
    ActiveSheet.Paste
    Application.CutCopyMode = False
    Selection.TextToColumns Destination:=Range("D5"), DataType:=xlDelimited, _
        TextQualifier:=xlDoubleQuote, ConsecutiveDelimiter:=False, Tab:=True, _
```

```
          Semicolon:=False, Comma:=False, Space:=False, Other:=False, FieldInfo _
          :=Array(1, 3), TrailingMinusNumbers:=True
       Range("F6").Value = "최준선"

   End Sub
```

❶ [D5] 셀을 포함한 표 전체 범위를 먼저 삭제해야 B열의 데이터를 복사/붙여넣기할 때 문제가 발생하지 않으므로 초기화 코드가 맨 앞쪽에 나와야 합니다. 이렇게 여러 매크로 코드를 짜깁기하는 과정에서 더 많은 코드를 접하고 이해해볼 수 있습니다.

공략 TIP 수정된 코드는 매크로 기록가-동적 범위 (코드 2).txt 파일로 제공됩니다.

코드를 수정한 후 매크로를 다시 실행하면 다음과 같은 결과를 얻을 수 있습니다. B열에 새 데이터를 추가하고 [실행] 단추를 클릭해 동작을 테스트해보세요!

매크로 공략 치트키 열이 여러 개인 표에서 동적 범위를 지정하려면 어떻게 하나요?

단축키 Ctrl + A 는 표 전체 범위를 선택하기 때문에 열이 두 개 이상이면 특정 열을 선택하는 코드를 추가해야 합니다. 다음과 같은 코드를 이용합니다.

```
Range("B6").CurrentRegion.Columns(열 번호)
```

열 번호는 참조할 열의 n번째 위치를 가리키는 일련번호입니다. 열 번호가 10면 첫 번째 열을 의미합니다. 다음 코드는 [B5:B11] 범위를 참조합니다.

```
Range("B6").CurrentRegion.Columns(1)
```

두 개 이상의 열을 참조할 때는 다음과 같은 코드를 사용합니다.

```
Range("B6").CurrentRegion.Columns("A:B")
```

두 개 이상의 열을 참조할 때는 일련번호를 사용하지 않고 A, B, C, …와 같은 열 주소를 사용합니다. 다만, A, B, C, …와 같은 열 주소가 A열, B열 등을 가리키는 것이 아니라 알파벳 순서를 의미합니다. 즉 "A:B"는 선택된 범위의 첫 번째 열(A)에서 두 번째 열(B) 범위를 지정하는 역할을 합니다.

예를 들어 이번 예제의 표가 [B:D] 열로 구성되어 있고 [B:C] 열을 참조하고 싶다면 다음과 같은 코드를 사용합니다.

```
Range("B6").CurrentRegion.Columns("A:B")
```

단축키 Ctrl + ↑ 를 활용한 동적 범위 지정하기

단축키 Ctrl + A 를 이용해 범위를 선택하는 방법은 쉽고 간단하지만 중간에 빈 셀이 있으면 새로 추가한 데이터 범위를 인식하지 못합니다. 게다가 항상 머리글 범위가 함께 참조되므로 데이터 범위만 선택해서 작업해야 할 때도 불편합니다.

VBA 코드 중 다음과 같이 범위를 선택하는 부분을 확인합니다.

```
Range("B6:B9")
```

위 코드를 다음과 같이 변경합니다.

```
Range("B6", Range("B1048576").End(xlUp))
```

Range 내의 첫 번째 주소 "B6"는 참조할 첫 번째 셀이고, 두 번째 주소 Range("B1048576").End(xlUp)는 참조할 마지막 셀입니다.

두 번째 주소에서 Range("B1048576")는 B열의 마지막 셀을 의미합니다. 이번에 사용한 마지막 셀 주소는 XLS 형식의 파일에서 사용하면 에러가 발생합니다. 이 경우에는 마지막 셀 주소를 다음과 같은 코드로 변경합니다.

```
Cells(Rows.count, "B")
```

위 코드를 사용하면 범위를 선택하는 코드는 다음과 같이 변경되어야 합니다.

```
Range("B6", Cells(Rows.count, "B").End(xlUp))
```

코드가 다소 복잡해 보여도 범위는 정확하게 참조되므로 오타 없이 정확하게 입력하여 사용합니다.

End(xlUp) 부분은 단축키 Ctrl + ↑ 를 누른 위치로 이동하라는 의미입니다. 결국 이 코드는 [B6] 셀부터 B열의 마지막 셀에서 단축키 Ctrl + ↑ 를 눌러 이동한 대상 셀까지의 범위를 참조합니다.

End에는 다음과 같은 방향키 상수를 사용할 수 있습니다.

방향키	내장상수
↑	xlUp
↓	xlDown
←	xlToLeft
→	xlToRight

단축키 Alt + F11 을 눌러 [첫번째매크로] 매크로 코드를 단축키 Ctrl + ↑ 를 이용한 범위 참조 방식을
사용하도록 수정합니다.

코드를 수정한 부분은 다음과 같습니다.

```
Sub 첫번째매크로()

    Range("D6", Range("D1048576").End(xlUp)).Delete Shift:=xlUp ——————————— ❶


    Range("B6", Range("B1048576").End(xlUp)).Copy ——————————— ❷
    Range("D6").Select ——————— ❸
    ActiveSheet.Paste
    Application.CutCopyMode = False
    Selection.TextToColumns Destination:=Range("D6"), DataType:=xlDelimited, _ —— ❹
        TextQualifier:=xlDoubleQuote, ConsecutiveDelimiter:=False, Tab:=True, _
        Semicolon:=False, Comma:=False, Space:=False, Other:=False, FieldInfo _
        :=Array(1, 3), TrailingMinusNumbers:=True
    Range("F6").Value = "최준선"

End Sub
```

❶ CurrentRegion을 이용한 방법은 머리글(B5)이 포함되므로 단축키 Ctrl + ↑ 를 사용한 End를 이용하도록 수정한 것입니다. XLS 형식의 파일은 65536행까지밖에 없으므로 여러 형식의 파일에서 매크로가 안정적으로 동작하면 다음과 같은 코드를 사용하도록 수정합니다.

```
Range("D6", Cells(Rows.count, "D").End(xlUp)).Delete Shift:=xlUp
```

❷ ❶과 마찬가지로 이번 코드 역시 다음과 같이 수정할 수 있습니다.

```
Range("B6", Cells(Rows.count, "B").End(xlUp)).Copy
```

❸❹ 앞에서 변경한 복사 위치를 [D5] 셀에서 다시 [D6] 셀로 변경합니다. 65페이지를 참고하여 여섯 번째 줄의 셀 주소도 [D6] 셀로 변경합니다.

공략 TIP   수정된 코드는 매크로 기록기-동적 범위 (코드 3).txt 파일로 제공됩니다.

수정된 매크로를 테스트하기 위해 엑셀 창에서 [실행] 단추를 클릭합니다.

B열에 날짜 데이터를 추가하고 [실행] 단추를 클릭합니다.

기록된 매크로 코드
수정 방법 III - Parameter

예제 _ PART 01 \ CHAPTER 02 \ 매크로 기록가-Parameter.xlsm

매개변수(Parameter)

기록된 매크로에는 다음과 같은 형식의 코드가 나타날 수 있습니다.

> 개체.구성원 매개변수1:=선택 값1, 매개변수2:=선택 값2, 매개변수3:=선택 값3

이런 코드는 대화상자로 설정하는 기능을 사용할 때 나타납니다. 대화상자가 표시되면 아래 화면처럼 사용자가 선택해야 할 여러 가지 옵션이 제공되기 때문입니다.

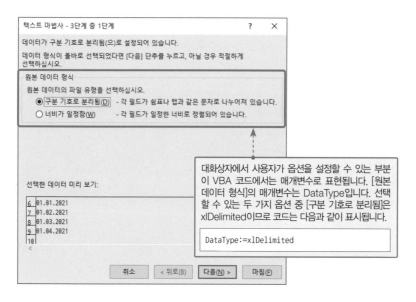

매크로 기록기는 대화상자에서 사용자가 선택한 옵션을 매개변수 방식의 VBA 코드로 기록해줍니다. 한 가지 아쉬운 점은 사용자가 변경한 옵션뿐 아니라 모든 옵션의 선택 값(기본값 포함)이 코드로 기록되어 불필요한 코드가 길게 표시됩니다.

대화상자의 모든 옵션은 구성원 뒤에 매개변수(Parameter)로 입력됩니다. 매개변수 뒤에 콜론(:)과 등호(=)가 입력되고 사용자가 설정한 옵션 값이 기록됩니다. 앞에서 기록한 [첫번째매크로] 매크로 코드 중 다음 부분을 참고합니다.

```
Sub 첫번째매크로()

    Selection.TextToColumns Destination:=Range("D6"), DataType:=xlDelimited, _
            TextQualifier:=xlDoubleQuote, ConsecutiveDelimiter:=False, Tab:=True, _
            Semicolon:=False, Comma:=False, Space:=False, Other:=False, FieldInfo _
            :=Array(1, 3), TrailingMinusNumbers:=True

End Sub
```

위의 코드는 하나의 명령이 여러 줄로 표시된 것입니다. 옵션(매개변수)별로 이해하기 쉽게 정리하려면 다음과 같이 줄 연속 문자(_)를 쉼표(,) 위치마다 사용합니다.

```
Sub 첫번째매크로()

    Selection.TextToColumns Destination:=Range("D6"), _
                    DataType:=xlDelimited, _
                    TextQualifier:=xlDoubleQuote, _
                    ConsecutiveDelimiter:=False, _
                    Tab:=True, _
                    Semicolon:=False, _
                    Comma:=False, _
                    Space:=False, _
                    Other:=False, _
                    FieldInfo:=Array(1, 3), _
                    TrailingMinusNumbers:=True

End Sub
```

공략 TIP 코드를 직접 수정하는 방법은 52페이지를 참고합니다.

매개변수를 사용하는 코드의 경우 코드 줄이 가로로 길게 작성될 수밖에 없습니다. 따라서 한 줄로 입력된 긴 코드를 여러 줄에 나눠 입력할 수 있는 방법이 필요합니다. 이때 사용되는 문자가 바로 줄 연속 문자(_)입니다.
줄 연속 문자를 직접 입력할 때 주의할 점은 코드의 마지막 위치에서 줄 연속 문자를 바로 입력하면 오류가 발생한다는 것입니다. 코드 줄의 마지막 위치에서 반드시 한 칸을 띄어 쓴 후 줄 연속 문자를 입력해야 합니다.

앞의 코드에 표시된 각 매개변수는 [텍스트 마법사] 대화상자의 다음 옵션에 해당합니다.

[텍스트 마법사] 1단계 옵션

DataType 매개변수는 [텍스트 마법사-3단계 중 1단계] 대화상자 옵션에서 [원본 데이터 형식]을 의미합니다. 72페이지의 [텍스트 마법사] 대화상자 설명을 참고합니다.

[텍스트 마법사] 2단계 옵션

[텍스트 마법사-3단계 중 2단계] 대화상자에서는 [구분 기호] 및 관련 옵션을 설정합니다. 각 옵션에 매칭되는 매개변수는 다음과 같습니다.

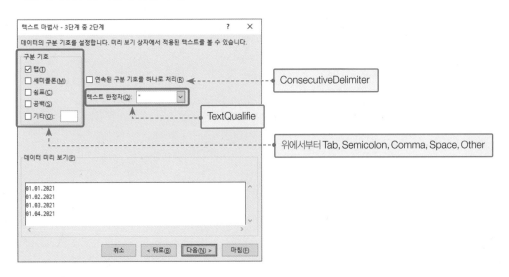

[텍스트 마법사] 3단계 옵션

[텍스트 마법사-3단계 중 3단계] 대화상자에서는 [열 데이터 서식] 및 [대상]을 설정할 수 있습니다. 옵션에 매칭되는 매개변수는 다음과 같습니다.

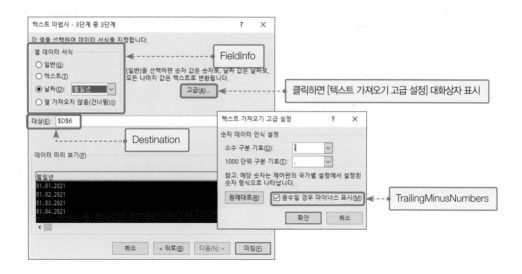

기록된 매개변수 중 사용자가 직접 변경한 옵션만 남도록 코드를 수정해도 매크로가 동작하는 데에는 문제없습니다.

실전 매크로 공략하기

50~51페이지에서 매크로를 기록할 때 [텍스트 마법사] 대화상자에서 사용자가 직접 변경한 옵션은 [텍스트 마법사 3단계 중 3단계] 대화상자 옵션의 [열 데이터 서식]이었습니다. 다음 과정을 통해 매개변수를 사용하는 부분을 직접 수정합니다.

01 **매크로 기록기–Parameter.xlsm** 예제 파일을 열고 단축키 [Alt]+[F11]을 눌러 [VB 편집기] 창을 엽니다.

공략 TIP [보안 경고] 메시지 줄이 표시되면 [콘텐츠 사용]을 클릭합니다.

02 [프로젝트 탐색기] 창에서 [매크로기록기] 모듈을 더블클릭합니다.

03 [텍스트 마법사] 대화상자에 해당하는 코드를 확인합니다.

```
Option Explicit

Sub 첫번째매크로()

    Range("B6:B9").Copy
    Range("D6").Select
    ActiveSheet.Paste
    Application.CutCopyMode = False

    Selection.TextToColumns Destination:=Range("D6"), DataType:=xlDelimited, _
        TextQualifier:=xlDoubleQuote, ConsecutiveDelimiter:=False, Tab:=True, _
        Semicolon:=False, Comma:=False, Space:=False, Other:=False, FieldInfo _
        :=Array(1, 3), TrailingMinusNumbers:=True

    Range("F6").Value = "최준선"
```

04 앞의 코드에서 각 매개변수의 위치에 줄 연속 문자(_)를 입력해 다음과 같이 코드를 수정합니다.

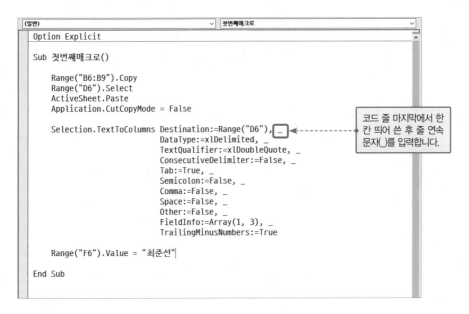

05 다섯 번째 줄의 코드에는 Selection 개체가 포함됩니다. 이를 정확한 범위로 변경합니다.

06 Selection 개체의 참조 범위를 확인하기 위해 매크로를 한 줄씩 동작시킵니다.

07 [코드] 창에서 F8 을 누르면 시작 줄에 노란색이 표시됩니다.

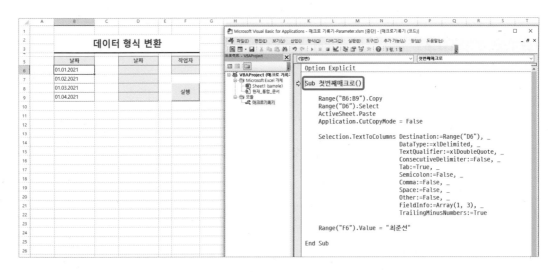

매크로 공략 치트키 | **[코드] 창에서 매크로 실행하기**

[코드] 창에서 바로 매크로를 실행할 수 있습니다. 매크로를 실행하는 단축키는 F5 와 F8 입니다. F5 는 매크로를 실행하지만 F8 은 한 번 누를 때마다 한 줄의 코드를 실행하는 방법으로 동작합니다. 매크로가 어떻게 동작하는지 한 줄씩 확인하고 싶을 때는 F8 을 사용합니다.

F8 을 누르면 코드가 실행될 위치가 노란색으로 표시되며, 한 번 더 F8 을 누르면 해당 줄의 코드가 실행됩니다. 지금과 같이 'Sub 첫번째매크로()' 줄이 노란색으로 표시되면 해당 매크로가 실행된다는 의미로 이해하도록 합니다.

08 F8 을 다섯 번 더 눌러 Selection.TextToColumns 줄이 노란색으로 표시되도록 합니다.

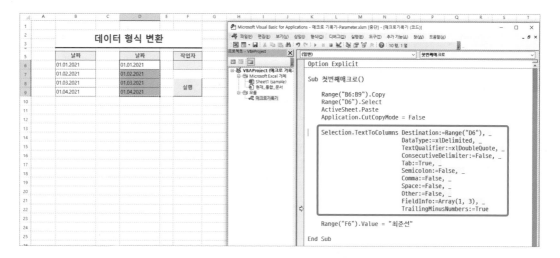

09 이때 엑셀 창에는 [D6:D9] 범위가 선택되어 있는지 확인합니다.

공략 **TIP** 이번 코드의 Selection 부분은 [D6:D9] 범위를 의미한다는 것을 확인할 수 있습니다.

10 F5 를 눌러 나머지 코드를 모두 실행하고 **Selection**을 **Range("D6:D9")**로 수정합니다.

공략 **TIP** 수정된 코드는 매크로 기록기-Parameter (코드 2).txt 파일로 제공됩니다.

데이터가 추가될 수 있다면 범위를 동적으로 참조해야 합니다. 해당 내용은 **필수 공식 09**에서 설명한 바 있습니다. 이번 코드 전체가 동적 범위를 참조하도록 변경하면 다음과 같습니다.

```
Sub 첫번째매크로()

    Range("D6", Range("D1048576").End(xlUp)).Delete Shift:=xlUp

    Range("B6", Range("B1048576").End(xlUp)).Copy
    Range("D6").Select
    ActiveSheet.Paste
    Application.CutCopyMode = False

    Range("D6", Range("D1048576").End(xlUp)).TextToColumns _
                                Destination:=Range("D6"), _
                                DataType:=xlDelimited, _
                                TextQualifier:=xlDoubleQuote, _
                                ConsecutiveDelimiter:=False, _
                                Tab:=True, _
                                Semicolon:=False, _
                                Comma:=False, _
                                Space:=False, _
                                Other:=False, _
                                FieldInfo:=Array(1, 3), _
                                TrailingMinusNumbers:=True

    Range("F6").Value = "최준선"

End Sub
```

참고로 위 코드는 단축키 Ctrl + ↑ 를 이용하는 방법으로 수정한 것입니다.

공략 TIP 수정된 코드는 매크로 기록기-Parameter (코드 3).txt 파일로 제공됩니다.

11 마지막으로 여러 매개변수 중 사용자가 직접 변경한 옵션만 남기고 나머지 매개변수는 모두 삭제합니다.

12 [첫번째매크로] 매크로의 코드를 다음과 같이 수정합니다.

```
Option Explicit

Sub 첫번째매크로()

    Range("B6:B9").Copy
    Range("D6").Select
    ActiveSheet.Paste
    Application.CutCopyMode = False

    Range("D6:D9").TextToColumns FieldInfo:=Array(1, 3)

    Range("F6").Value = "최준선"

End Sub
```

데이터 형식을 변환하는 작업을 매크로 기록기로 기록했을 때는 [텍스트 마법사] 3단계 옵션에서 [열 데이터 서식]만 변경했습니다(50~51페이지 참고). 그러므로 텍스트 마법사(TextToColumns)의 매개변수 중에서 열 데이터 서식에 해당하는 FieldInfo 부분만 남겨놓고 나머지는 모두 삭제할 수 있습니다.

 공략 TIP 수정된 코드는 매크로 기록기–Parameter (코드 4).txt 파일로 제공됩니다.

매크로 공략 **치트키** 　매개변수를 알아보는 방법

대화상자의 옵션이 어떤 매개변수와 연결되는지 이해할 수 있으면 코드를 수정할 때 훨씬 수월합니다. 여러 매개변수를 효과적으로 이해하려면 다음 두 가지 방법 중 하나를 사용하는 것이 좋습니다.

❶ 영문 버전의 엑셀을 사용합니다.

영문 버전의 엑셀은 대화상자의 옵션이 영어로 표시됩니다. 옵션명은 VBA 코드의 매개변수와 완전히 동일하지는 않지만 비슷한 명칭을 사용하기 때문에 매칭하는 것이 비교적 쉽습니다. 다음은 영문 버전의 [텍스트 마법사] 대화상자의 2단계 화면입니다.

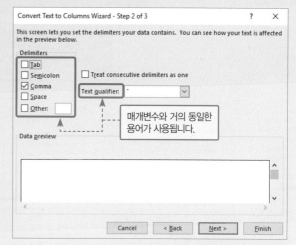

❷ TextToColumns 메서드 부분을 마우스로 클릭하고 F1 을 눌러 도움말을 엽니다. 엑셀 2013 버전부터는 온라인 도움말이 다음과 같이 표시됩니다.

Range.TextToColumns method (Excel)

2019. 04. 19. · 읽는 데 3분 걸림 · 🔵 🔵 🔵 🔵 🔵 +1

Parses a column of cells that contain text into several columns.

Syntax

expression.**TextToColumns** (*Destination, DataType, TextQualifier, ConsecutiveDelimiter, Tab, Semicolon, Com...
Space, Other, OtherChar, FieldInfo, DecimalSeparator, ThousandsSeparator, TrailingMinusNumbers*)

expression A variable that represents a **Range** object.

> VBA 도움말의 경우 아직까지는 한국어 도움말이 제공되지 않습니다. 다만, Chrome 등의 인터넷 브라우저에서 제공하는 한/영 번역 기능을 이용하면 비교적 수월하게 도움말 내용을 참고할 수 있습니다.

Parameters

Name	Required/Optional	Data type	Description
Destination	Optional	II i	A Range object that specifies where Microsoft Excel will place the results. If the range is larger than a single cell, the top left cell is used.
DataType	Optional	XlTextParsingType	The format of the text to be split into columns.
TextQualifier	Optional	XlTextQualifier	Specifies whether to use single, double, or no quotes as the text qualifier.
ConsecutiveDelimiter	Optional	Variant	**True** to have Excel consider consecutive delimiters as one delimiter. The default value is **False**.

13 코드를 수정한 후 매크로를 실행해봅니다.

14 [VB 편집기] 창을 닫고 [D6:D9] 범위와 [F6] 셀을 각각 선택한 후 [Delete]를 눌러 기존 데이터를 삭제합니다.

15 [F8:F9] 범위에 삽입된 [실행]을 클릭합니다.

◢	A	B	C	D	E	F	G
1							
2			데이터 형식 변환				
3							
5		날짜		날짜		작업자	
6		01.01.2021		2021-01-01		최준선	
7		01.02.2021		2021-01-02			
8		01.03.2021		2021-01-03		실행	
9		01.04.2021		2021-01-04			
10							

코드를 수정해도 정상적인 결과가 반환되어야 합니다. 잘못된 결과가 반환되면 앞의 설명을 다시 참고해 코드에 잘못된 부분이 있는지 확인합니다.

VBA 참조와 복사의 차이 이해하기

필수 공식 11

예제 _ PART 01 \ CHAPTER 02 \ 매크로 기록기–참조, 복사.xlsm

VBA 참조

VBA 코드로 다른 셀의 값을 참조할 수 있습니다. 코드는 다음과 같습니다.

```
Range("셀").Value = Range("셀").Value
```

공략 TIP 위 코드는 매크로 기록기로는 얻을 수 없습니다.

예를 들어 [A1] 셀의 값을 [C1] 셀에서 참조하려면 다음과 같은 코드를 입력합니다.

```
Range("C1").Value = Range("A1").Value
```

VBA에서 등호(=)는 '같다'라는 비교연산자의 의미와 오른쪽 값을 왼쪽에 입력하는 '대입'의 의미 중 하나로 사용됩니다. 위 코드에서는 등호가 후자의 의미로 사용된 것입니다.

한번에 범위를 통째로 참조할 수도 있습니다. 다음 코드는 [A1:A10] 범위 셀의 값을 [B1:B10] 범위 셀에 참조하는 코드입니다.

```
Range("B1:B10").Value = Range("A1:A10").Value
```

VBA 복사

매크로 기록기로 복사/붙여넣기 작업을 기록하면 보통 다음과 같은 코드를 얻습니다.

```
Range("A1").Copy            ①
Range("C1").Select          ②
ActiveSheet.Paste           ③
Application.CutCopyMode = False      ④
```

① 원본 셀을 복사합니다.
② 붙여 넣을 셀을 선택합니다.
③ 복사한 데이터를 붙여 넣습니다.
④ 복사 모드를 해제합니다.

코드가 길어 불편하다면 복사(Copy) 명령 뒤에 Destination 매개변수를 이용해 붙여 넣을 위치를 바로 설정할 수 있습니다. 다음과 같은 코드를 사용합니다.

```
Range("A1").Copy Destination:=Range("C1")
```

공략 TIP 위 코드는 매크로 기록기로는 얻을 수 없습니다.

위 코드를 사용하면 선택된 셀(또는 범위)의 테두리가 점선으로 표시되는 복사 모드가 활성화되지 않습니다. 따라서 복사 모드를 해제할 때 사용하는 Application.CutCopyMode = False 코드도 필요 없습니다.

복사도 한번에 여러 개의 셀(또는 범위)을 복사/붙여넣기할 수 있습니다. 다음은 [A1:A10] 범위를 복사해 [B1:B10] 셀에 붙여 넣는 코드입니다.

```
Range("A1:A10").Copy Destination:=Range("B1")
```

위 코드에서 Destination 매개변수는 생략할 수 있습니다. 생략하면 다음과 같은 코드가 됩니다.

```
Range("A1:A10").Copy Range("B1")
```

참조와 복사의 차이

복사(Copy)와 참조 명령은 비슷하지만 다른 방식의 동작을 하는 코드이므로 상황에 맞게 사용하는 것이 중요합니다. 참조는 셀의 구성 요소 중 데이터만 가져오고, 복사는 데이터뿐만 아니라 서식도 함께 복사됩니다.

원본 표가 다음과 같을 때 왼쪽 표의 데이터를 오른쪽 표에 입력한다고 가정합니다.

	날짜		날짜
	01.01.2021		
	01.02.2021		
	01.03.2021		
	01.04.2021		

참조 코드로 데이터를 오른쪽에 입력하면 다음과 같은 결과를 얻게 됩니다.

	날짜		날짜
	01.01.2021		01.01.2021
	01.02.2021		01.02.2021
	01.03.2021		01.03.2021
	01.04.2021		01.04.2021

오른쪽 표의 서식이 그대로 유지됩니다.

복사/붙여넣기 코드로 데이터를 오른쪽에 입력하면 다음과 같은 결과를 얻게 됩니다.

	날짜		날짜
	01.01.2021		01.01.2021
	01.02.2021		01.02.2021
	01.03.2021		01.03.2021
	01.04.2021		01.04.2021

오른쪽 표의 서식이 왼쪽 표와 동일하게 바뀝니다.

참조와 복사 코드의 순서 차이

참조와 복사 코드의 구성 역시 서로 비슷하지만 원본 셀의 위치가 다릅니다. 다음 코드를 참고합니다.

```
Range("C1").Value = Range("A1").Value          참조 코드


Range("A1").Copy Destination:=Range("C1")          복사 코드
```

첫 번째 줄은 참조할 때 사용하는 코드로 등호(=) 왼쪽이 입력받을 셀(또는 범위)이며 오른쪽이 참조하고자 하는 원본 데이터입니다. 반면에 아래 줄의 복사 코드에서는 왼쪽이 복사할 원본 데이터이며 오른쪽이 붙여 넣을 셀(또는 범위)이 됩니다.

실전 매크로 공략하기

앞에서 설명한 참조와 복사 명령을 이용하는 방법으로 기존 코드를 수정합니다.

01 매크로 기록기–참조, 복사.xlsm 예제 파일을 열면 [F8:F9] 범위에 [참조]와 [복사] 단추를 확인할 수 있습니다.

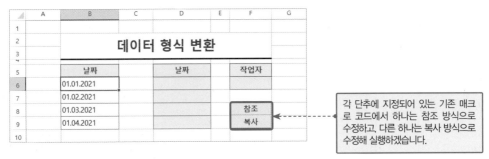

각 단추에 지정되어 있는 기존 매크로 코드에서 하나는 참조 방식으로 수정하고, 다른 하나는 복사 방식으로 수정해 실행하겠습니다.

공략 TIP [보안 경고] 메시지 줄이 표시되면 [콘텐츠 사용]을 클릭합니다.

02 파일에 포함된 매크로 코드를 수정하기 위해 단축키 Alt + F11 을 눌러 [VB 편집기] 창을 엽니다.

03 [프로젝트 탐색기] 창에서 [매크로기록기] 모듈을 더블클릭하면 다음과 같은 두 개의 매크로 코드를 확인할 수 있습니다.

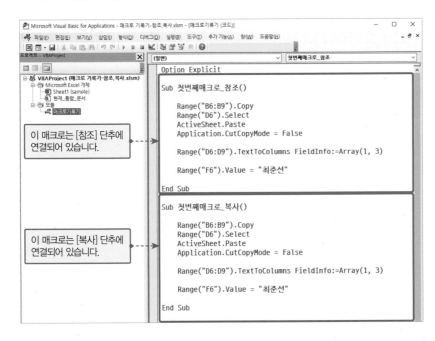

04 [첫번째매크로_참조] 매크로 코드의 복사 작업을 참조 작업으로 변경합니다.

05 [첫번째매크로_참조] 매크로 코드의 네 번째 줄까지 삭제하고 다음 코드를 입력합니다.

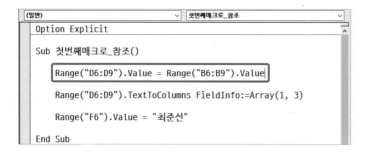

[첫번째매크로_참조] 매크로 코드의 앞 네 줄은 다음과 같습니다.

```
Range("B6:B9").Copy
Range("D6").Select
ActiveSheet.Paste
Application.CutCopyMode = False
```

이 코드를 참조 방식으로 변경하려면 [D6:D9] 범위에 [B6:B9] 범위의 값을 입력합니다. 코드는 다음과 같습니다.

```
Range("D6:D9").Value = Range("B6:B9").Value
```

이렇게 하면 서식은 복사하지 않고 원하는 위치에 데이터만 입력하는 것이 가능합니다.

공략 **TIP** 수정된 코드는 매크로 기록기–참조, 복사 (코드 1).txt 파일로 제공됩니다.

06 수정한 매크로를 테스트하기 위해 단축키 Alt + F11 를 눌러 엑셀 창으로 전환합니다.

07 [F8] 셀 위치에 삽입된 [참조] 단추를 클릭합니다.

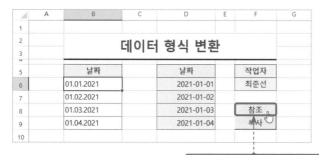

매크로가 정상적으로 동작하면 [D6:D9] 범위의 배경색이 변경되지 않아야 합니다.

08 이번에는 [첫번째매크로_복사] 매크로의 복사(Copy) 코드를 간결하게 수정합니다.

09 단축키 Alt + F11 을 눌러 [VB 편집기] 창으로 전환합니다.

10 [첫번째매크로_복사] 매크로의 두 번째에서 네 번째 코드 줄까지 삭제하고 첫 번째 코드 줄을 다음과 같이 수정합니다.

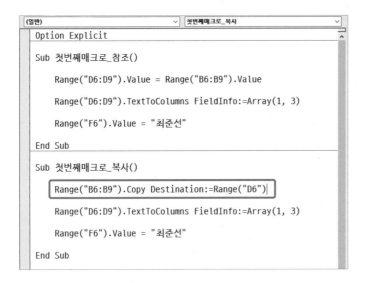

삭제한 [첫번째매크로_복사] 매크로 코드의 앞 네 줄은 다음과 같습니다.

```
Range("B6:B9").Copy
Range("D6").Select
ActiveSheet.Paste
Application.CutCopyMode = False
```

이 코드는 셀을 복사해주긴 하지만 네 번의 작업을 통해 이뤄져 비효율적입니다. 복사(Copy)와 붙여넣기를 한번에 작업하도록 Destination 매개변수를 활용합니다. 첫 번째 코드 줄을 수정한 코드는 다음과 같습니다.

```
Range("B6:B9").Copy Destination:=Range("D6")
```

위 코드는 복사 모드를 활성화할 필요 없이 [B6:B9] 범위를 복사해 [D6] 셀에다 붙여 넣는 동작이 한번에 이뤄지므로 처음 코드에 비해서 더 빠르게 동작합니다.

공략 **TIP** 수정된 코드는 매크로 기록기–참조, 복사 (코드 2).txt 파일로 제공됩니다.

---

11 수정한 매크로를 테스트하기 위해 단축키 Alt + F11 를 눌러 엑셀 창으로 전환합니다.

12 [F9] 셀 위치에 삽입된 [복사] 단추를 클릭합니다.

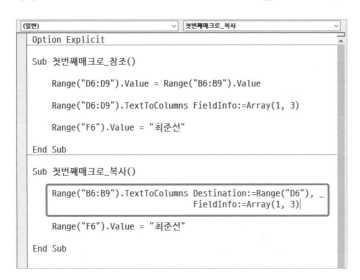

매크로가 정상적으로 동작하면 [D6:D9] 범위는 [B6:B9] 범위와 동일한 서식이 적용되어 배경색이 지워져야 합니다.

13 따로 복사나 참조 작업 없이 데이터 형식을 변환한 결과를 D열에 반환하도록 코드를 수정합니다.

공략 **TIP** 필수 공식 10에서 살펴봤듯이 [텍스트 마법사]의 3단계 옵션에서 결과를 반환할 셀을 선택할 수 있습니다. 그러므로 매크로 기록기를 이용해 날짜 데이터 형식을 변환할 때는 따로 복사 또는 참조 코드를 추가할 필요 없이 [텍스트 마법사] 대화상자의 매개변수를 이용해 결과 데이터를 반환하도록 코드를 수정합니다. 참고로 복사(Copy) 명령에서 사용할 수 있는 Destination 매개변수는 텍스트 나누기(TextToColumns)에서도 존재했습니다. [텍스트 마법사] 대화상자의 매개변수에 대한 설명은 이 책의 72~75페이지를 참고합니다.

14 단축키 Alt + F11 을 누르고 [첫번째매크로_복사] 매크로의 코드를 다음과 같이 수정합니다.

```
(일반)                          첫번째매크로_복사
Option Explicit

Sub 첫번째매크로_참조()

    Range("D6:D9").Value = Range("B6:B9").Value

    Range("D6:D9").TextToColumns FieldInfo:=Array(1, 3)

    Range("F6").Value = "최준선"

End Sub

Sub 첫번째매크로_복사()

    Range("B6:B9").TextToColumns Destination:=Range("D6"), _
                                FieldInfo:=Array(1, 3)

    Range("F6").Value = "최준선"

End Sub
```

[첫번째매크로_복사] 매크로 코드의 앞 두 줄은 다음과 같습니다.

```
Range("B6:B9").Copy Destination:=Range("D6")

Range("D6:D9").TextToColumns FieldInfo:=Array(1, 3)
```

이 코드에서 첫 번째 줄의 복사 작업과 두 번째 줄의 텍스트 나누기 코드를 하나의 코드로 통합하겠습니다. [텍스트 마법사] 대화상자의 3단계 옵션에서 결과 반환 위치를 지정할 수 있으므로 굳이 B열의 데이터를 D열로 복사할 필요가 없기 때문입니다.

즉, B열의 데이터에서 텍스트 나누기 작업을 실행한 결과를 바로 [D6] 셀 위치에 반환합니다. 코드를 다음과 같이 수정합니다.

```
Range("B6:B9").TextToColumns Destination:=Range("D6"), _
                    FieldInfo:=Array(1, 3)
```

이렇게 기록된 코드를 분석하여 불필요한 코드를 없애는 과정을 통해 더 효율적인 코드를 개발할 수 있습니다.

공략 TIP 수정된 코드는 매크로 기록기-참조.복사 (코드 3).txt 파일로 제공됩니다.

15 수정한 매크로를 테스트하기 위해 단축키 Alt + F11 을 눌러 엑셀 창으로 전환합니다.

16 기존 데이터는 삭제하여 초기화합니다.

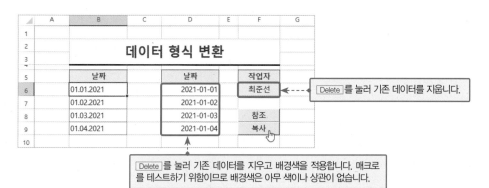

Delete 를 눌러 기존 데이터를 지웁니다.

Delete 를 눌러 기존 데이터를 지우고 배경색을 적용합니다. 매크로를 테스트하기 위함이므로 배경색은 아무 색이나 상관이 없습니다.

17 [F9] 셀 위치의 [복사] 단추를 클릭합니다.

매크로가 정상적 동작한다면 텍스트 나누기로 변경된 데이터가 [D6:D9] 범위에 데이터만 참조되는 방식으로 입력됩니다.

수식 활용 매크로

셀에 수식을 입력하거나 수식의 결과를 셀에 저장하는 매크로를 만들 수 있습니다. 수식 계산 결과를 셀에 저장할 수 있는 이유는 엑셀 함수를 매크로에서도 사용할 수 있기 때문입니다. CHAPTER 03에서는 매크로에서 수식을 활용하는 방법에 대해 소개합니다.

셀에 수식을 입력하는 매크로 기록하기

예제 _ PART 01 \ CHAPTER 03 \ 매크로 기록가-수식.xlsm

A1 참조 방식과 R1C1 참조 방식

수식을 입력하는 과정을 매크로 기록기로 기록하면 수식의 셀 주소는 다음 두 가지 패턴으로 입력됩니다.

```
R1C1
R[1]C[1]
```

이런 주소 체계는 엑셀 이전 세대 프로그램인 Lotus 1-2-3에서 사용했던 방식으로, R1C1 참조 방식이라고 합니다. 코드를 보기 쉽게 정리하려면 R1C1 참조 방식의 주소를 엑셀의 A1 참조 방식의 주소로 바꾸는 방법을 이해해야 합니다.

 매크로 공략 치트키 **R1C1 참조 방식 알아보기**

매크로 기록기가 사용하는 R1C1 참조 방식에서 R1C1의 R은 행(Row)을, C는 열(Column)을 의미합니다. R이나 C 뒤에는 보통 숫자가 나타나는데 대괄호가 붙는 방식과 붙지 않는 방식이 있습니다. 먼저 대괄호가 붙지 않은 R1C1은 1번 행과 1번 열을 의미하므로 엑셀에서는 [A1] 셀을 의미합니다.

대괄호 안의 숫자는 선택된 셀에서 몇 칸 떨어진 위치를 의미합니다. 예를 들어, [A1] 셀이 선택된 상태에서 R[1]C[1]은 행(Row) 방향(아래쪽)으로 한 칸, 열(Column) 방향(오른쪽)으로 한 칸 이동한 위치를 의미합니다. 엑셀에서는 [B2] 셀을 의미합니다.

A1 ↓	B1
A2 →	B2

위쪽이나 왼쪽으로 이동하려면 대괄호 안에 음수를 입력합니다. [B2] 셀이 선택된 상태에서 [A1] 셀은 R[-1]C[-1]입니다.

이 개념을 이해하면 매크로로 기록된 수식을 분석할 때 많은 도움을 얻을 수 있습니다.

실전 매크로 공략하기

매크로 기록기로 수식을 입력하는 과정을 기록하고 코드를 수정하는 작업을 진행합니다.

01 매크로 기록기-수식.xlsm 예제 파일을 열고 [F6] 셀과 [I6:I10] 범위에 수식을 입력하는 과정을 매크로 기록기로 기록합니다.

	이름	직위	급여		급여 총액		직위	평균 급여
			매크로 기록기 - 수식					수식 입력
6	박지훈	부장	5,350,000				부장	
7	유준혁	과장	4,000,000				과장	
8	이서연	사원	2,500,000				대리	
9	김민준	대리	3,300,000				주임	
10	최서현	사원	2,650,000				사원	
11	박현우	대리	3,250,000					
12	정시우	주임	2,750,000					
13	이은서	사원	2,500,000					
14	오서윤	사원	2,480,000					

공략 TIP [F6] 셀에는 SUM 함수식을 입력하고 [I6:I10] 범위에는 AVERAGEIF 함수식을 입력할 예정입니다.

02 리본 메뉴의 [개발 도구] 탭-[코드] 그룹-[매크로 기록🖻]을 클릭합니다.

03 [매크로 기록] 대화상자가 표시되면 [매크로 이름]에 **수식입력**을 입력하고 [확인]을 클릭합니다.

공략 TIP [F6] 셀에 수식을 입력할 예정이므로 매크로 기록을 시작하기 전에 [F6] 셀이 아닌 다른 셀이 선택되어 있어야 합니다.

04 [F6] 셀을 클릭하고, 다음 수식을 입력합니다.

```
=SUM(D6:D14)
```

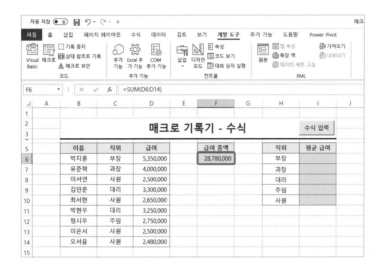

공략 TIP [F6] 셀에 수식을 입력하고 Enter를 눌러 입력하면 [F7] 셀이 선택되는 것이 정상입니다. 위의 화면에서는 [F6] 셀의 수식 입력줄의 수식을 보여주기 위해 [F6] 셀을 다시 클릭한 것입니다.

05 [I6] 셀을 클릭하고 다음 수식을 입력합니다.

```
=AVERAGEIF($C$6:$C$14, H6, $D$6:$D$14)
```

06 [I6] 셀을 다시 클릭하고 [I6] 셀의 채우기 핸들 ➕을 [I10] 셀까지 드래그해 수식을 복사합니다.

07 리본 메뉴의 [개발 도구] 탭-[코드] 그룹-[기록 중지 ☐]를 클릭합니다.

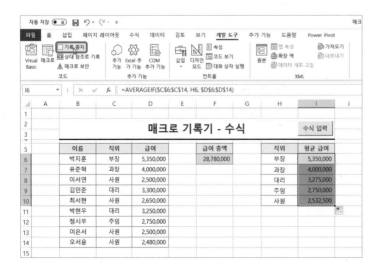

08 기록된 코드를 확인하기 위해 단축키 [Alt]+[F11]을 눌러 [VB 편집기] 창을 엽니다.

09 [프로젝트 탐색기] 창에서 [Module1] 모듈을 더블클릭해 [수식입력] 매크로를 확인합니다.

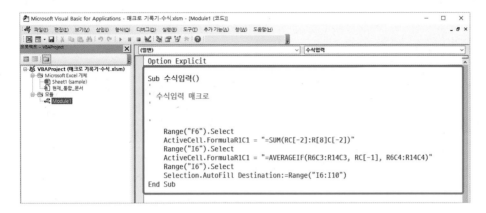

10 **필수 공식 08**에서 설명한 Select 메서드 수정 방법에 따라 코드를 다음과 같이 수정합니다.

[수식입력] 매크로에서 제일 처음 수정할 부분은 코드 상단의 주석 부분입니다.

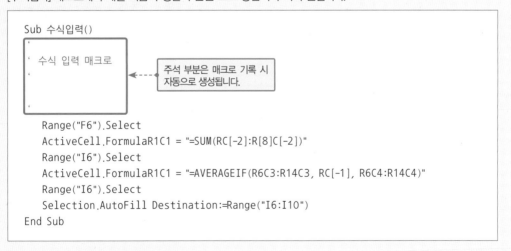

공략 **TIP** 수정된 코드는 매크로 기록기-수식 (코드 1).txt 파일로 제공됩니다.

주석은 코드를 실행할 때 무시되므로 보통 코드에 관한 설명을 적어놓습니다. 주석을 활용하는 방법은 **필수 공식 16**을 참고합니다. 매크로 기록기를 사용할 때 자동으로 기록되는 주석은 크게 의미가 없으므로 지워줍니다. 주석 부분을 선택하고 Delete 를 눌러 지우면 다음과 같은 코드가 남습니다.

```
Sub 수식입력()

    Range("F6").Select
    ActiveCell.FormulaR1C1 = "=SUM(RC[-2]:R[8]C[-2])"              ❶
    Range("I6").Select
    ActiveCell.FormulaR1C1 = "=AVERAGEIF(R6C3:R14C3, RC[-1], R6C4:R14C4)"
    Range("I6").Select
    Selection.AutoFill Destination:=Range("I6:I10")               ❷

End Sub
```

❶ 바로 위 줄의 Select는 [F6] 셀을 선택하라는 명령입니다. ActiveCell은 입력받는 셀을 의미하므로 ActiveCell은 [F6] 셀을 의미합니다.

❷ 바로 위 줄의 Select는 [I6] 셀을 선택하라는 명령입니다. Selection은 선택된 대상(개체)을 의미하므로 [I6] 셀을 의미합니다.

Select로 끝나고 ActiveCell로 시작하는 줄과 Select로 끝나고 Selection으로 시작되는 부분을 각각 한 줄로 합칩니다. 여섯 줄의 코드가 세 줄로 줄어들어 다음과 같이 수정됩니다.

```
Sub 수식입력()

    Range("F6").FormulaR1C1 = "=SUM(RC[-2]:R[8]C[-2])"
    Range("I6").FormulaR1C1 = "=AVERAGEIF(R6C3:R14C3, RC[-1], R6C4:R14C4)"
    Range("I6").AutoFill Destination:=Range("I6:I10")

End Sub
```

11 FormulaR1C1 속성은 Formula 속성으로 수정합니다.

```
(일반)                                    ▼  수식입력                          ▼
Option Explicit

Sub 수식입력()

    Range("F6").Formula = "=SUM(RC[-2]:R[8]C[-2])"
    Range("I6").Formula = "=AVERAGEIF(R6C3:R14C3, RC[-1], R6C4:R14C4)"
    Range("I6").AutoFill Destination:=Range("I6:I10")

End Sub
```

앞에서 수정한 매크로의 첫 번째와 두 번째 줄에 FormulaR1C1 속성이 사용됩니다. 매크로 기록기를 이용해 기록한 FormulaR1C1은 R1C1 참조 방식을 사용해 수식을 입력받는다는 의미입니다.

```
Sub 수식입력()

    Range("F6").FormulaR1C1 = "=SUM(RC[-2]:R[8]C[-2])"
    Range("I6").FormulaR1C1 = "=AVERAGEIF(R6C3:R14C3, RC[-1], R6C4:R14C4)"
    Range("I6").AutoFill Destination:=Range("I6:I10")

End Sub
```

필수 공식 08에서 살펴봤듯이 FormulaR1C1은 Value로 수정할 수 있으므로, 코드를 다음과 같이 수정할 수도 있습니다.

```
Sub 수식입력()

    Range("F6").Value = "=SUM(RC[-2]:R[8]C[-2])"
    Range("I6").Value = "=AVERAGEIF(R6C3:R14C3, RC[-1], R6C4:R14C4)"
    Range("I6").AutoFill Destination:=Range("I6:I10")

End Sub
```

다만 Value 속성은 보통 셀에 값을 입력할 때 사용합니다. 수식을 입력할 경우에는 Formula라는 전용 속성이 따로 제공되므로 다음과 같이 수정하는 것이 가장 좋습니다.

```
Sub 수식입력()

    Range("F6").Formula = "=SUM(RC[-2]:R[8]C[-2])"
    Range("I6").Formula = "=AVERAGEIF(R6C3:R14C3, RC[-1], R6C4:R14C4)"
    Range("I6").AutoFill Destination:=Range("I6:I10")

End Sub
```

공략 **TIP** 수정된 코드는 매크로 기록가-수식 (코드 2).txt 파일로 제공됩니다.

12 수식 입력 부분의 R1C1 참조 방식을 A1 참조 방식으로 수정합니다.

```
(일반)                                 ▽  수식입력
Option Explicit

Sub 수식입력()

    Range("F6").Formula = "=SUM(D6:D14)"
    Range("I6").Formula = "=AVERAGEIF($C$6:$C$14, H6, $D$6:$D$14)"
    Range("I6").AutoFill Destination:=Range("I6:I10")

End Sub
```

매크로 기록기로 기록된 코드의 수식은 큰따옴표(")안에 R1C1 참조 방식으로 입력됩니다. 아래 코드를 참고합니다.

```
Sub 수식입력()

    Range("F6").Formula = "=SUM(RC[-2]:R[8]C[-2])"  —————————  ❶
    Range("I6").Formula = "=AVERAGEIF(R6C3:R14C3, RC[-1], R6C4:R14C4)"  ——  ❷
    Range("I6").AutoFill Destination:=Range("I6:I10")

End Sub
```

R1C1 방식의 주소는 사용자가 해당 참조 위치를 단번에 이해하기 어려우므로 A1 참조 방식으로 코드를 수정합니다.

❶ [F6] 셀에 입력되고 RC[-2]면 행은 동일, 열은 왼쪽으로 두 칸 이동된 위치이므로 [D6] 셀을 의미합니다. R[8]C[-2]는 행은 아래로 여덟 칸, 열은 왼쪽으로 두 칸 이동한 위치이므로 [D14] 셀을 의미합니다. 정리하면 SUM 함수의 인수인 RC[-2]:R[8]C[-2]는 [D6:D14] 범위를 의미합니다.

❷ [I6] 셀에 입력되며, R6C3이면 6행 세 번째 열을 의미하므로 [C6] 셀이 됩니다. 같은 방식으로 R14C3은 [C14]셀을 의미합니다. 이렇게 R1C1 방식에서 대괄호를 사용하지 않은 수식은 복사해도 위치가 바뀌지 않게 되어 엑셀의 절대 참조 방식으로 참조한 결과와 같습니다. 즉, [$C$6:$C$14] 범위와 같습니다. RC[-1]은 행은 같고 열은 왼쪽으로 한 칸 이동된 위치이므로 [H6] 셀을 의미합니다. R6C4:R14C4는 [$D$6:$D$14] 범위와 같습니다.

이러한 방법으로 수식의 참조 위치를 알아낼 수 있지만 이번에는 **04~05** 과정에서 셀에 수식을 직접 작성할 때의 참조 위치로 간단히 수정할 수도 있습니다. 수정한 코드는 다음과 같습니다.

```
Sub 수식입력()

    Range("F6").Formula = "=SUM(D6:D14)"
    Range("I6").Formula = "=AVERAGEIF($C$6:$C$14, H6, $D$6:$D$14)"
    Range("I6").AutoFill Destination:=Range("I6:I10")

End Sub
```

수식을 입력하는 매크로의 경우 참조 방식을 바꾸는 것만으로도 코드가 이해하기 쉬워집니다. 매크로를 기록한 후에는 반드시 참조 위치를 변경해주는 것을 권합니다.

공략 TIP 수정된 코드는 매크로 기록기-수식 (코드 3).txt 파일로 제공됩니다.

13 수정된 매크로를 테스트하기 위해 단축키 Alt + F11 을 눌러 엑셀 창으로 전환합니다.

14 [I2:I3] 범위에 위치한 [수식 입력] 단추에는 매크로가 연결되어 있지 않습니다. 수정된 매크로를 연결합니다.

15 [수식 입력] 단추를 마우스 오른쪽 버튼으로 클릭하고 [매크로 지정]을 클릭합니다.

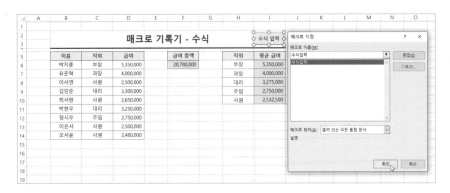

16 [매크로 지정] 대화상자의 [매크로 이름]에서 [수식입력]을 클릭하고 [확인]을 클릭합니다.

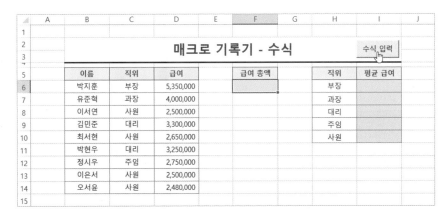

17 기존에 입력된 수식을 지워 초기화합니다.

공략 **TIP** 매크로로 수식이 입력되는 과정을 확인하기 위함입니다.

18 [I6:I10] 범위와 [F6] 셀을 각각 선택하고 Delete 를 누릅니다.

19 [수식 입력] 단추를 클릭합니다.

20 수식이 제대로 입력됐는지 확인하기 위해 [I10] 셀을 클릭하여 [수식 입력줄]을 확인합니다.

| I10 | ▼ : × ✓ *fx* | =AVERAGEIF($C$6:$C$14, H10, $D$6:$D$14) |

	A	B	C	D	E	F	G	H	I	J
1										
2				**매크로 기록기 - 수식**					수식 입력	
3										
5		이름	직위	급여		급여 총액		직위	평균 급여	
6		박지훈	부장	5,350,000		28,780,000		부장	5,350,000	
7		유준혁	과장	4,000,000				과장	4,000,000	
8		이서연	사원	2,500,000				대리	3,275,000	
9		김민준	대리	3,300,000				주임	2,750,000	
10		최서현	사원	2,650,000				사원	2,532,500	
11		박현우	대리	3,250,000						
12		정시우	주임	2,750,000						
13		이은서	사원	2,500,000						
14		오서윤	사원	2,480,000						
15										

예제 _ PART 01 \ CHAPTER 03 \ WorksheetFunction 개체.xlsm

워크시트 함수와 VBA 함수 구분하기

워크시트에 함수가 있듯 VBA에도 사용할 수 있는 함수가 따로 제공되며 이 함수를 VBA 함수라고 합니다. VBA 함수에는 LEFT, MID 함수 등과 같이 엑셀 함수와 유사한 함수도 있지만 전혀 다른 동작의 함수도 다수 존재합니다. 물론 셀에서 사용하던 COUNTIF, SUMIF, VLOOKUP과 같은 함수도 매크로를 개발할 때 사용할 수 있습니다. 이 함수들은 VBA 함수와 구분하기 위해 워크시트 함수라고 합니다.

단, 워크시트 함수는 WorksheetFunction 개체를 이용해야 사용할 수 있습니다. 예를 들어 [A1:A9] 범위의 합계를 SUM 함수를 사용해 구하고 결과를 [A10] 셀에 입력하려면 다음과 같은 코드를 사용합니다.

```
Range("A10").Value = WorksheetFunction.Sum(Range("A1:A9"))
```

위 코드를 실행하면 [A10] 셀에 SUM 함수로 더한 합계가 입력됩니다. 수식이 입력되는 것이 아니기 때문에 원본 데이터가 바뀌어도 자동으로 결과가 변경되지는 않습니다. 매크로를 다시 실행해야 변경된 데이터가 결과에 반영됩니다. 만약 엑셀 창에서와 같이 셀에 수식을 입력하고 싶다면 다음과 같은 코드를 사용합니다.

```
Range("A10").Formula = "=SUM(A1:A9)"
```

VBA 함수에는 워크시트 함수와 동일한 이름을 갖는 함수가 다수 존재합니다. 어떤 함수가 제공되는지 확인하고 싶다면 [VB 편집기] 창에서 [코드] 창이나 [직접 실행] 창(Ctrl + G)에 다음과 같은 코드를 입력한 후 목록에 표시된 함수를 확인합니다.

```
VBA.
```

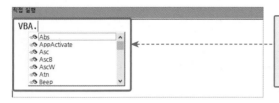

VBA 뒤에 마침표(.)를 입력하면 사용할 수 있는 함수 목록이 표시됩니다. 목록에서 LEFT, MID, RIGHT와 같은 친숙한 함수 명도 찾을 수 있지만 익숙치 않은 함수가 대부분일 것입니다. VBA.은 함수 목록을 확인할 때 사용하며 실제 코드를 작성할 때는 입력하지 않아도 됩니다.

엑셀의 워크시트 함수를 VBA에서 모두 사용할 수 있는 것은 아닙니다. 사용 가능한 함수는 [코드] 창이나 [직접 실행] 창에서 다음과 같이 입력하면 목록에서 확인이 가능합니다.

```
WorksheetFunction.
```

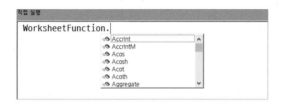

엑셀에서 수식을 작성할 때 자주 사용했던 함수가 목록에 있는지 확인합니다. 워크시트 함수를 사용하려면 반드시 앞에 WorkhsheetFunction 개체가 입력되어야 합니다. 함수 구성과 사용법은 셀에서 함수식을 입력할 때와 동일하지만 참조는 반드시 Range 개체를 이용해야 합니다.

실전 매크로 공략하기

수식을 입력하는 매크로를 WorksheetFunction 개체를 활용해 수식 결과가 바로 입력되도록 변경합니다.

01 **WorksheetFunction 개체.xlsm** 예제 파일을 엽니다. [F6] 셀과 [I6:I10] 범위에는 수식이 입력되어 있습니다.

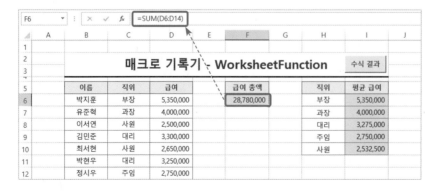

공략 **TIP** 파일을 열 때 [보안 경고] 메시지 줄이 표시되면 [콘텐츠 사용]을 클릭합니다.

02 매크로를 수정하기 위해 단축키 Alt + F11 을 눌러 [VB 편집기] 창을 엽니다.

03 [프로젝트 탐색기] 창에서 [수식] 모듈을 더블클릭하여 [수식입력] 매크로 코드를 확인합니다.

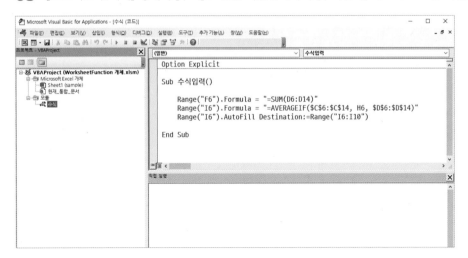

공략 TIP [직접 실행] 창이 열려 있지 않다면 단축키 Ctrl + G 를 눌러 표시합니다.

04 [수식입력] 매크로에서 셀에 수식을 입력하는 코드를 수식의 결과를 반환하는 코드로 수정합니다.

05 이미 입력된 수식에 있는 SUM, AVERAGEIF 함수가 VBA 함수로도 제공되는지 확인합니다.

06 [직접 실행] 창에서 **VBA.SUM**을 입력하면 목록에 매칭되는 함수가 표시되지 않는 것을 확인할 수 있습니다.

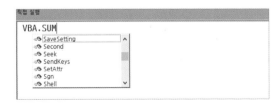

공략 TIP 매칭되는 함수가 목록에 없다면 VBA에서는 해당 함수가 제공되지 않는 것입니다.

07 [직접 실행] 창에서 WorksheetFunction.SUM을 입력하면 목록의 함수가 매칭됩니다.

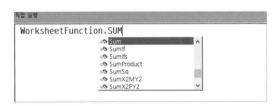

공략 TIP SUM 함수를 매크로에서 사용하려면 WorksheetFunction 개체를 이용해야 합니다.

08 [수식입력] 매크로 코드에서 [F6] 셀에 수식을 입력하는 부분을 다음과 같이 수정합니다.

```
(일반)                                        ▼  수식입력                                              ▼
  Option Explicit

  Sub 수식입력()

      Range("F6").Value = WorksheetFunction.Sum(Range("D6:D14"))
      Range("I6").Formula = "=AVERAGEIF($C$6:$C$14, H6, $D$6:$D$14)"
      Range("I6").AutoFill Destination:=Range("I6:I10")

  End Sub
```

[F6] 셀에 수식을 입력하는 코드는 Range 개체의 Formula 속성을 사용해 문자열(")로 수식을 입력하는 방식입니다.

```
Sub 수식입력()

    Range("F6").Formula = "=SUM(D6:D14)"
    Range("I6").Formula = "=AVERAGEIF($C$6:$C$14, H6, $D$6:$D$14)"
    Range("I6").AutoFill Destination:=Range("I6:I10")

End Sub
```

수식을 입력하는 대신 함수식의 계산 결과를 반환하도록 만들려면 먼저 Formula 속성을 Value 속성으로 변경한 후 등호(=) 오른쪽의 문자열을 SUM 함수식으로 변경합니다.

```
Sub 수식입력()

    Range("F6").Value = WorksheetFunction.Sum(Range("D6:D14"))
    Range("I6").Formula = "=AVERAGEIF($C$6:$C$14, H6, $D$6:$D$14)"
    Range("I6").AutoFill Destination:=Range("I6:I10")

End Sub
```

WorksheetFunction 개체를 이용해 함수를 사용하려면 참조할 대상 셀(또는 범위)은 반드시 Range 개체를 이용해야 하고 셀 주소는 큰따옴표(")로 묶어 전달합니다.
셀에 수식을 입력하는 매크로를 사용하면 셀에 수식이 입력된 후에 SUM 함수가 동작해 계산 결과를 반환합니다. 그에 반해 WorksheetFunction 개체를 사용해 직접 SUM 함수를 사용하면 코드가 실행될 때 SUM 함수가 동작해 계산된 결과 값이 셀에 저장됩니다.

공략 **TIP** 수정된 코드는 WorksheetFunction 개체 (코드 1).txt 파일로 제공됩니다.

09 [I6] 셀에 수식을 입력하는 부분을 다음과 같이 수정합니다.

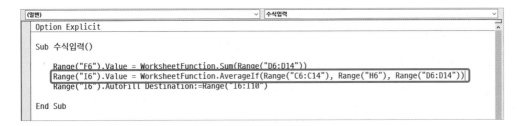

```
Option Explicit

Sub 수식입력()

    Range("F6").Value = WorksheetFunction.Sum(Range("D6:D14"))
    Range("I6").Value = WorksheetFunction.AverageIf(Range("C6:C14"), Range("H6"), Range("D6:D14"))
    Range("I6").AutoFill Destination:=Range("I6:I10")

End Sub
```

[I6] 셀에 수식을 입력하는 부분의 코드를 계산된 결과로 입력하는 코드로 변경하려면 먼저 Formula 속성을 Value 속성으로 변경합니다.

```
Range("I6").Value = …
```

Formula 속성을 Value 속성으로 변경하지 않아도 수식의 결과는 같지만 속성을 정확하게 구분해놓는 습관을 들이는 것이 이후 코드를 분석 및 활용하는 데에 도움됩니다. 값 입력은 Value 속성, 수식 입력은 Formula 속성으로 구분하도록 합니다.
AVERAGEIF 함수 역시 VBA에서는 제공하지 않으므로 WorksheetFunction 개체를 이용해야 합니다.

```
WorksheetFunction.AverageIf(Range("C6:C14"), Range("H6"), Range("D6:D14"))
```

AVERAGEIF 함수에서 참조할 범위는 모두 Range 개체를 이용해 참조합니다.

공략 **TIP** 수정된 코드는 WorksheetFunction 개체 (코드 2).txt 파일로 제공됩니다.

10 코드가 제대로 수정됐는지 확인하기 위해 단축키 Alt + F11 을 눌러 엑셀 창으로 전환합니다.

11 [I2:I3] 범위에 위치한 [수식 결과] 단추를 클릭합니다.

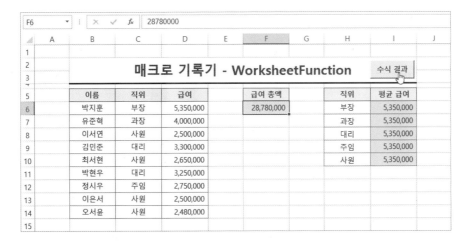

매크로가 실행되면 [F6] 셀과 [I6:I10] 범위의 값이 모두 수식의 결과 값으로 바뀌게 됩니다. 그런데 [I6:I10] 범위의 값이 모두 동일한 값으로 입력됩니다.
이것은 [수식입력] 매크로 코드의 세 번째 줄 코드 때문입니다.

```
Range("I6").AutoFill Destination:=Range("I6:I10")
```

이 코드는 자동 채우기 기능을 이용해 첫 번째 셀의 값(또는 수식)을 대상 셀(또는 범위)에 복사합니다. 수식을 사용할 때는 문제가 없지만 [I6] 셀에 수식의 결과가 입력되면 해당 값이 모두 동일하게 복사되어 입력됩니다.

12 문제 해결을 위해 단축키 Alt+F11을 눌러 [수식입력] 매크로의 코드를 수정합니다.

13 [수식입력] 매크로의 세 번째 줄을 선택하고 Delete를 눌러 삭제합니다.

```
Sub 수식입력()

    Range("F6").Value = WorksheetFunction.Sum(Range("D6:D14"))
    Range("I6").Value = WorksheetFunction.AverageIf(Range("C6:C14"), Range("H6"), Range("D6:D14"))
    Range("I6").AutoFill Destination:=Range("I6:I10")

End Sub
```

공략 TIP　세 번째 줄의 아무 데나 커서를 위치시키고 단축키 Ctrl+Y를 누르면 코드 한 줄을 삭제할 수 있습니다.

세 번째 줄의 코드는 자동 채우기 기능 부분이므로 셀에 수식이 아닌 값이 입력될 때는 불필요한 작업입니다. 그런데 이 부분을 삭제하면 [I7:I10] 범위에는 직위별 평균 급여가 계산되지 않습니다.

수식의 결과 값을 입력할 경우에는 [I7:I10] 범위의 각 셀에 해당하는 코드를 하나하나 작성해야 합니다. 예를 들어 코드가 다음과 같아야 매크로가 정상적으로 작동합니다.

```
Sub 수식입력()

    Range("F6").Value = WorksheetFunction.Sum(Range("D6:D14"))
    Range("I6").Value = WorksheetFunction.AverageIf(Range("C6:C14"), Range("H6"),
    Range("D6:D14"))

    Range("I7").Value = WorksheetFunction.AverageIf(Range("C6:C14"), Range("H7"),
    Range("D6:D14"))
    Range("I8").Value = WorksheetFunction.AverageIf(Range("C6:C14"), Range("H8"),
    Range("D6:D14"))
    Range("I9").Value = WorksheetFunction.AverageIf(Range("C6:C14"), Range("H9"),
    Range("D6:D14"))
    Range("I10").Value = WorksheetFunction.AverageIf(Range("C6:C14"), Range("H10"),
    Range("D6:D14"))

End Sub
```

이렇게 코드를 하나하나 입력하는 것은 비효율적이므로 권장하지 않습니다. 이 경우에는 **PART 03**에서 배울 For⋯ Next 문과 같은 VBA 문법을 사용해야 합니다.

14 WorksheetFunction 개체를 사용할 때 코드 줄이 가로로 길어지므로 이를 간소화합니다.

15 With 문을 사용하도록 코드를 다음과 같이 수정합니다.

```
Sub 수식입력()

    With WorksheetFunction

        Range("F6").Value = WorksheetFunction.Sum(Range("D6:D14"))
        Range("I6").Value = WorksheetFunction.AverageIf(Range("C6:C14"), Range("H6"), Range("D6:D14"))

    End With

End Sub
```

13 과정까지 수정된 코드는 다음과 같습니다.

```
Sub 수식입력()

    Range("F6").Value = WorksheetFunction.Sum(Range("D6:D14"))
    Range("I6").Value = WorksheetFunction.AverageIf(Range("C6:C14"), Range("H6"),
    Range("D6:D14"))

End Sub
```

워크시트 함수를 사용하기 위해서는 함수명 앞에 WorksheetFunction 개체를 입력해야 하기 때문에 가로로 긴 코드 줄이 만들어집니다. 코드를 보기 쉽게 줄이려면 With 문을 사용합니다.

With 문은 다음과 같이 사용할 수 있습니다.

```
With 개체
     .구성원
     .구성원
End With
```

With 문 옆에 입력된 개체는 With 문 안에서 마침표(.)만 입력해도 구성원을 사용할 수 있습니다. Worksheet Function 개체가 With 문을 사용하도록 구조를 먼저 작성해 넣은 것이 이번 코드입니다.

```
Sub 수식입력()

    With WorksheetFunction

        Range("F6").Value = WorksheetFunction.Sum(Range("D6:D14"))
        Range("I6").Value = WorksheetFunction.AverageIf(Range("C6:C14"),
        Range("H6"), Range("D6:D14"))

    End With

End Sub
```

공략 TIP 수정된 코드는 WorksheetFunction 개체 (코드 3).txt 파일로 제공됩니다.

수정한 코드는 아직 완성된 상태가 아닙니다. VBA에서는 With… End With 문과 같이 특정 문법이 시작되고 끝나는 부분을 블록이라고 합니다. 블록은 반드시 시작과 끝이 존재해야 하는데, End With 문은 자동으로 입력되지 않으므로 블록 안의 코드를 수정하기 전에 이렇게 먼저 종료되는 부분을 정확하게 입력하도록 합니다. 또한 블록 안의 코드는 구분하기 쉽도록 들여쓰기(Tab)를 권장합니다.

16 With 문 안의 WorksheetFunction 코드를 삭제합니다. 수정된 코드는 다음과 같습니다.

```
(일반)                                                    │  수식입력                                         │
Option Explicit

Sub 수식입력()

    With WorksheetFunction

        Range("F6").Value = .Sum(Range("D6:D14"))
        Range("I6").Value = .AverageIf(Range("C6:C14"), Range("H6"), Range("D6:D14"))

    End With

End Sub
```

With 문 안에서는 WorksheetFunction 개체를 입력하지 않아도 됩니다.

```
Sub 수식입력()

    With WorksheetFunction

        Range("F6").Value =.Sum(Range("D6:D14"))
        Range("I6").Value =.AverageIf(Range( " C6:C14 " ), Range( " H6 " ), Range( " D6:D14 " ))

    End With

End Sub
```

With 문 내의 WorksheetFunction 코드만 지우고 구성원(여기서는 함수) 앞의 마침표(.)는 남겨둬야 합니다.

공략 TIP 수정된 코드는 WorksheetFunction 개체 (코드 4).txt 파일로 제공됩니다

17 만약 코드를 더 짧고 이해하기 쉽게 줄이고 싶다면 줄 연속 문자(_)을 사용합니다.

18 [수식입력] 매크로 코드를 다음과 같이 수정합니다.

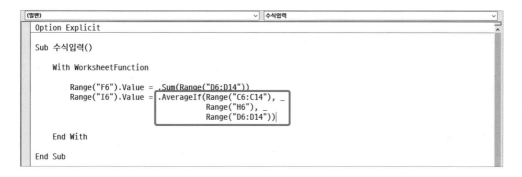

함수의 인수가 많을수록 코드 줄이 길어집니다. 코드를 짧게 줄이고 싶다면 줄 연속 문자(_)를 이용해 코드를 여러 줄로 나눠 입력합니다. 이때 조심해야 할 점은 줄 연속 문자는 코드 마지막에 붙여 입력하면 안 되고 반드시 한 칸 띄어 쓰여진 상태에서 입력해야 한다는 것입니다.

```
Sub 수식입력()

    With WorksheetFunction

        Range("F6").Value =.Sum(Range("D6:D14"))
        Range("I6").Value =.AverageIf(Range("C6:C14"), _
                            Range("H6"), _
                            Range("D6:D14"))

    End With

End Sub
```

이렇게 하면 코드를 짧게 줄여 쓸 수 있어 쉽고 빠르게 이해할 수 있습니다.

공략 **TIP** 수정된 코드는 WorksheetFunction 개체 (코드 5).txt 파일로 제공됩니다.

19 수정된 코드가 제대로 동작하는지 테스트하기 위해 단축키 Alt + F11 을 눌러 엑셀 창으로 전환합니다.

20 [F6] 셀과 [I6:I10] 범위를 각각 선택하고 Delete 를 눌러 기존 결과를 삭제합니다.

21 [I2:I3] 범위에 위치한 [수식 결과] 단추를 클릭합니다.

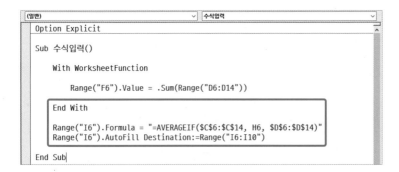

> **공략 TIP** [F6] 셀과 [I6] 셀에는 수식의 결과가 입력되고 [I7:I10] 범위에는 아무것도 입력되지 않아야 합니다.

22 [I7:I10] 범위에도 수식의 결과가 입력되도록 코드를 수정합니다.

23 단축키 Alt + F11 을 눌러 [VB 편집기] 창으로 전환한 후 [수식입력] 매크로 코드를 다음과 같이 수정합니다.

```
Option Explicit

Sub 수식입력()

    With WorksheetFunction

        Range("F6").Value = .Sum(Range("D6:D14"))

    End With

    Range("I6").Formula = "=AVERAGEIF($C$6:$C$14, H6, $D$6:$D$14)"
    Range("I6").AutoFill Destination:=Range("I6:I10")

End Sub
```

수정된 코드는 다음과 같습니다.

```
Sub 수식입력()

    With WorksheetFunction

        Range("F6").Value = .Sum(Range("D6:D14"))

    End With

    Range("I6").Formula = "=AVERAGEIF($C$6:$C$14, H6, $D$6:$D$14)"
    Range("I6").AutoFill Destination:=Range("I6:I10")

End Sub
```

이번에 작성한 코드는 F열과 I열의 계산 방법을 각각 다르게 적용한 것입니다. [F6] 셀에는 Worksheet Function 개체를 활용해 SUM 함수식의 결과 값을 반환합니다. [I6] 셀에는 수식을 반환한 후 자동 채우기 기능을 이용해 수식을 복사하도록 코드를 구성했습니다.

I열의 경우 WorksheetFunction 개체를 활용해 수식의 결과 값을 넣으려면 순환문과 같은 VBA 문법을 사용해야 합니다. 해당 내용은 PART 03에서 배울 예정이므로 지금은 자동 채우기 기능을 이용하기 위해 수식을 입력하는 코드로 변경한 것입니다.

공략 TIP 수정된 코드는 WorksheetFunction 개체 (코드 6).txt 파일로 제공됩니다.

24 [I6:I10] 범위에 입력될 수식을 값으로 변환하는 코드를 마지막에 한 줄 추가합니다.

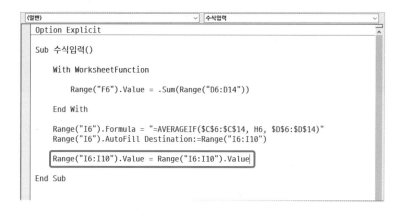

이번 작업에서는 End Sub 부분 바로 위 줄에 다음 코드를 추가했습니다.

```
Range("I6:I10").Value = Range("I6:I10").Value
```

이렇게 하면 다음 코드로 입력된 수식이 모두 값으로 다시 입력됩니다.

```
Range("I6").Formula = "=AVERAGEIF($C$6:$C$14, H6, $D$6:$D$14)"
Range("I6").AutoFill Destination:=Range("I6:I10")
```

순환문을 이용하는 방법을 아직 모른다면 이와 같은 방법으로 수식의 결과 값이 입력되도록 만들 수 있습니다.

공략 TIP 수정된 코드는 WorksheetFunction 개체 (코드 7).txt 파일로 제공됩니다.

25 테스트를 위해 단축키 Alt + F11 을 눌러 엑셀 창으로 전환합니다. [F6] 셀과 [I6] 셀을 각각 선택한 후 Delete 를 눌러 데이터를 삭제합니다.

26 [수식 결과] 단추를 클릭하면 다음과 같은 결과를 얻을 수 있습니다.

I6	▾	:	✕	✓	*fx*	5350000			
◢	A	B	C	D	E	F	G	H	I	J

	A	B	C	D	E	F	G	H	I	J
1										
2			**매크로 기록기 - WorksheetFunction**						수식 결과	
3										
5		이름	직위	급여		급여 총액		직위	평균 급여	
6		박지훈	부장	5,350,000		28,780,000		부장	5,350,000	
7		유준혁	과장	4,000,000				과장	4,000,000	
8		이서연	사원	2,500,000				대리	3,275,000	
9		김민준	대리	3,300,000				주임	2,750,000	
10		최서현	사원	2,650,000				사원	2,532,500	
11		박현우	대리	3,250,000						
12		정시우	주임	2,750,000						
13		이은서	사원	2,500,000						
14		오서윤	사원	2,480,000						
15										

공략 TIP 매크로가 정상적으로 작동했다면 [I6:I10] 범위에는 모두 수식의 결과 값만 저장되어 있어야 합니다.

매크로
활용 팁

매크로를 삭제하는 방법과 코딩용 글꼴을 사용하는
방법, 그리고 주석을 사용하는 방법 등 매크로를 사
용할 때 알아두면 유용한 내용을 소개합니다.

매크로 삭제하기

필수 공식 14

예제 _ PART 01 \ CHAPTER 04 \ 매크로 삭제. xlsm

매크로를 삭제하는 방법

더 이상 사용하지 않는 매크로는 언제든 삭제할 수 있습니다. 매크로를 삭제하지 않아도 크게 문제될 것은 없지만 [VB 편집기] 창에 너무 많은 모듈(Module)이나 비슷한 이름의 매크로가 다수 생성되어 있으면 사용자에게 혼란을 줄 수 있으므로 필요 없는 매크로는 삭제하는 것이 좋습니다.

매크로를 삭제하고 싶다면 [매크로] 대화상자를 이용하거나 [VB 편집기] 창의 [코드] 창에서 원하는 매크로 코드를 선택하여 지웁니다.

[매크로] 대화상자를 이용하는 방법

이 방법은 매크로가 저장된 위치를 [VB 편집기] 창에서 찾기 어려운 경우에 사용하면 좋습니다.

매크로 삭제.xlsm 예제 파일을 열고 리본 메뉴의 [개발 도구] 탭-[코드] 그룹-[매크로📷]를 클릭하거나 단축키 Alt + F8 을 누르면 현재 엑셀 파일에 포함된 매크로가 표시됩니다. [매크로 이름]에서 삭제할 매크로를 클릭하고 [삭제]를 클릭합니다.

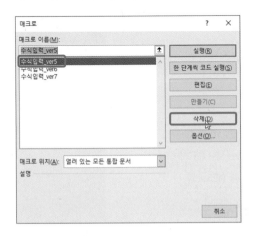

[VB 편집기] 창을 이용하는 방법

이 방법을 사용하려면 [VB 편집기] 창에서 매크로가 저장된 모듈의 위치를 정확하게 알아야 합니다.

리본 메뉴의 [개발 도구] 탭–[코드] 그룹–[Visual Basic📷]을 클릭하거나 단축키 Alt + F11 을 누르면 [VB 편집기] 창이 열립니다. 삭제할 매크로가 저장된 모듈(Module)을 더블클릭하고 [코드] 창에서 해당 매크로 부분을 마우스로 드래그한 후 Delete 를 눌러 삭제합니다.

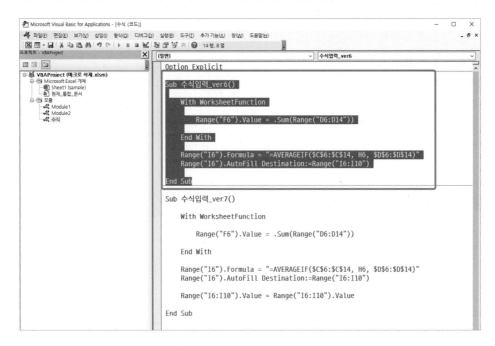

매크로 기록기를 이용하는 경우에는 필요 없는 모듈이 많이 생성되기 쉽습니다. 사용하지 않는 모듈은 마우스 오른쪽 버튼으로 클릭한 후 [해당 모듈 이름 제거]를 클릭합니다.

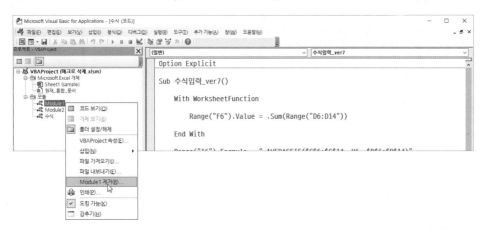

다음과 같이 모듈을 파일로 백업할지 묻는 메시지가 나타납니다. 따로 저장하지 않고 모듈을 삭제하려면 [아니오]를 클릭합니다.

만약 모듈의 백업 파일을 생성하여 저장하고 싶다면 [예]를 클릭합니다. 백업 파일은 bas 확장자 파일로 저장되며 나중에 필요할 때 다시 불러올 수 있습니다.

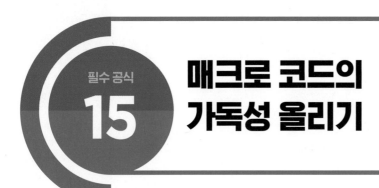

필수 공식

15

매크로 코드의 가독성 올리기

예제 _ 없음

코딩용 글꼴

[VB 편집기] 창의 기본 글꼴인 돋움체는 프로그래밍 코드를 작성하는 용도로 적합하지 않습니다. 다음은 기본 글꼴로 작성된 [코드] 창 화면입니다.

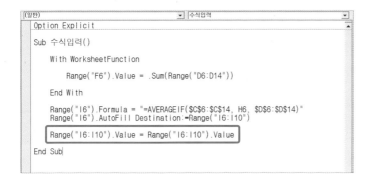

VBA 코드는 대부분 영문으로 입력되는데 특정 글꼴의 경우 서로 구분하기 어려운 글자가 존재합니다. 예를 들면 숫자 1(일)과 알파벳 대문자 I(아이), 알파벳 소문자 l(엘)은 글꼴에 따라 구분하기 힘든 경우가 있습니다.

이런 문제가 없도록 제작된 글꼴을 코딩용 글꼴이라고 합니다. 여러 가지 코딩용 글꼴이 있지만 무료로 사용할 수 있는 글꼴 중에는 네이버에서 배포하고 있는 나눔고딕 코딩과 D2Coding 글꼴을 권장합니다.

[CHAPTER 04] 폴더를 열면 아래 코딩용 글꼴 파일을 확인할 수 있습니다.

> ● 나눔고딕 코딩 : NanumGothicCoding-2.5.zip
> ● D2Coding : D2Coding-Ver1.3.2-20180524.zip

공략 TIP 최신 글꼴을 다운로드할 수 있는 경로는 뒤의 글꼴 소개 부분에서 설명합니다.

다운로드한 글꼴은 압축을 해제한 후 글꼴 파일(ttf)을 다음 경로에 복사합니다.

```
C:\Windows\Fonts
```

설치된 글꼴을 사용하려면 엑셀을 종료하고 다시 실행한 후 [VB 편집기] 창-[도구] 탭-[옵션]을 클릭하면 나타나는 [옵션] 대화상자에서 글꼴을 변경합니다. 다음 과정을 참고합니다.

01 임의의 엑셀 파일을 열고 단축키 `Alt` + `F11` 을 눌러 [VB 편집기] 창을 엽니다.

02 [VB 편집기] 창-[도구] 탭-[옵션]을 클릭합니다.

03 [옵션] 대화상자에서 [편집기 형식] 탭을 클릭하고 [글꼴]과 [크기]를 변경한 후 [확인]을 클릭합니다.

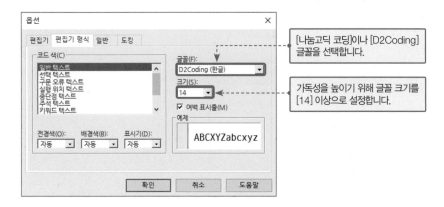

나눔고딕 코딩 글꼴

나눔고딕 코딩 글꼴의 최신 버전은 다음 경로에서 다운로드할 수 있습니다.

```
https://github.com/naver/nanumfont
```

나눔고딕 코딩 글꼴을 [VB 편집기] 창에 적용하면 다음과 같이 표시됩니다.

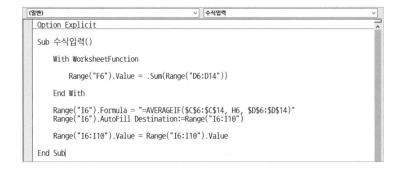

D2Coding 글꼴

D2Coding 글꼴의 최신 버전은 다음 경로에서 다운로드할 수 있습니다.

```
https://github.com/naver/d2codingfont
```

D2Coding 글꼴을 [VB 편집기] 창에 적용하면 코드가 다음과 같이 표시됩니다.

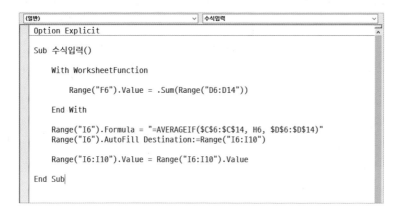

D2Coding 글꼴은 나눔고딕 코딩에 비해 줄 간격이 좀 더 넓으며 문자 모양도 조금 다릅니다. 한눈에 좀 더 많은 코드가 표시되는 것을 원한다면 나눔고딕 코딩 글꼴을 적용하고, 코드가 좀 더 널찍하게 표시되는 것을 원하다면 D2Coding 글꼴을 선택하도록 합니다.

예제_PART 01 \ CHAPTER 04 \ 주석. xlsm

동일한 결과가 반환되는 매크로라도 개발자에 따라 다양한 방식으로 구성될 수 있습니다. 따라서 코드를 왜 이렇게 개발했는지 설명을 달아놓지 않으면 시간이 지나 매크로를 수정하거나 보완하고자 할 때 해당 코드를 어떻게 고쳐야 할지 난감한 상황에 처할 수 있습니다. 매크로 개발이 끝나거나 작업 중간중간에 코드에 대한 설명과 개발 과정에 대해 설명(주석)을 남겨놓는 것이 필요합니다.

주석은 [코드] 창에서 작은따옴표(')뒤에 작성된 줄을 의미합니다. 주석은 매크로를 실행될 때 무시되므로 코드 설명을 작성하는 용도로 유용합니다.

주석을 작성하는 방식에 정답은 없지만 일반적으로 자신의 성향에 따라 코드 위나 아래에 짤막하게 작성합니다. 다음은 코드 상단에 주석을 작성한 예입니다.

```
Sub 수식입력()

    ' 워크시트 함수 사용을 위해 WorksheetFunction 개체를 활용
    With WorksheetFunction
        ' F6셀에 SUM 함수로 D6:D14 범위의 급여 합계를 입력
        Range("F6").Value = .Sum(Range("D6:D14"))

    End With

    ' I6셀에 AVERAGEIF 함수를 사용하는 수식을 입력
    Range("I6").Formula = "=AVERAGEIF($C$6:$C$14, H6, $D$6:$D$14)"
    ' I6셀의 채우기 핸들을 I10셀까지 드래그해 수식을 복사
    Range("I6").AutoFill Destination:=Range("I6:I10")
    ' I6:I10 범위에 I6:I10 범위의 값을 입력 (수식을 값으로 변환)
    Range("I6:I10").Value = Range("I6:I10").Value

End Sub
```

동일한 주석을 코드 하단에 작성한다면 다음과 같은 결과를 얻게 됩니다.

```
Sub 수식입력()

    With WorksheetFunction
    '워크시트 함수 사용을 위해 WorksheetFunction 개체를 활용
        Range("F6").Value = .Sum(Range("D6:D14"))
        'F6셀에 SUM 함수로 D6:D14 범위의 급여 합계를 입력
    End With

    Range("I6").Formula = "=AVERAGEIF($C$6:$C$14, H6, $D$6:$D$14)"
    ' I6셀에 AVERAGEIF 함수를 사용하는 수식을 입력
    Range("I6").AutoFill Destination:=Range("I6:I10")
    ' I6셀의 채우기 핸들을 I10셀까지 드래그해 수식을 복사
    Range("I6:I10").Value = Range("I6:I10").Value
    ' I6:I10 범위에 I6:I10 범위의 값을 입력 (수식을 값으로 변환)

End Sub
```

매크로 개발이 끝났다면 입력해놓은 주석을 한 번 더 정리할 필요가 있습니다. 너무 많은 주석 역시 코드를 분석하거나 이해하는 것을 방해하기 때문입니다.

개발이 끝난 매크로는 다음과 같은 방식으로 주석을 정리하는 것을 권장합니다.

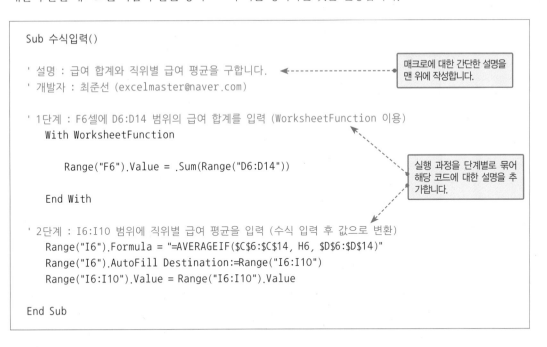

```
Sub 수식입력()

' 설명 : 급여 합계와 직위별 급여 평균을 구합니다.       ◀-----  매크로에 대한 간단한 설명을
' 개발자 : 최준선 (excelmaster@naver.com)                       맨 위에 작성합니다.

' 1단계 : F6셀에 D6:D14 범위의 급여 합계를 입력 (WorksheetFunction 이용)
    With WorksheetFunction

        Range("F6").Value = .Sum(Range("D6:D14"))              실행 과정을 단계별로 묶어
                                                               해당 코드에 대한 설명을 추
    End With                                                   가합니다.

' 2단계 : I6:I10 범위에 직위별 급여 평균을 입력 (수식 입력 후 값으로 변환)
    Range("I6").Formula = "=AVERAGEIF($C$6:$C$14, H6, $D$6:$D$14)"
    Range("I6").AutoFill Destination:=Range("I6:I10")
    Range("I6:I10").Value = Range("I6:I10").Value

End Sub
```

공략 TIP 주석.xlsm 예제 파일에서 주석을 작성한 예를 확인할 수 있습니다.

PART

02

VBA

VBA는 Visual Basic for Applications의 약어로 응용 프로그램을 위한 개발 도구라고 생각하면 됩니다. 매크로를 입맛에 맞게 개발하고 수정하려면 스크립트 언어인 VBA에 대한 이해가 필요합니다. PART 02에서는 VBA를 활용하기 위해 반드시 알아야 할 기초적인 내용에 대해 알아보도록 하겠습니다.

엑셀의
개체 모델

엑셀은 파일, 시트, 셀 등 다양한 구성 요소와 엑셀에서 동작하는 여러 기능을 포함하고 있습니다. VBA에서는 이런 구성 요소와 기능을 모두 개체(Object)라고 합니다. 개체 모델을 통해 개체가 어떻게 구성되어 있는지 이해하면 매크로 기록기로 얻은 VBA 코드를 좀 더 효율적으로 수정할 수 있습니다.

엑셀 개체 모델 이해하기

예제_ 없음

개체 모델 이해하기

엑셀에는 엑셀 프로그램을 포함해 파일, 시트, 셀 등의 구성 요소가 존재합니다. 이들의 관계를 간단하게 표현하면 다음과 같은 구조로 설명할 수 있습니다.

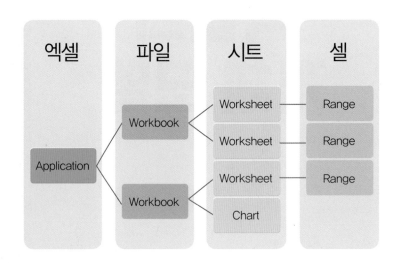

매크로를 개발하려면 엑셀을 구성하는 각 구성 요소가 VBA에서 어떻게 불리는지 이름을 알고 있어야 합니다. 엑셀 프로그램은 Application, 파일은 Workbook, 시트는 Worksheet와 Chart, 셀은 Range라는 이름을 사용합니다. 이런 이름을 개체라고 하고 개체 간의 관계를 설명하는 구조를 개체 모델이라고 합니다.

개체(Object)와 컬렉션(Collection)

앞에서 설명했듯이 개체는 엑셀을 구성하는 요소의 이름을 의미합니다. 동일한 개체가 여럿 존재할 때는 각 개체를 서로 구분할 수 있는 방법이 필요한데, 이를 위해 제공되는 것이 바로 컬렉션입니다.

컬렉션은 개체 이름 뒤에 복수형을 의미하는 s를 붙여 지칭합니다. 예를 들어 파일의 경우 개체는 Workbook, 컬렉션은 Workbooks입니다. 컬렉션은 사용자가 부여한 이름이나 번호를 사용해 개별 개체를 구분하게 됩니다.

파일(Workbook)

파일에는 사용자가 저장할 때 사용한 이름이 존재합니다. 이것을 컬렉션에 제공해 개체를 구분합니다. 예를 들어 다음과 같이 [통합 문서1.xlsx] 파일과 [통합 문서2.xlsx] 파일이 존재한다고 가정합니다.

통합 문서1.xlsx   통합 문서2.xlsx

두 파일은 모두 Workbook 개체이지만, 왼쪽의 [통합 문서1.xlsx] 파일을 VBA에서 제어할 때는 Workbooks 컬렉션을 사용해 큰따옴표(") 안에 파일명을 넣어주면 됩니다.

```
Workbooks("통합 문서1.xlsx")
```

컬렉션은 번호를 사용할 수도 있는데, 다음과 같은 경우 1번 파일을 의미합니다.

```
Workbooks(1)
```

이때의 번호는 엑셀에서 열린 순서 대로 번호를 부여하므로 [통합 문서1.xlsx] 파일을 가장 먼저 열었다면 Workbooks(1)은 [통합 문서1.xlsx] 파일을 의미합니다. 만약 [통합 문서2.xlsx] 파일을 먼저 열었다면 Workbooks(1)은 [통합 문서2.xlsx] 파일을 의미합니다.

시트(Worksheet)

셀로 구성된 시트를 Worksheet 라고 합니다.

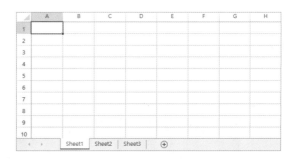

엑셀 작업을 할 때는 보통 한 파일에 여러 개의 시트를 삽입하여 사용합니다. 각각의 시트를 제어하기 위해서는 시트를 구분하여 지칭할 수 있어야 합니다. 시트의 컬렉션은 Worksheets이며 Workbooks와 마찬가지로 시트 탭의 이름과 순번을 이용해 구분합니다.

위 화면에서 [Sheet2] 시트를 대상으로 작업하려면 Worksheets 컬렉션을 이용해 다음과 같이 코드를 입력합니다.

```
Worksheets("Sheet2")
```

번호를 사용하여 작업할 때는 시트 탭의 왼쪽부터 1, 2, 3, …과 같이 순번이 부여되므로, [Sheet2] 시트를 대상으로 작업할 때는 다음과 같은 코드를 입력합니다.

```
Worksheets(2)
```

셀(Range)

워크시트에서의 네모난 칸을 셀이라고 합니다. 셀은 Range라는 개체 이름을 사용하며 컬렉션이 따로 제공되지는 않습니다. 셀 주소를 사용해 다음과 같이 범위를 참조합니다.

```
Range("A1")

또는

Range("A1:A10")
```

개체 모델을 이용해 참조하기

PART 01에서 매크로 기록기를 통해 기록한 코드에는 Range("A1")와 같은 코드가 자주 등장했습니다. 만약 파일과 시트가 여러 개라면 [A1] 셀 역시 여러 개가 될 수 있으므로 개체 모델을 이용해 다음과 같은 코드로 참조해야 합니다.

```
Application.Workbooks("통합 문서1.xlsx").Worksheets("Sheet2").Range("A1")
```

다음과 같이 순번을 이용해 참조할 수도 있습니다.

```
Application.Workbooks(1).Worksheets(2).Range("A1")
```

다만 코드 구성이 길어지면 작업 효율이 떨어지므로 다음과 같이 별칭을 사용해 참조할 수 있는 방법을 추가로 지원합니다.

개체	별칭	설명
Workbook	ThisWorkbook	현재 동작 중인 매크로 코드가 저장된 파일입니다.
Workbook	ActiveWorkbook	화면상에서 키보드를 눌러 입력했을 때 입력을 받는 파일, 시트, 셀을 의미합니다.
Worksheet	ActiveSheet	
Range	ActiveCell	

매크로 코드에서 Range 개체 왼쪽에 시트와 파일이 지정되지 않았다면 Active가 붙은 별칭이 생략된 것입니다. 다음 코드를 예로 들어 보겠습니다.

```
Range("A1").Value = "엑셀"
```

위 코드는 Worksheet 개체가 지정되지 않았으므로 ActiveSheet이 생략된 것입니다.

```
ActiveSheet.Range("A1").Value = "엑셀"
```

만약 [Sheet2] 시트를 대상으로 매크로가 동작하도록 하려면 다음과 같이 코드를 수정해야 합니다.

```
Worksheets("Sheet2").Range("A1").Value = "엑셀"
```

위 코드에서는 Workbook 개체가 지정되지 않았으므로 ActiveWorkbook이 생략된 것입니다.

```
ActiveWorkbook.Worksheets("Sheet2").Range("A1").Value = "엑셀"
```

다른 파일의 데이터를 가져오는 매크로 개발하기

필수 공식 18

예제 _ PART 02 \ CHAPTER 05 \ 급여대장.xlsx, 급여 분석.xlsm

다른 파일에 있는 데이터를 가져와 작업할 때는 보통 파일을 새로 열고 해당 데이터를 가져오는 식의 작업을 반복해야 합니다. 이런 작업을 매크로를 개발해 자동화하면 훨씬 편리합니다.

작업 이해하기

급여대장.xlsx 예제 파일을 열면 [sample] 시트에 다음과 같은 표를 확인할 수 있습니다.

| I6 | ▼ | : | × | ✓ | fx | =AVERAGEIF($C$6:$C$14, H6, $D$6:$D$14) |

	A	B	C	D	E	F	G	H	I	J	K
1											
2				**급여 대장**							
3											
5		이름	직위	급여		급여 총액		직위	평균 급여		
6		박지훈	부장	5,350,000		28,780,000		부장	5,350,000		
7		유준혁	과장	4,000,000				과장	4,000,000		
8		이서연	사원	2,500,000				대리	3,275,000		
9		김민준	대리	3,300,000				주임	2,750,000		
10		최서현	사원	2,650,000				사원	2,532,500		
11		박현우	대리	3,250,000							
12		정시우	주임	2,750,000							
13		이은서	사원	2,500,000							
14		오서윤	사원	2,480,000							
15											
16											

| ◀ ▶ | sample | ⊕ |

공략 TIP [I6:I10] 범위에는 AVERAGEIF 함수식을 이용해 평균 급여가 집계되어 있습니다.

[I6:I10] 범위에 존재하는 직위별 평균 급여 데이터를 다른 파일에 취합하는 작업을 진행하겠습니다. **급여 분석.xlsm** 예제 파일을 열면 [sample] 시트에 다음과 같은 표를 확인할 수 있습니다.

직위	1월	2월	3월	4월	5월	6월	7월	8월	9월	10월	11월	12월
부장												
과장												
대리												
주임												
사원												

공략 TIP 직위별 급여는 항상 부장에서 사원까지의 데이터만 존재한다고 가정합니다.

급여대장.xlsx 파일의 평균 급여 데이터를 **급여 분석.xlsm** 파일의 표로 가져옵니다. 이때 현재 시점에 맞는 월 위치에 값만 붙여 넣는 매크로를 개발합니다.

매크로 기록하기

먼저 매크로 기록기로 샘플 코드를 얻겠습니다. **급여대장.xlsx** 파일은 닫고, **급여 분석.xlsm** 파일에서 다음과 같은 순서로 매크로를 기록합니다.

01 리본 메뉴의 [개발 도구] 탭-[코드] 그룹-[매크로 기록📷]을 클릭합니다.

02 [매크로 기록] 대화상자가 표시되면 [매크로 이름]에 **데이터_가져오기**를 입력하고 [확인]을 클릭합니다.

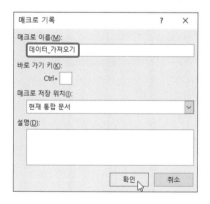

03 리본 메뉴의 [파일] 탭-[열기] 메뉴를 클릭하거나 단축키 Ctrl + O 를 누릅니다.

04 [열기] 화면의 좌측 메뉴에서 [찾아보기]를 클릭하고 [예제] 폴더로 이동합니다.

05 급여대장.xlsx 파일을 클릭하고 [열기]를 클릭합니다.

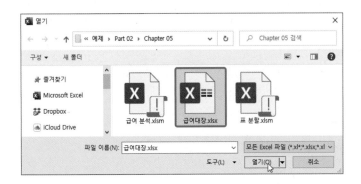

06 급여대장.xlsx 파일이 열리면 [I6:I10] 범위를 드래그하여 선택하고 복사(Ctrl + C)합니다.

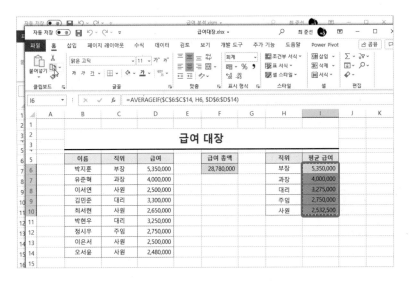

07 다시 급여 분석.xlsm 파일로 돌아가 [C6] 셀을 클릭합니다.

08 리본 메뉴의 [홈] 탭-[클립보드] 그룹-[붙여넣기]-[값 붙여넣기]-[값]을 클릭합니다.

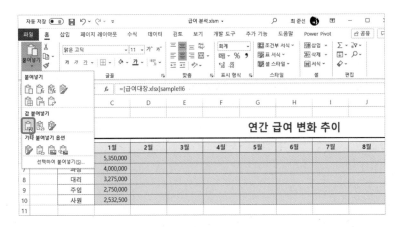

09 급여대장.xlsx 파일로 이동하여 [창 닫기▣]를 클릭해 파일을 닫습니다.

10 리본 메뉴의 [개발 도구] 탭-[코드] 그룹-[기록 중지▣]를 클릭합니다.

11 단축키 Alt + F11을 눌러 [VB 편집기] 창을 호출합니다.

12 [프로젝트 탐색기] 창에서 [Module1] 모듈을 더블클릭하면 다음과 같은 매크로 코드를 확인할 수 있습니다.

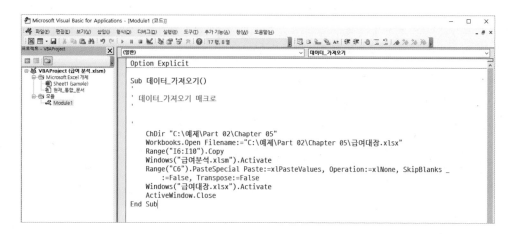

매크로 코드 수정하기

기록된 코드가 좀 더 효율적으로 동작할 수 있도록 코드를 수정합니다. 기록된 코드를 수정하는 작업은 PART 01에서 설명했듯이 초보자가 매크로에 익숙해질 수 있는 과정이므로 이해되지 않는 부분이 있더라도 코드를 하나씩 직접 수정해보는 것을 권합니다.

```
Sub 데이터_가져오기()
'
' 데이터_가져오기 매크로
'

'
    ChDir "C:\예제\Part 02\Chapter 05"                                      ❶
    Workbooks.Open Filename:="C:\예제\Part 02\Chapter 05\급여대장.xlsx"        ❷
    Range("I6:I10").Select                    ❸
    Selection.Copy                ❹
    Windows("급여 분석.xlsm").Activate              ❺
    Range("C6").Select                ❻
    Selection.PasteSpecial Paste:=xlPasteValues, Operation:=xlNone, SkipBlanks _
        :=False, Transpose:=False                ❼
    Windows("급여대장.xlsx").Activate              ❽
    ActiveWindow.Close            ❾
End Sub
```

기록된 코드는 순서대로 다음과 같은 역할을 합니다.

❶ [열기]를 실행하여 변경된 경로가 ChDir 함수를 이용해 기록됩니다.

```
ChDir "C:\예제\Part 02\Chapter 05"
```

> 공략 **TIP** 실습 환경에 따라 경로는 다르게 표시될 수 있습니다.

❷ [열기]를 완료하여 급여대장.xlsx 파일이 열립니다.

```
Workbooks.Open Filename:="C:\예제\Part 02\Chapter 05\급여대장.xlsx"
```

❸ 열린 파일에서 [I6:I10] 범위를 선택합니다.

```
Range("I6:I10").Select
```

위 코드에서 Range 앞에 시트가 지정되지 않았으므로 ActiveSheet가 생략된 것을 알 수 있습니다. 급여대장.xlsx 파일에 시트가 여러 개라면 [sample] 시트를 대상 시트로 지정하기 위해 다음과 같이 수정합니다.

```
Worksheets("sample").Range("I6:I10").Select
```

❹ 선택한 범위를 복사(Ctrl + C)합니다.

```
Selection.Copy
```

❺ 데이터를 붙여넣기 위해 급여 분석.xlsm 파일을 화면에 표시합니다.

```
Windows("급여 분석.xlsm").Activate
```

위 코드에서 사용된 Activate 명령은 대상 개체를 Active시키는 명령입니다. Activate 명령으로 실행한 파일이 ActiveWorkbook이라고 생각하면 됩니다.

❻ 열린 파일의 [C6] 셀을 선택합니다.

```
Range("C6").Select
```

복사해온 데이터를 1월 위치에 붙여 넣기 위해 [C6] 셀을 선택했지만, 만약 예제를 따라 할 때 다른 월을 선택했다면 이 부분에 다른 셀 주소가 나타날 수 있습니다.

❼ [선택하여 붙여넣기]-[값 붙여넣기]-[값]을 이용해 선택한 셀에 데이터를 복사합니다.

```
Selection.PasteSpecial Paste:=xlPasteValues, Operation:=xlNone, SkipBlanks _
        :=False, Transpose:=False
```

[선택하여 붙여넣기]의 경우는 다양한 옵션이 존재하므로 여러 옵션이 매개변수로 구분되어 입력됩니다.

❽ 급여대장.xlsx 파일을 닫기 위해 다시 해당 파일을 선택합니다.

```
Windows("급여대장.xlsx").Activate
```

❾ 선택한 파일을 닫습니다.

```
ActiveWindow.Close
```

공략 **TIP** 기록된 코드는 급여 분석 (코드 1).txt 파일로 제공됩니다.

먼저 코드 상단에 자동으로 표시되는 주석을 삭제하면 다음과 같습니다.

```
Sub 데이터_가져오기()

    ChDir "C:\예제\Part 02\Chapter 05"
    Workbooks.Open Filename:="C:\예제\Part 02\Chapter 05\급여대장.xlsx"
    Range("I6:I10").Select
    Selection.Copy
    Windows("급여 분석.xlsm").Activate
    Range("C6").Select
    Selection.PasteSpecial Paste:=xlPasteValues, Operation:=xlNone, SkipBlanks _
        :=False, Transpose:=False
    Windows("급여대장.xlsx").Activate
    ActiveWindow.Close

End Sub
```

위 코드 역시 Select, Selection 명령을 사용한 부분이 세, 네 번째 줄과 여섯, 일곱 번째 줄에 존재합니다. 이를 한 줄로 연결하도록 코드를 수정하면 다음과 같습니다.

```
Sub 데이터_가져오기()

    ChDir "C:\예제\Part 02\Chapter 05"
    Workbooks.Open Filename:="C:\예제\Part 02\Chapter 05\급여대장.xlsx"
    Range("I6:I10").Copy ─────────────── ❶
    Windows("급여 분석.xlsm").Activate
    Range("C6").PasteSpecial Paste:=xlPasteValues, Operation:=xlNone, SkipBlanks _
        :=False, Transpose:=False" ─────────────── ❷
    Windows("급여대장.xlsx").Activate
    ActiveWindow.Close

End Sub
```

❶ 수정 전 코드는 다음과 같습니다.

```
Range("I6:I10").Select
Selection.Copy
```

첫 번째 줄의 Select 명령은 Range("I6:I10") 범위를 선택합니다. 아래 줄의 Selection은 선택된 개체를 의미하므로 바로 위에서 선택한 Range("I6:I10") 범위일 수밖에 없습니다. 이런 코드는 항상 연결해 줄여주는 것이 좋습니다.

❷ ❶과 동일한 이유로 두 줄의 코드를 한 줄로 변경합니다.

공략 TIP 수정된 코드는 급여 분석 (코드 2).txt 파일로 제공됩니다.

매크로 코드 중 다섯 번째 줄에 있는 [선택하여 붙여넣기]의 옵션 부분을 줄 연속 문자(_)를 이용해 다음과 같이 정리합니다.

```
Sub 데이터_가져오기()

    ChDir "C:\예제\Part 02\Chapter 05"
    Workbooks.Open Filename:="C:\예제\Part 02\Chapter 05\급여대장.xlsx"
    Range("I6:I10").Copy
    Windows("급여 분석.xlsm").Activate
    Range("C6").PasteSpecial Paste:=xlPasteValues, _
                             Operation:=xlNone, _
                             SkipBlanks:=False, _
                             Transpose:=False ─────────── ❶
    Windows("급여대장.xlsx").Activate
    ActiveWindow.Close

End Sub
```

❶ PasteSpecial 명령은 [선택하여 붙여넣기]를 의미하며 다양한 옵션이 여러 매개변수로 제공됩니다. 각 매개변수는 쉼표(,)로 구분됩니다. 따라서 쉼표(,) 바로 뒤에서 Spacebar 를 눌러 한 칸 띄어쓰기한 후 줄 연속 문자(_)를 입력하고 Enter 를 누르는 방식으로 줄을 바꿔 구분합니다.

공략 TIP 수정된 코드는 급여 분석 (코드 3).txt 파일로 제공됩니다.

[값 붙여넣기]는 Paste:=xlPasteValues 부분이므로 나머지 매개변수는 다음과 같이 제거해도 상관없습니다.

```
Sub 데이터_가져오기()

    ChDir "C:\예제\Part 02\Chapter 05"
    Workbooks.Open Filename:="C:\예제\Part 02\Chapter 05\급여대장.xlsx"
    Range("I6:I10").Copy
    Windows("급여 분석.xlsm").Activate
    Range("C6").PasteSpecial Paste:=xlPasteValues
    Windows("급여대장.xlsx").Activate
    ActiveWindow.Close

End Sub
```

위 코드에서 Windows는 파일 창을 의미하는 Window 개체의 컬렉션입니다. 엑셀은 파일마다 창이 따로 열리므로 Workbooks 컬렉션으로 수정할 수 있습니다. 수정된 코드는 다음과 같습니다.

```
Sub 데이터_가져오기()

    ChDir "C:\예제\Part 02\Chapter 05"
    Workbooks.Open Filename:="C:\예제\Part 02\Chapter 05\급여대장.xlsx"
    Range("I6:I10").Copy
    Workbooks("급여 분석.xlsm").Activate        ——————— ❶
    Range("C6").PasteSpecial Paste:=xlPasteValues
    Workbooks("급여대장.xlsx").Activate          ——————— ❷
    ActiveWorkbook.Close                       ——————— ❸

End Sub
```

❶ ❷ Windows 컬렉션을 Workbooks 컬렉션으로 수정합니다.
❸ ActiveWindow는 현재 파일 창이므로 ActiveWorkbook으로 수정합니다.

공략 TIP 수정된 코드는 급여 분석 (코드 4).txt 파일로 제공됩니다.

이번 매크로는 **급여 분석.xlsm** 파일에 저장되므로 수정한 Workbooks("급여 분석.xlsm") 코드는 ThisWorkbook으로 변경할 수 있습니다.

```
Sub 데이터_가져오기()

    ChDir "C:\예제\Part 02\Chapter 05"
    Workbooks.Open Filename:="C:\예제\Part 02\Chapter 05\급여대장.xlsx"
    Range("I6:I10").Copy
    ThisWorkbook.Activate        ——————— ❶
    Range("C6").PasteSpecial Paste:=xlPasteValues
```

```
        Workbooks("급여대장.xlsx").Activate
        ActiveWorkbook.Close

    End Sub
```

❶ Workbooks("급여 분석.xlsm")는 현재 매크로가 저장된 파일이므로 ThisWorkbook으로 수정합니다.

수정이 완료된 코드를 보면 네 번째 줄과 일곱 번째 줄에 ThisWorkbook과 ActiveWorkbook 별칭이
모두 사용되었습니다. 위 코드가 동작하는 대상 파일을 주석으로 넣어 표시하면 다음과 같습니다.

```
Sub 데이터_가져오기()

    ' 급여 분석.xlsm
    ChDir "C:\예제\Part 02\Chapter 05"
    Workbooks.Open Filename:="C:\예제\Part 02\Chapter 05\급여대장.xlsx"

    ' 급여대장.xlsx
    Range("I6:I10").Copy
    ThisWorkbook.Activate

    ' 급여 분석.xlsm
    Range("C6").PasteSpecial Paste:=xlPasteValues
    Workbooks("급여대장.xlsx").Activate

    ' 급여대장.xlsx
    ActiveWorkbook.Close

End Sub
```

수정한 코드가 제대로 동작되는지 확인합니다. **급여 분석.xlsm** 파일에서 값으로 붙여 넣은 평균 급여 범
위를 드래그하여 선택하고 Delete 를 눌러 삭제합니다.

	A	B	C	D	E	F	G	H	I	J	K	L	M	N	O
1															
2							연간 급여 변화 추이								
3															
4															
5		직위	1월	2월	3월	4월	5월	6월	7월	8월	9월	10월	11월	12월	
6		부장													
7		과장													
8		대리													
9		주임													
10		사원													
11															
12															

sample

[VB 편집기] 창의 [코드] 창에서 [데이터_가져오기] 매크로 코드를 선택하고 F5 를 눌러 매크로를 실행합니다.

C6		:	×	✓	fx	5350000									

연간 급여 변화 추이

직위	1월	2월	3월	4월	5월	6월	7월	8월	9월	10월	11월	12월
부장	5,350,000											
과장	4,000,000											
대리	3,275,000											
주임	2,750,000											
사원	2,532,500											

sample

경로를 자동으로 인식하는 코드로 수정하기

매크로는 잘 실행되지만 **급여대장.xlsx** 파일의 경로는 사용자마다 다를 수 있습니다. 이를 자동으로 인식할 수 있는 코드를 알아보겠습니다.

모든 파일은 저장 경로가 존재합니다. 파일을 의미하는 Workbook 개체의 Path라는 속성이 해당 파일의 경로를 반환해주는 역할을 합니다. 다음과 같은 명령을 사용하면 매크로가 저장된 파일의 경로를 알 수 있습니다.

```
ThisWorkbook.Path
```

다음은 [직접 실행] 창에서 해당 명령의 결과를 확인한 화면입니다.

```
? ThisWorkbook.Path
```

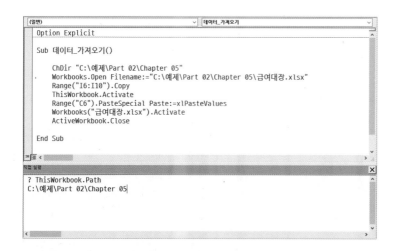

공략 TIP [직접 실행] 창이 표시되지 않는다면 단축키 Ctrl + G 를 눌러 [직접 실행] 창을 표시합니다.

[직접 실행] 창에서 경로를 확인하려면 Print 명령을 사용해 출력합니다.

```
Print ThisWorkbook.Path
```

공략 TIP 위에서 입력한 ? 기호는 Print 명령의 약어로, 입력이 간편해 자주 사용됩니다.

이번에 기록된 코드에서 경로가 기록된 부분을 ThisWorkbook.Path 명령으로 수정하면 다음과 같은 코드를 얻을 수 있습니다.

```
Sub 데이터_가져오기()

    ChDir ThisWorkbook.Path ──────────── ❶
    Workbooks.Open Filename:=ThisWorkbook.Path & "\급여대장.xlsx" ──────── ❷
    Range("I6:I10").Copy
    ThisWorkbook.Activate
    Range("C6").PasteSpecial Paste:=xlPasteValues
    Workbooks("급여대장.xlsx").Activate
    ActiveWorkbook.Close

End Sub
```

❶ 기존 코드는 다음과 같았습니다.

```
ChDir "C:\예제\Part 02\Chapter 05"
```

[직접 실행] 창에서 ThisWorkbook.Path 명령의 결과를 반환하면 다음과 같습니다.

```
C:\예제\Part 02\Chapter 05
```

즉, ChDir 뒤의 문자열은 ThisWorkbook.Path 명령으로 반환된 결과와 동일합니다. 이와 같이 코드를 수정하면 경로를 변경하거나 폴더명을 수정하는 경우에도 코드가 정확하게 동작하도록 만들 수 있습니다.

❷ 기존 코드는 다음과 같았습니다.

```
Workbooks.Open Filename:="C:\예제\Part 02\Chapter 05\급여대장.xlsx"
```

위 코드에서 파란색 부분이 ThisWorkbook.Path에서 반환되는 결과와 동일합니다. 그러므로 이 부분만 ThisWorkbook.Path 코드로 대체하고 오른쪽에 파일명에 해당하는 문자열을 연결합니다.

공략 TIP 수정된 코드는 급여 분석 (코드 5).txt 파일로 제공됩니다.

수정된 코드가 제대로 동작하는지 [코드] 창에서 F5 를 눌러 매크로를 실행해 봅니다.

현재 시점에 맞는 월 위치에 값이 복사되도록 코드 수정하기

여기까지 매크로가 제대로 작동한다면, 원하는 월 위치에 자동으로 데이터가 들어가도록 코드를 변경하는 작업을 진행합니다. 다음 코드에서는 [C6] 셀의 주소가 동적으로 변경될 수 있어야 합니다.

```
Sub 데이터_가져오기()

    ChDir ThisWorkbook.Path
    Workbooks.Open Filename:=ThisWorkbook.Path & "\급여대장.xlsx"
    Range("I6:I10").Copy
    ThisWorkbook.Activate
    Range("C6").PasteSpecial Paste:=xlPasteValues
    Workbooks("급여대장.xlsx").Activate
    ActiveWorkbook.Close

End Sub
```

오늘 날짜를 기준으로 해당 월을 계산해 얻을 수는 있습니다. 하지만 Range 개체는 셀 주소를 [A1]과 같이 표시하므로 계산한 월을 바로 셀 주소로 대체할 수 없습니다. 그러므로 셀 주소를 모두 숫자로 받을 수 있는 Cells를 사용해야 합니다.

Cells 속성

Cells는 ActiveSheet처럼 Range 개체의 별칭으로 다음과 같이 사용합니다.

```
Cells(행 번호, 열번호)Print ThisWorkbook.Path
```

즉, Range 개체를 이용한 참조를 Cells를 사용해 다음과 같이 참조할 수 있습니다.

```
Range("A1") = Cells(1, 1)
```

Cells는 열 번호 위치에 영문 열 주소를 사용할 수도 있습니다.

```
Range("A1") = Cells(1, 1)
```

현재 월 확인하기

현재 월의 숫자를 알 수 있다면 Cells를 이용해 복사할 위치를 원하는 대로 정할 수 있습니다. 먼저 현재 월을 알아야 한다면 엑셀 창의 셀에 다음 수식을 사용합니다.

```
=Month(Today())
```

위 수식에서 사용한 MONTH와 TODAY 함수는 워크시트 함수이므로 VBA에서도 유사한 함수가 제공되는지 확인할 필요가 있습니다. VBA에서도 Month 함수는 제공하지만 TODAY 함수는 Date라는 함수 이름으로 대체됩니다. 다음과 같이 [직접 실행] 창에 코드를 입력하면 현재 월을 확인할 수 있습니다.

```
? Month(Date)
```

```
직접 실행
? ThisWorkbook.Path
C:\예제\Part 02\Chapter 05

? Date
2021-07-05

? Month(Date)
 7 |
```

공략 TIP 반환되는 월 값은 현재 날짜 기준이므로 사용자마다 다른 결과가 반환될 수 있습니다.

위와 같은 월 값의 숫자로 열을 선택하기 위해서는 입력된 코드에서 데이터를 붙여 넣는 부분인 Range("C6") 코드를 Cells로 변경해야 합니다. 다음과 같이 수정합니다.

```
Sub 데이터_가져오기()

    ChDir ThisWorkbook.Path
    Workbooks.Open Filename:=ThisWorkbook.Path & "\급여대장.xlsx"
    Range("I6:I10").Copy
    ThisWorkbook.Activate
    Cells(6, "C").PasteSpecial Paste:=xlPasteValues ─────────── ❶
    Workbooks("급여대장.xlsx").Activate
    ActiveWorkbook.Close

End Sub
```

❶ 수정된 위치의 원래 코드는 다음과 같았습니다.

```
    Range("C6").PasteSpecial Paste:=xlPasteValues
```

위 코드의 Range("C6")는 1월 급여 위치입니다. Range에서 열 주소인 "C"는 문자열이라 숫자로 변경할 수 없습니다. 따라서 열 주소를 숫자로 입력할 수 있는 Cells를 사용하도록 변경한 것입니다.

C열에 붙여 넣은 데이터를 현재 월에 맞춰 넣으려면 현재 월에 해당하는 열 번호를 알아야 합니다. 예를 들어 7월에 맞춰 넣으려면 열 번호는 9가 됩니다. 열 번호를 확인하려면 [직접 실행] 창에 다음과 같은 코드를 입력합니다.

```
? Range("I6").Column
```

현재 날짜에서 월을 반환하는 Month(Date)에 2를 더하면 현재 월 위치에 맞는 열에 데이터를 붙여 넣을 수 있습니다. Cells를 사용한 코드를 다음과 같이 한 번 더 수정합니다.

```
Sub 데이터_가져오기()

    ChDir ThisWorkbook.Path
    Workbooks.Open Filename:=ThisWorkbook.Path & "\급여대장.xlsx"
    Range("I6:I10").Copy
    ThisWorkbook.Activate
    Cells(6, Month(Date)+2).PasteSpecial Paste:=xlPasteValues
    Workbooks("급여대장.xlsx").Activate
    ActiveWorkbook.Close

End Sub
```

공략 TIP 수정된 코드는 급여 분석 (코드 6).txt 파일로 제공됩니다.

수정된 코드가 정상적으로 동작하는지 확인하기 위해 [코드] 창에서 F5 를 눌러 매크로를 실행합니다. 다음과 같이 7월 위치에 데이터가 붙여 넣어지는 것을 확인할 수 있습니다.

직위	1월	2월	3월	4월	5월	6월	7월	8월	9월	10월	11월	12월
부장	5,350,000						5,350,000					
과장	4,000,000						4,000,000					
대리	3,275,000						3,275,000					
주임	2,750,000						2,750,000					
사원	2,532,500						2,532,500					

공략 TIP 예제 실습 시점에 따라 붙여 넣어지는 월의 위치는 달라질 수 있습니다.

원하는 조건의 데이터를 다른 시트에 옮기기

예제_PART 02 \ CHAPTER 05 \ 표 분할.xlsm

작업 이해하기

표 분할.xlsm 예제 파일을 열고 [sample] 시트를 확인하면 다음과 같은 표를 확인할 수 있습니다.

⊿	A	B	C	D	E	F
1						
2		부서	인사부 ▼			
3						
4		부서	이름	직위	출근시간	
5		영업부	강경식	사원	8:41 AM	
6		총무부	강민수	과장	8:18 AM	
7		총무부	강세라	사원	8:13 AM	
8		영업부	강판석	부장	8:29 AM	
9		인사부	구재석	과장	8:04 AM	
10		전산실	구재석	대리	8:11 AM	
44		영업부	한빈	사원	8:31 AM	
45		인사부	한석규	부장	8:42 AM	
46		영업부	황길호	사원	8:41 AM	
47		인사부	황영순	차장	8:07 AM	
48						
49						

sample | 인사부 | 총무부 | 전산실 | 영업부 | ⊕

> [C2] 셀에는 유효성 검사가 설정되어 있어 부서를 목록에서 선택할 수 있습니다.

> 데이터는 47행까지 존재하며 이후 추가될 수 있다고 가정합니다.

시트 탭을 보면 각 부서별로 시트가 따로 존재하는 것을 확인할 수 있습니다. 부서별 시트에는 다음과 같이 머리글만 있고 데이터는 입력되어 있지 않습니다.

⊿	A	B	C	D	E	F
1						
2		이름	직위	출근시간		
3						
4						
5						
6						
7						
8						
9						
10						
11						
12						
13						
14						
15						
16						

sample | 인사부 | 총무부 | 전산실 | 영업부 | ⊕

> [sample] 시트에는 [부서], [이름], [직위], [출근시간] 열이 존재하지만 각 부서별 시트에는 [부서] 열이 존재하지 않습니다.

[sample] 시트의 데이터를 각 부서에 맞는 시트로 옮기는 매크로를 개발해보겠습니다.

매크로 기록하기

데이터를 조건에 맞는 위치로 옮기는 작업에서는 일반적으로 자동 필터를 이용합니다. 자동 필터로 원하는 부서 데이터만 표시한 후 복사/붙여넣기로 각 시트에 옮기는 작업을 매크로 기록기로 기록합니다. 매크로 코드를 얻는 과정을 다음과 같이 진행합니다.

01 [sample] 시트의 [A1] 셀을 클릭한 후 매크로 기록을 시작합니다.

02 리본 메뉴의 [개발 도구] 탭-[코드] 그룹-[매크로 기록🖸]을 클릭합니다.

03 [매크로 기록] 대화상자가 표시되면 [매크로 이름]에 **부서데이터복사**를 입력하고 [확인]을 클릭합니다.

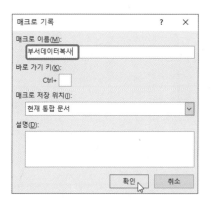

04 [B4] 셀을 클릭하고 리본 메뉴의 [데이터] 탭-[정렬 및 필터] 그룹-[필터⧩]를 클릭합니다.

05 [B4] 셀의 아래 화살표⏷를 클릭하고 목록에서 [인사부]에만 체크한 후 [확인]을 클릭합니다.

06 화면에 표시된 데이터 범위 중 [부서] 열을 제외한 [C9:E47] 범위를 선택하고 리본 메뉴의 [홈] 탭-[클립보드] 그룹-[복사 📋]를 클릭합니다.

07 [인사부] 시트 탭을 클릭합니다.

08 [B3] 셀을 선택하고 리본 메뉴의 [홈] 탭-[클립보드]-[붙여넣기 📋]를 클릭합니다.

09 [sample] 시트 탭을 클릭합니다.

10 자동 필터를 해제하기 위해 리본 메뉴의 [데이터] 탭-[정렬 및 필터] 그룹-[필터 ▽]를 다시 클릭합니다.

11 이후 다른 부서를 선택할 수 있도록 [C2] 셀을 클릭합니다.

12 모든 코드를 기록했습니다. 리본 메뉴의 [개발 도구] 탭–[코드] 그룹–[기록 중지▢]를 클릭합니다.

13 단축키 ⎡Alt⎤+⎡F11⎤을 눌러 [VB 편집기] 창을 호출합니다.

14 [프로젝트 탐색기] 창에서 [Module1] 모듈을 더블클릭하면 다음과 같은 매크로 코드를 확인할 수
있습니다.

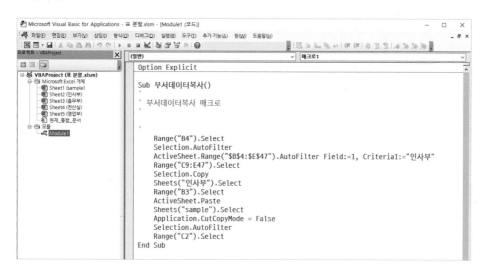

매크로 코드 수정하기

기록된 코드가 좀 더 효율적으로 동작할 수 있도록 코드를 수정합니다.

```
Sub 부서데이터복사()
'
' 부서데이터복사 매크로
'


'
    Range("B4").Select
    Selection.AutoFilter              ──────── ❶
    ActiveSheet.Range("$B$4:$E$47").AutoFilter Field:=1, Criteria1:="인사부" ──────── ❷
    Range("C9:E47").Select
    Selection.Copy            ──────── ❸
    Sheets("인사부").Select
    Range("B3").Select
    ActiveSheet.Paste        ──────── ❹
    Sheets("sample").Select
    Application.CutCopyMode = False       ──────── ❺
    Selection.AutoFilter        ──────── ❻
    Range("C2").Select
End Sub
```

기록된 코드는 순서대로 다음과 같은 역할의 코드입니다.

❶ 표 내부의 셀을 하나 선택하고 자동 필터를 적용합니다.

```
Range("B4").Select
Selection.AutoFilter
```

자동 필터를 적용할 때 항상 첫 번째 셀을 선택할 필요는 없지만 범위를 참조할 때는 좌측 상단 첫 번째 셀을 선택하는 것이 유리합니다.

❷ 자동 필터가 걸린 표에서 첫 번째 열에 [인사부] 항목을 표시합니다.

```
ActiveSheet.Range("$B$4:$E$47").AutoFilter Field:=1, Criteria1:="인사부"
```

Field 매개변수의 1은 첫 번째 열을 의미하고, Criteria1은 해당 열에서 설정된 조건을 의미합니다.

❸ 화면에 표시된 데이터 범위를 선택하고 복사합니다.

```
Range("C9:E47").Select
Selection.Copy
```

> 공략 TIP 위 코드에서 범위 주소는 ❷에서 설정한 조건에 따라 달라질 수 있습니다.

❹ 인사부 시트의 [B3] 셀에 붙여 넣습니다.

```
Sheets("인사부").Select
Range("B3").Select
ActiveSheet.Paste
```

❺ 자동 필터를 해제하기 위해 [sample] 시트 탭을 선택합니다.

```
Sheets("sample").Select
Application.CutCopyMode = False
```

> 공략 TIP 위 코드에서 Application.CutCopyMode = False는 복사 모드를 해제합니다. 이해되지 않는다면 이 책의 49페이지를 다시 한 번 확인합니다.

❻ 자동 필터를 해제하고, [C2] 셀을 선택합니다.

```
Selection.AutoFilter
Range("C2").Select
```

> 공략 TIP 기록된 코드는 표 분할 (코드 1).txt 파일로 제공됩니다.

코드 상단의 주석을 제거하고 Select, Selection 부분을 연결하는 방법으로 코드를 수정합니다. 다음과 같은 코드를 얻을 수 있습니다.

```
Sub 부서데이터복사()

    Range("B4").AutoFilter  ──────────────  ❶
    ActiveSheet.Range("$B$4:$E$47").AutoFilter Field:=1, Criteria1:="인사부"
    Range("C9:E47").Copy  ──────────────  ❷
    Sheets("인사부").Select
    Range("B3").Select
    ActiveSheet.Paste
    Sheets("sample").Select
    Application.CutCopyMode = False
    Selection.AutoFilter
    Range("C2").Select

End Sub
```

❶❷ Select로 끝나고 Selection으로 시작되는 두 줄의 코드는 한 줄로 변경할 수 있습니다.

데이터를 복사(Copy)한 후에 붙여 넣을 위치를 복사 코드 바로 오른쪽에 구성할 수 있습니다. 코드는 다음과 같이 수정합니다.


```
Sub 부서데이터복사()

    Range("B4").AutoFilter
    ActiveSheet.Range("$B$4:$E$47").AutoFilter Field:=1, Criteria1:="인사부"
    Range("C9:E47").Copy Sheets("인사부").Range("B3")  ──────────────  ❶
    Sheets("sample").Select
    Selection.AutoFilter
    Range("C2").Select

End Sub
```

❶ 변경하기 전의 코드는 다음과 같습니다.

```
Range("C9:E47").Copy
Sheets("인사부").Select
Range("B3").Select
ActiveSheet.Paste
...
Application.CutCopyMode = False
```

첫 번째 줄의 코드는 복사 작업에 해당하고, 두 번째 줄부터 네 번째 줄은 붙여 넣을 셀을 선택한 후 붙여 넣는 명령이 적용되는 부분입니다. 마지막 줄은 복사 모드를 해제하는 코드입니다.

붙여 넣을 위치는 [인사부] 시트의 [B3] 셀입니다. 복사/붙여넣기 동작을 한 줄로 변경하면 다음과 같은 코드가 됩니다.

```
Range("C9:E47").Copy Sheets("인사부").Range("B3")
...
Application.CutCopyMode = False
```

복사(Copy) 명령 뒤에 붙여 넣을 위치를 바로 지정하면 복사 모드가 설정되지 않으므로 마지막 줄의 Application.CutCopyMode = False 코드는 필요하지 않습니다.

```
Range("C9:E47").Copy Sheets("인사부").Range("B3")
```

위 코드에서 Sheets("인사부")는 [인사부] 시트를 의미하는데, 정확하게는 Worksheets 컬렉션을 이용하는 것이 맞습니다.

```
Range("C9:E47").Copy Worksheets("인사부").Range("B3")
```

매크로 기록기는 WorkSheet와 ChartSheet를 구분하지 못하므로 두 시트를 모두 참조할 수 있는 Sheets 코드를 이용하는 경우가 대부분입니다. WorkSheets와 Sheets 중 어떤 코드를 사용해도 문제없습니다.

공략 TIP 수정된 코드는 표 분할 (코드 2).txt 파일로 제공됩니다.

Application.CutCopyMode = False 코드가 삭제되면 Select와 Selection으로 연결할 수 있는 코드가 생기게 됩니다. 이를 연결하고 테스트합니다.

```
Sub 부서데이터복사()

    Range("B4").AutoFilter
    ActiveSheet.Range("$B$4:$E$47").AutoFilter Field:=1, Criteria1:="인사부"
    Range("C9:E47").Copy Sheets("인사부").Range("B3")
    Sheets("sample").AutoFilter          ————————— ❶
    Range("C2").Select

End Sub
```

❶ 이전 코드는 다음과 같았습니다.

```
    Sheets("sample").Select
    Application.CutCopyMode = False
    Selection.AutoFilter
```

복사/붙여넣기 코드를 수정하는 과정에서 가운데 줄의 코드가 제거되어 다음과 같은 코드만 남습니다.

```
Sheets("sample").Select
Selection.AutoFilter
```

Select로 끝나고 Selection으로 시작하는 두 줄의 코드를 연결합니다. 이러한 코드 수정 과정을 거치면 항상 매크로가 제대로 동작하는지 테스트해야 합니다.

매크로가 제대로 동작하는지 테스트합니다. [sample] 시트를 화면에 표시하고 [VB 편집기] 창에서 F5 를 눌러 매크로를 실행합니다. 다음과 같은 오류 메시지가 표시되면 [디버그]를 클릭합니다.

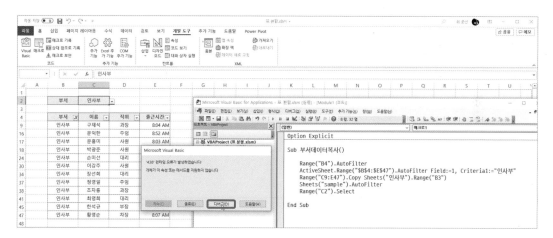

마지막에 수정한 코드 부분에 노란색 줄이 표시되는 것을 확인할 수 있습니다. 코드 실행이 중단되면 해당 문제를 수정해야 매크로를 재실행할 수 있습니다. 문제 해결이 어렵다면 상단의 표준 도구 모음에서 [재설 정■]을 클릭해 중단 모드를 해제해야 합니다.

문제가 발생된 코드는 자동 필터를 해제하는 동작인 AutoFilter 부분입니다. 엑셀 창에서 자동 필터는 리 본 메뉴의 [데이터] 탭-[정렬 및 필터] 그룹-[필터▽]를 클릭해 자동 필터를 적용 및 해제합니다. 다음과 같이 코드를 수정하여 문제를 해결합니다.

```
Sub 부서데이터복사()

    Range("B4").AutoFilter
    Range("$B$4:$E$47").AutoFilter Field:=1, Criteria1:="인사부"
    Range("C9:E47").Copy Sheets("인사부").Range("B3")
    Range("B4").AutoFilter  ────────── ❶
    Range("C2").Select

End Sub
```

❶ 이전 코드는 다음과 같았습니다.

```
Sheets("sample").AutoFilter
```

첫 번째 줄의 자동 필터를 설정하는 코드는 다음과 같습니다.

```
Range("B4").AutoFilter
```

자동 필터를 적용하고 해제하는 동작은 같은 실행 명령으로 동작하므로 에러가 난 코드를 첫 번째 줄의 코드
와 같은 코드로 변경한 것입니다.

공략 TIP 수정된 코드는 표 분할 (코드 3).txt 파일로 제공됩니다.

위와 같이 코드를 수정하고 매크로를 다시 실행해보면 에러 없이 코드가 실행되는 것을 확인할 수 있습니다.

동적 범위 참조하기

자동 필터를 이용할 때 다음과 같은 상황을 염두에 두고 개발해야 합니다.

첫째, 원본 표에 추가된 데이터를 인식할 수 있어야 합니다.

둘째, 화면에 표시된 데이터 범위가 조건에 따라 달라질 수 있으므로 변경된 데이터 범위도 정확하게 참조
할 수 있어야 합니다.

첫 번째 문제를 해결하기 위해서는 지금까지 개발한 코드를 분석할 수 있어야 합니다. 현재까지 수정된 코
드에서 AutoFilter를 사용하는 코드는 다음과 같습니다.

```
Sub 부서데이터복사()

    Range("B4").AutoFilter                              ❶
    Range("$B$4:$E$47").AutoFilter Field:=1, Criteria1:="인사부"        ❷
    Range("C9:E47").Copy Sheets("인사부").Range("B3")
    Range("B4").AutoFilter                              ❸
    Range("C2").Select

End Sub
```

❶ [B4] 셀에 자동 필터를 설정합니다.
❷ 자동 필터가 적용된 범위(B4:E47)의 첫 번째 열에 [인사부] 항목만 화면에 표시합니다.
❸ [B4] 셀의 자동 필터를 해제합니다.

동적 범위를 대상으로 하도록 매크로를 수정하기 위해 먼저 다음과 같은 질문을 생각해봅니다.

첫째, ❶, ❸ 코드에서 [B4] 셀의 자동 필터를 설정하거나 해제할 때 어떻게 전체 범위(B4:E47)에 자동 필터가 적용되고 해제될까?

둘째, ❶, ❷ 코드는 마우스로 매크로 동작을 기록하는 과정에서 Select와 Selection 동작이 나뉘듯이, 자동 필터를 적용하고 조건을 설정하는 과정이 불필요하게 나뉘어진 것은 아닐까?

이런 의문을 해결하기 위해 ❶, ❷ 코드를 다음과 같이 한 줄로 수정해봅니다.

```
Sub 부서데이터복사()

    Range("B4").AutoFilter Field:=1, Criteria1:="인사부"        ❶
    Range("C9:E47").Copy Sheets("인사부").Range("B3")
    Range("B4").AutoFilter
    Range("C2").Select

End Sub
```

❶ 두 번째 줄 AutoFilter 명령의 오른쪽 코드를 잘라 첫 번째 줄 AutoFilter 명령의 오른쪽에 붙여 넣고, 두 번째 줄을 삭제했습니다.

코드를 수정했다면 F5 를 눌러 매크로를 실행해 에러가 발생하는지 확인해 봅니다.

전체 범위에 데이터를 추가하는 경우, 추가된 데이터에도 자동 필터가 제대로 적용되는지 확인해보겠습니다. 복사되는 범위 주소를 다음과 같이 수정합니다.

```
Sub 부서데이터복사()

    Range("B4").AutoFilter Field:=1, Criteria1:="인사부"
    Range("C5:E100").Copy Sheets("인사부").Range("B3")  ————————— ❶
    Range("B4").AutoFilter
    Range("C2").Select

End Sub
```

❶ 원본 표에서 머리글을 제외한 데이터 범위는 [B5:E47] 범위입니다. 원본 데이터 범위에서 B열을 뺀 [C:E] 열을 복사하는 작업이므로 수정 전 범위인 [C9:E47] 범위에서 [C9] 셀은 시작 셀인 [C5] 셀로, [E47] 셀은 보다 큰 범위까지 복사될 수 있도록 [E100] 셀로 각각 변경한 것입니다.
이 부분을 데이터가 입력된 정확한 범위만 참조하길 원한다면 코드를 다음과 같이 수정합니다.

```
Range("C5", Cells(Rows.count, "E").End(xlUp)).Copy Sheets("인사부").Range("B3")
```

공략 TIP 위와 같은 참조 방식은 이 책의 69페이지에서 자세하게 설명합니다.

공략 TIP 수정된 코드는 표 분할 (코드 4).txt 파일로 제공됩니다.

[sample] 시트의 48행에 47행의 데이터를 복사/붙여넣기한 후 [C48] 셀에 자신의 이름을 입력합니다. [VB 편집기] 창을 열어 [부서데이터복사] 매크로를 선택하고 F5를 눌러 실행합니다.

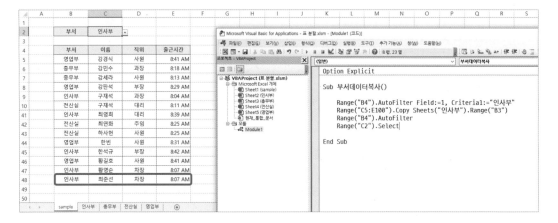

에러 없이 매크로가 동작하면 [인사부] 시트 탭을 클릭하고 15행에 복사된 데이터를 확인합니다.

	A	B	C	D	E	F
1						
2		이름	직위	출근시간		
3		구재석	과장	8:04 AM		
4		문익한	주임	8:52 AM		
5		문홍미	사원	8:03 AM		
6		박광준	사원	8:25 AM		
7		손미선	대리	8:23 AM		
8		이강주	사원	8:57 AM		
9		장선희	대리	8:34 AM		
10		정영일	주임	8:27 AM		
11		조자룡	과장	8:28 AM		
12		최영희	대리	8:39 AM		
13		한석규	부장	8:42 AM		
14		황영순	차장	8:07 AM		
15		최준선	차장	8:07 AM		
16						
17						

sample 인사부 총무부 전산실 영업부 ⊕

[C2] 셀의 선택 값과 연동되도록 코드 수정하기

매크로가 좀 더 유연하게 동작하려면 [sample] 시트의 [C2] 셀과 연동해 동작하도록 해야 합니다. 매크로 코드를 다음과 같이 수정합니다.

```
Sub 부서데이터복사()

    Range("B4").AutoFilter Field:=1, Criteria1:=Range("C2").Value    ─────────── ❶
    Range("C5:E100").Copy Sheets(Range("C2").Value).Range("B3")    ─────────── ❷
    Range("B4").AutoFilter
    Range("C2").Select

End Sub
```

❶ 원래 코드는 다음과 같았습니다.

```
Range("B4").AutoFilter Field:=1, Criteria1:="인사부"
```

위 코드의 조건 값("인사부")만 [C2] 셀이 값으로 참조해온 것입니다.

❷ 이 부분도 마찬가지로 Sheets 내부의 문자열("인사부")을 [C2] 셀의 값으로 참조하도록 수정했습니다.

공략 TIP 수정된 코드는 표 분할 (코드 5).txt 파일로 제공됩니다.

수정한 매크로를 시트에서 실행할 수 있도록 단추 컨트롤에 매크로를 연결합니다. 리본 메뉴의 [개발 도구] 탭-[컨트롤] 그룹-[삽입📇]-[양식 컨트롤]-[단추(양식 컨트롤)⬜]를 클릭한 후 [E2] 셀 위치에 드래그하여 삽입합니다.

화면에 표시된 [매크로 지정] 대화상자에서 [부서데이터복사] 매크로를 클릭하고 [확인]을 클릭합니다.

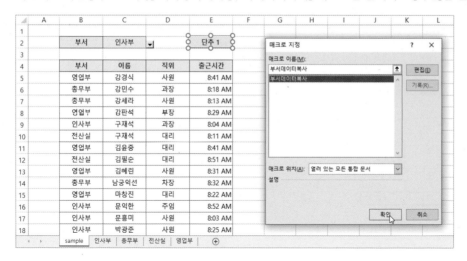

삽입한 단추 컨트롤을 클릭하고 레이블을 **복사**로 수정합니다. [C2] 셀의 부서를 원하는 부서로 변경하고 [복사]단추를 클릭합니다.

	A	B	C	D	E	F
1						
2		부서	전산실 ▼		복사	
3						
4		부서	이름	직위	출근시간	
5		영업부	강경식	사원	8:41 AM	
6		총무부	강민수	과장	8:18 AM	
7		총무부	강세라	사원	8:13 AM	
8		영업부	강판석	부장	8:29 AM	
9		인사부	구재석	과장	8:04 AM	
10		전산실	구재석	대리	8:11 AM	
11		영업부	김윤중	대리	8:41 AM	
12		전산실	김필순	대리	8:51 AM	
13		영업부	김혜린	사원	8:31 AM	
14		총무부	남궁익선	차장	8:32 AM	
15		영업부	마창진	대리	8:22 AM	
16		인사부	문익한	주임	8:52 AM	
17		인사부	문흥미	사원	8:03 AM	
18		인사부	박광준	사원	8:25 AM	

sample | 인사부 | 총무부 | 전산실 | 영업부 ⊕

시트 탭에서 선택한 부서를 클릭하면 해당 부서의 데이터가 복사된 것을 확인할 수 있습니다.

	A	B	C	D	E	F
1						
2		이름	직위	출근시간		
3		구재석	대리	8:11 AM		
4		김필순	대리	8:51 AM		
5		배준호	대리	8:45 AM		
6		서예희	과장	8:53 AM		
7		서한성	대리	8:55 AM		
8		우순하	과장	8:43 AM		
9		임정빈	사원	8:10 AM		
10		정보진	부장	8:19 AM		
11		최연화	주임	8:25 AM		
12		하사현	사원	8:25 AM		
13						
14						
15						
16						
17						
18						

sample | 인사부 | 총무부 | 전산실 | 영업부 ⊕

변수

매크로 기록기로 코드를 기록하다 보면 동일한 코드가 반복적으로 나타나는 경우가 있습니다. 반복되는 코드로 인해 전체 코드가 불필요하게 길어지면 매크로를 수정하고 관리하기 어렵습니다. 따라서 VBA는 반복되는 코드를 따로 저장해놓고 필요할 때마다 사용할 수 있도록 변수라는 기능을 제공합니다. 제공되는 변수의 종류는 다양하지만 데이터 값을 저장할 수 있는 데이터 변수와 개체를 연결할 수 있는 개체변수 정도만 활용할 수 있어도 충분합니다.

변수 이해하기

예제 _ PART 02 \ CHAPTER 06 \ 변수.xlsm

변수

변수는 엑셀의 셀과 마찬가지로 데이터를 저장할 때 사용하지만 셀과는 달리 눈에 보이지 않아 어렵다고 느끼는 경우가 많습니다. 매크로를 활용하기 위해 변수는 반드시 익혀야 하는 개념이므로 자연스럽게 사용할 수 있도록 꾸준하게 연습해야 합니다.

변수 선언하기

변수를 사용하려면 다음과 같은 코드를 먼저 작성해야 합니다. VBA에게 변수의 사용을 알린다고 하여 아래와 같은 코드를 **변수 선언**이라고 합니다.

```
Dim 변수 이름 As 데이터 형식
 ❶    ❷      ❸
```

위 코드는 역할에 따라 다음과 같이 세 부분으로 나눌 수 있습니다.

❶ Dim
변수 선언에 사용되는 명령어입니다.

❷ 변수 이름
메모리에 생성된 변수의 이름입니다. 개발자가 지정한 이름을 사용해 변수에 데이터를 저장하거나 변수에 저장된 데이터를 가져와 사용할 수 있습니다.

❸ As 데이터 형식
변수에 저장되는 데이터 형식을 의미하며 변수 이름 뒤의 As 절 다음에 입력합니다. 데이터 형식에 따라 변수의 메모리 사용량이 달라집니다. 데이터 형식을 생략하면 자동으로 Variant 형식(16byte)이 지정되며 모든 형식의 데이터를 저장할 수 있습니다. 자주 사용하는 데이터 형식은 다음과 같습니다.

데이터 형식	선언 형식	크기	저장
텍스트	String	10byte	가변 길이 문자열은 2,000,000,000,000(이 조)개까지, 고정 길이 문자열은 65,400개까지의 문자 저장 가능
논리값	Boolean	2byte	True, False

데이터 형식	선언 형식	크기	저장
날짜/시간	Date	8byte	100년 1월 1일~9999년 12월 31일
숫자(정수)	Byte	1byte	0~255
	Integer	2byte	-32,768~32,767
	Long	4byte	-2,147,483,648~2,147,483,647
숫자(실수)	Single	4byte	-3.40282E38~3.40282E38
	Double	8byte	-1.79769E308~1.79769E308

숫자 데이터의 데이터 형식을 설정할 때는 주의가 필요합니다. 변수에 저장할 숫자가 나이, 급여와 같이 소수점 이하의 값이 발생하지 않는 경우에는 정수 데이터 형식(Byte, Integer, Long) 중 하나를 사용합니다. 만약 어떤 형식을 사용해야 할지 모르겠다면 정수의 경우는 Long을, 소수점 이하의 값이 포함될 수 있는 경우에는 Double을 사용합니다.

변수를 선언하는 방법은 다양합니다. 예를 들어 이름, 나이, 생년월일을 저장하는 변수는 다음과 같이 선언할 수 있습니다.

```
Dim 이름 As String
Dim 나이 As Byte
Dim 생년월일 As Date
```

Dim을 한 번만 선언하고 오른쪽에 여러 개의 변수를 한번에 선언할 수도 있습니다.

```
Dim 이름 As String, 생년월일 As Date, 나이 As Byte
```

데이터 형식이 모두 동일한 변수를 한번에 선언할 때에도 다음과 같이 선언합니다.

```
Dim 기념일 As Date, 생일 As Date
```

만약 다음과 같이 선언하면 어떻게 될까요?

```
Dim 기념일, 생일 As Date
```

선언 자체에는 문제가 없지만 기념일 변수의 경우는 Data가 아니라 Variant 형식으로 선언됩니다. 따라서 동일한 데이터 형식이라도 반드시 변수마다 데이터 형식을 지정해 줘야 합니다.

변수에 데이터 저장하고 반환하기

변수에 데이터를 저장하고 반환하는 방법은 기본적으로 셀에 데이터를 저장하고 참조하는 방법과 동일합니다. 다음과 같은 표에 데이터를 입력할 때 이름, 생년월일, 나이 변수를 사용해 데이터를 저장하는 작업을 예로 들어 설명하겠습니다.

▲	A	B	C	D	E	F
1						
2		이름	생년월일	나이		
3						
4						
5						
6						
7						
8						
9						
10						

sample ⊕

변수를 사용해 데이터를 저장하려면 다음과 같은 매크로를 개발해 작업할 수 있습니다.

```
Sub 변수의사용()

    Dim 이름 As String
    Dim 생년월일 As Date
    Dim 나이 As Long

    이름 = "홍길동"
    생년월일 = #1/1/1990#
    나이 = 25

    Range("B3").Value = 이름
    Range("C3").Value = 생년월일
    Range("D3").Value = 나이

End Sub
```

공략 TIP 수정된 코드는 변수 (코드 1).txt 파일로 제공됩니다.

위 코드를 동작해보려면 **변수.xlsm** 예제 파일을 열고 단축키 Alt + F11 을 눌러 [VB 편집기] 창을 호출한 후 [삽입] 탭-[모듈]을 클릭해 모듈(Module)을 하나 삽입합니다. 해당 모듈의 [코드] 창에 위 코드를 입력하거나 복사/붙여넣기해야 매크로가 제대로 동작합니다.

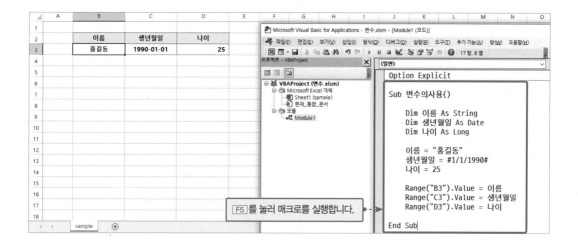

생년월일이 저장되면 나이를 계산할 수 있으므로 위 코드는 다음과 같이 변경할 수 있습니다.

```
Sub 변수의사용 ()

    Dim 이름 As String
    Dim 생년월일 As Date
    Dim 나이 As Long

    이름 = "홍길동"
    생년월일 = #1/1/1990#
    나이 = Year(Date) - Year(생년월일) + 1          ❶

    Range("B3").Value = 이름
    Range("C3").Value = 생년월일
    Range("D3").Value = 나이

End Sub
```

❶ 변수에 값을 직접 입력했던 부분을 계산식으로 변경했습니다. Year와 Date는 모두 VBA 함수로, Year 함수는 워크시트 함수와 동일하게 날짜에서 연도를 반환해줍니다. Date는 워크시트 함수 중 오늘 날짜를 반환하는 TODAY 함수와 동일한 함수입니다. 따라서 이번 코드는 다음과 같은 계산 작업을 합니다.

> 나이 = 금년 - 출생년도 + 1

이렇게 변수에는 다양한 계산식의 결과를 저장해 사용할 수 있습니다.

공략 TIP 수정된 코드는 변수 (코드 2).txt 파일로 제공됩니다.

코드를 수정했으면 F5를 눌러 제대로 동작하는지 확인합니다. 제대로 동작한다면 [D3] 셀의 나이가 32 이상의 값으로 변경됩니다.

변수를 선언 없이 사용하기

VBA는 스크립트 언어의 한 종류지만 일반적인 프로그래밍 언어와는 다르게 변수를 선언하지 않고도 사용할 수 있습니다. 변수를 선언하지 않고 사용하면 모든 변수가 Variant 형식으로 설정되어 메모리 사용량이 늘어날 수 있다는 점만 인지하면 됩니다.

다만, [코드] 창 상단에 다음과 같은 문장이 표시되면 변수를 선언 없이 사용할 수 없습니다.

```
Option Explicit
```

위 코드는 변수 선언을 강제하는 옵션입니다. [VB 편집기] 창의 [옵션] 대화상자에서 설정할 수 있으며, 내가 추가하지 않았어도 다른 사람이 만든 매크로 파일에 존재할 수 있습니다. [코드] 창에 위 코드가 있을 때는 변수 선언을 하지 않으면 에러가 발생합니다.

해당 옵션을 확인하려면 [VB 편집기] 창에서 [도구] 탭-[옵션]을 클릭한 후 [옵션] 대화상자에서 [편집기] 탭-[코드 설정]-[변수 선언 요구]에 체크되어 있는지 확인합니다.

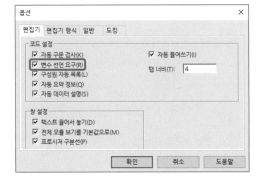

위 옵션은 기본 값으로 설정되어 있지 않아 반드시 체크할 필요는 없지만 변수를 바르게 선언하는 습관을 기르기 위해서는 체크해놓은 것이 좋습니다. [변수 선언 요구]에 체크한 후 엑셀을 종료하고 다시 실행하면 이후 사용할 모든 [코드] 창 상단에 Option Explicit 명령이 표시됩니다. 이전에 이미 코드가 삽입되어 있는 매크로의 경우에는 해당 명령이 표시되지 않을 수도 있습니다.

확인을 위해 코드를 다음과 같이 변경합니다.

```
Option Explicit ─────────── ❶

Sub 변수의사용()
    이름 = "최준선" ─────────── ❷
    생년월일 = #1/1/1980# ─────────── ❸
    나이 = Year(Date) - Year(생년월일) + 1

    Range("B3").Value = 이름
    Range("C3").Value = 생년월일
    Range("D3").Value = 나이

End Sub
```

❶ Option Explicit 명령이 존재하면 이를 삭제합니다.

❷, ❸ 자신의 정보로 데이터를 수정합니다.

공략 TIP 수정된 코드는 변수 (코드 3).txt 파일로 제공됩니다.

코드를 수정했으면 F5를 눌러 매크로를 실행합니다. 에러 없이 매크로가 작동하는지 확인합니다.

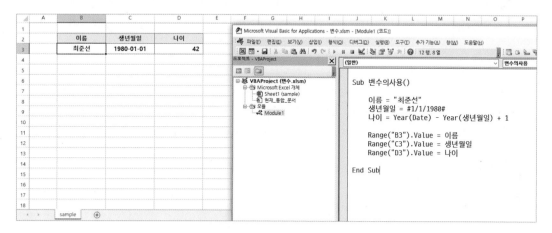

변수를 이용해 기존의 매크로 코드 개선하기

예제 _ PART 02 \ CHAPTER 06 \ 급여 분석.xlsm, 표 분할.xlsm

필수 공식 18 예제 매크로에 변수 사용하기

필수 공식 18에서 실습한 코드를 개선해보겠습니다. 코드에서 중복되는 데이터는 변수를 사용하도록 수정합니다.

```
Sub 데이터_가져오기()

    ChDir ThisWorkbook.Path
    Workbooks.Open Filename:=ThisWorkbook.Path & "\급여대장.xlsx"
    Range("I6:I10").Copy
    ThisWorkbook.Activate
    Cells(6, Month(Date)+2).PasteSpecial Paste:=xlPasteValues
    Workbooks("급여대장.xlsx").Activate
    ActiveWorkbook.Close

End Sub
```

공략 **TIP** 예제는 [Chapter 06] 폴더 내 급여 분석.xlsm 파일을 사용합니다.

공략 **TIP** 수정된 코드는 매크로 개선 (코드 1).txt 파일로 제공됩니다.

위 코드에서 동일한 데이터를 중복하여 입력한 부분을 표시하면 다음과 같습니다.

```
Sub 데이터_가져오기()

    ChDir ThisWorkbook.Path
    Workbooks.Open Filename:=ThisWorkbook.Path & "\급여대장.xlsx"
    Range("I6:I10").Copy
    ThisWorkbook.Activate
    Cells(6, Month(Date)+2).PasteSpecial Paste:=xlPasteValues
    Workbooks("급여대장.xlsx").Activate
    ActiveWorkbook.Close

End Sub
```

중복되는 데이터를 변수에 저장해놓고 사용하도록 코드를 수정하겠습니다.

```
Sub 데이터_가져오기()

    Dim 경로 As String              ──────── ❶
    Dim 파일명 As String            ──────── ❷

    경로 = ThisWorkbook.Path        ──────── ❸
    파일명 = "급여대장.xlsx" ──────── ❹

    ChDir 경로                       ──────── ❺
    Workbooks.Open Filename:=경로 & "\" & 파일명       ──────── ❻
    Range("I6:I10").Copy
    ThisWorkbook.Activate
    Cells(6, Month(Date)+2).PasteSpecial Paste:=xlPasteValues
    Workbooks(파일명).Activate       ──────── ❼
    ActiveWorkbook.Close

End Sub
```

❶ ThisWorkbook.Path에서 반환되는 문자열을 저장할 String 형식의 경로 변수를 선언합니다.
❷ 원본 데이터를 갖는 파일의 이름을 저장할 String 형식의 파일명 변수를 선언합니다.
❸ 경로 변수에 ThisWorkbook.Path의 값을 저장합니다.
❹ 파일명 변수에 "급여대장.xlsx" 문자열을 저장합니다.
❺ ThisWorkbook.Path를 경로 변수로 수정합니다.
❻ ThisWorkbook.Path와 원본 파일의 이름을 각각 경로와 파일명 변수로 수정합니다.
❼ 원본 파일의 이름을 파일명 변수로 수정합니다.

공략 TIP 수정된 코드는 매크로 개선 (코드 2).txt 파일로 제공됩니다.

예제 파일의 매크로 코드를 직접 수정하고 이를 실행해 에러가 발생하지 않는지 확인합니다.

변수는 중복되는 데이터를 저장해놓고 사용할 때 주로 사용하지만 개발자가 필요하다고 생각하면 어떤 값이든 저장하여 활용할 수 있습니다. 아래와 같이 월을 계산하는 코드도 변수에 저장해놓고 사용할 수 있습니다.

```
Sub 데이터_가져오기()

    Dim 경로 As String
    Dim 파일명 As String
    Dim 이번달 As Long              ──────── ❶

    경로 = ThisWorkbook.Path
    파일명 = "급여대장.xlsx"
    이번달 = Month(Date)            ──────── ❷
```

```
        ChDir 경로
        Workbooks.Open Filename:=경로 & "\" & 파일명
        Range("I6:I10").Copy
        ThisWorkbook.Activate
        Cells(6, 이번달+2).PasteSpecial Paste:=xlPasteValues ─────── ❸
        Workbooks(파일명).Activate
        ActiveWorkbook.Close

    End Sub
```

❶ 현재 날짜의 월 데이터를 저장할 이번달 변수를 선언합니다.
❷ 이번달 변수에 Month(Date) 계산식의 결과를 저장합니다.
❸ Month(Date) 계산식이 사용된 부분을 이번달 변수로 변경합니다.

공략 TIP 수정된 코드는 매크로 개선 (코드 3).txt 파일로 제공됩니다.

변수를 사용하면 가독성이 좋아집니다.
F5를 눌러 수정한 코드가 제대로 동
작하는지 확인합니다.

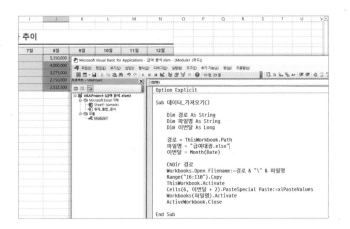

필수 공식 19 예제 매크로에 변수 사용하기

필수 공식 19 예제에서 완성한 코드는 다음과 같습니다. 변수를 사용하도록 코드를 수정합니다.

```
Sub 부서데이터복사()

    Range("B4").AutoFilter Field:=1, Criteria1:=Range("C2").Value
    Range("C5:E100").Copy Sheets(Range("C2").Value).Range("B3")
    Range("B4").AutoFilter
    Range("C2").Select

End Sub
```

공략 TIP 예제는 [Chapter 06] 폴더 내 표 분할.xlsm 파일을 사용합니다.

공략 TIP 이 코드는 매크로 개선 (코드 4).txt 파일로 제공됩니다.

앞의 코드에서 반복적으로 사용되는 Range("C2").Value를 변수에 저장해놓고 사용하도록 다음과 같이
코드를 수정합니다.

```
Sub 부서데이터복사()

    Dim 부서 As String                            ❶

    부서 = Range("C2").Value                       ❷

    Range("B4").AutoFilter Field:=1, Criteria1:=부서       ❸
    Range("C5:E100").Copy Sheets(부서).Range("B3")        ❹
    Range("B4").AutoFilter
    Range("C2").Select

End Sub
```

❶ 선택한 부서의 이름을 저장할 String 형식의 부서 변수를 선언합니다.
❷ 부서 변수에 [C2] 셀의 값을 저장합니다.
❸❹ [C2] 셀의 값을 참조하는 코드를 부서 변수로 대체합니다.

공략 TIP 수정된 코드는 매크로 개선 (코드 5).txt 파일로 제공됩니다.

F5를 눌러 수정한 코드가 제대로 동작하는지 확인합니다.

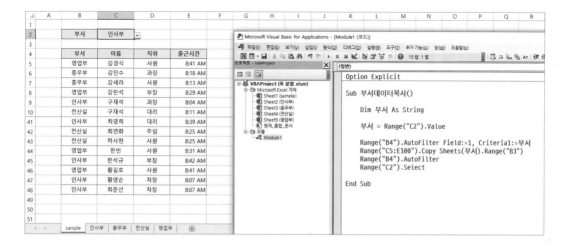

예제 _ PART 02 \ CHAPTER 06 \ 변수 활용. xlsm

변수는 VBA를 이용하여 매크로를 개발할 때 필수 불가결한 요소입니다. 변수를 어떤 방식으로 사용하는지 감을 익힐 수 있도록 간단한 코딩 과정을 예로 설명하겠습니다.

변수 활용.xlsm 예제 파일을 열면 다음과 같은 화면을 확인할 수 있습니다. [B3] 셀과 [D3] 셀의 값을 서로 바꿔 입력하는 매크로를 개발해보겠습니다.

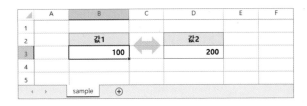

간단하게는 다음과 같은 코드를 생각해볼 수 있습니다.

```
Sub 데이터_교환()

    Range("B3").Value = Range("D3").Value  ────────── ❶
    Range("D3").Value = Range("B3").Value  ────────── ❷

End Sub
```

❶ [B3] 셀에 [D3] 셀의 값을 입력합니다.
❷ [D3] 셀에 [B3] 셀의 값을 입력합니다.

공략 TIP 수정된 코드는 변수 활용 (코드 1).txt 파일로 제공됩니다.

앞의 코드를 다음의 순서를 참고해 테스트합니다.

01 단축키 Alt + F11 을 눌러 [VB 편집기] 창을 호출합니다.

02 [VB 편집기] 창에서 [삽입] 탭-[모듈]을 클릭해 모듈(Module) 하나를 삽입합니다.

03 [프로젝트 탐색기] 창에서 추가한 모듈을 더블클릭하고 [코드] 창에 코드를 직접 입력하거나 텍스트 파일의 코드를 복사/붙여넣기합니다.

04 F5 를 눌러 코드를 실행합니다.

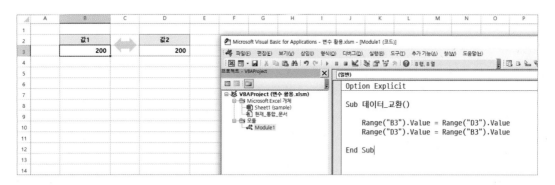

위 화면 같이 [B3], [D3] 셀의 값이 모두 [D3] 셀의 값으로 바뀌는 것을 확인할 수 있습니다. 왜 이런 결과가 나오는지 잘 이해되지 않는다면 [B3] 셀의 값을 100으로 변경한 후 F8 을 눌러 매크로를 한 줄씩 실행해보세요!

이 코드의 첫 번째 줄에서는 [B3] 셀에 [D3] 셀의 값을 입력합니다.

```
Range("B3").Value = Range("D3").Value
```

[B3] 셀의 이전 값은 이미 사라졌으므로 아래 줄에서 [D3] 셀에 [B3] 셀의 값을 입력해봐야 [B3] 셀에 입력된 [D3] 셀의 값이 다시 입력됩니다.

이번 작업이 원하는 대로 작동하려면 [D3] 셀의 값을 [B3] 셀에 입력하기 전에 [B3] 셀의 값을 미리 변수에 저장해야 합니다. 코드를 다음과 같이 수정합니다.

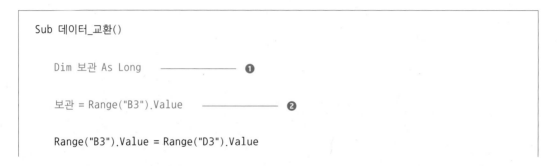

```
    Range("D3").Value = 보관    ————————  ❸

End Sub
```

❶ [B3] 셀의 숫자를 저장할 보관 변수를 Long 형식으로 선언합니다. Long 형식으로 선언된 보관 변수는 숫자 데이터만 정수로 저장할 수 있습니다.
❷ 보관 변수에 [B3] 셀의 값을 저장합니다.
❸ [D3] 셀에 보관 변수의 값을 입력합니다.

공략 **TIP** 수정된 코드는 변수 활용 (코드 2).txt 파일로 제공됩니다.

코드를 모두 수정했으면 [B3] 셀의 값을 **100**으로 변경한 후 [VB 편집기] 창에서 F5 를 눌러 매크로를 실행합니다. 다음과 같은 결과를 얻을 수 있습니다.

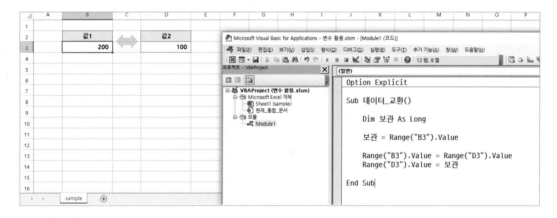

한 번 더 F5 를 누르면 다시 두 셀의 값이 변경됩니다.

이제 [B3] 셀과 [D3] 셀의 값을 **엑셀**과 **파워포인트**로 각각 변경하고 다시 매크로를 실행해보세요!

다음과 같은 오류 메시지가 표시됩니다. [디버그]를 클릭합니다.

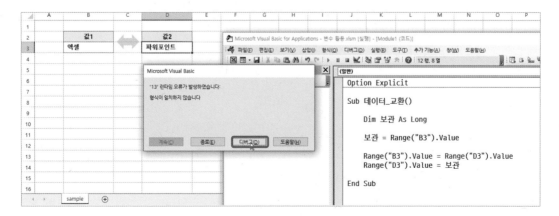

다음 위치에서 노란색 줄이 표시되며 이와 같은 상태를 중단 모드라고 합니다. [표준] 도구 모음의 [재설정■]을 클릭하면 중단 모드를 해제할 수 있습니다.

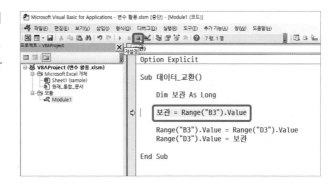

이 에러가 발생하는 이유는 데이터 형식과 연관이 있습니다. 보관 변수는 숫자 데이터만 저장할 수 있는 Long 형식인데 [B3] 셀의 값은 텍스트 데이터이기 때문입니다. 따라서 보관 변수의 형식을 텍스트 데이터를 저장하는 String 형식으로 변경하거나 모든 데이터를 저장할 수 있는 Variant 형식으로 변경해줍니다.

```
Sub 데이터_교환()

    Dim 보관 As Variant ———————————— ❶

    보관 = Range("B3").Value

    Range("B3").Value = Range("D3").Value
    Range("D3").Value = 보관

End Sub
```

❶ 보관 변수에 모든 데이터가 저장될 수 있도록 Variant 형식으로 선언합니다.

코드를 위와 같이 수정하고 다시 매크로를 실행해보면 원하는 결과가 반환됩니다.

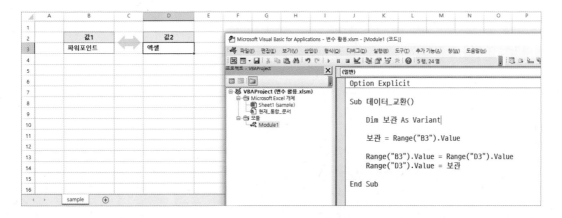

개체변수 이해하기

예제 _ PART 02 \ CHAPTER 06 \ 표 분할. xlsm

개체변수

변수는 앞서 살펴본 것처럼 데이터를 저장해놓고 사용할 수도 있고 Worksheet나 Range 등의 개체를 변수에 연결해놓고 사용할 수도 있습니다. 개체변수를 사용하면 긴 코드를 짧게 줄일 수 있고 코드를 이해하기가 더 쉬워집니다.

개체변수 선언 및 연결하기

개체변수를 사용하는 방법은 데이터 변수를 선언하는 방식과 거의 동일합니다. **As** 다음에 개체명을 입력하는 점과 개체를 연결할 때 **Set 키워드**를 사용한다는 점만 차이가 있습니다.

```
Dim 변수 이름 As 개체

Set 변수 이름 = 연결할 개체
```

예를 들어 [A1] 셀을 '첫번째셀'이란 변수 이름으로 선언하여 코드를 구성하고 싶다면 다음과 같이 코드를 구성할 수 있습니다.

```
Dim 첫번째셀 As Range

Set 첫번째셀 = Range("A1")

첫번째셀.Value = 10000
```

위의 코드를 실행하면 [A1] 셀에 10000이 입력됩니다.

또한 특정 시트의 변수 이름을 '재고시트'라고 선언하여 사용하고 싶다면 다음과 같이 코드를 구성할 수 있습니다.

```
Dim 재고시트 As Worksheet

Set 재고시트 = Worksheets("재고")

재고시트.Range("A1").Value = 100
```

코드를 실행하면 재고 이름을 갖는 시트의 [A1] 셀에 100이 입력됩니다.

개체변수 활용하기

필수 공식 19 예제에서 완성한 코드에 데이터 변수를 적용한 코드는 다음과 같았습니다.

```
Sub 부서데이터복사()

    Dim 부서 As String

    부서 = Range("C2").Value

    Range("B4").AutoFilter Field:=1, Criteria1:=부서
    Range("C5:E100").Copy Sheets(부서).Range("B3")
    Range("B4").AutoFilter
    Range("C2").Select

End Sub
```

공략 **TIP** 수정된 코드는 개체변수 (코드 1).txt 파일로 제공됩니다.

위 코드에서 참조 범위를 Range 개체변수에 연결해 작업하도록 수정하면 다음과 같습니다.

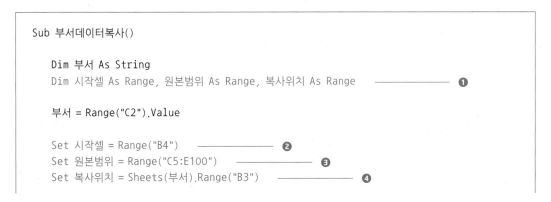

```
Sub 부서데이터복사()

    Dim 부서 As String
    Dim 시작셀 As Range, 원본범위 As Range, 복사위치 As Range ──────── ❶

    부서 = Range("C2").Value

    Set 시작셀 = Range("B4")  ──────── ❷
    Set 원본범위 = Range("C5:E100")  ──────── ❸
    Set 복사위치 = Sheets(부서).Range("B3")  ──────── ❹
```

```
    시작셀.AutoFilter Field:=1, Criteria1:=부서 ———————— ⑤
    원본범위.Copy 복사위치 ——————— ⑥
    시작셀.AutoFilter ——————— ⑦
    Range("C2").Select


End Sub
```

❶ Range 개체를 연결할 시작셀, 원본범위, 복사위치 변수를 선언합니다.

❷ 시작셀 변수에 [B4] 셀을 연결합니다.

❸ 원본범위 변수에 [C5:E100] 범위를 연결합니다.

❹ 복사위치 변수에 부서 변수 시트의 [B3] 셀을 연결합니다.

❺ [B4] 셀을 시작셀 변수로 대체합니다.

❻ [C5:E100] 범위를 원본범위 변수로, 부서 변수 시트의 [B3] 셀을 복사위치 변수로 대체합니다.

❼ [B4] 셀을 시작셀 변수로 대체합니다.

공략 TIP 수정된 코드는 개체변수 (코드 2).txt 파일로 제공됩니다.

위 코드를 **필수 공식 18** 예제 코드에 적용해 제대로 동작하는지 직접 테스트해봅니다.

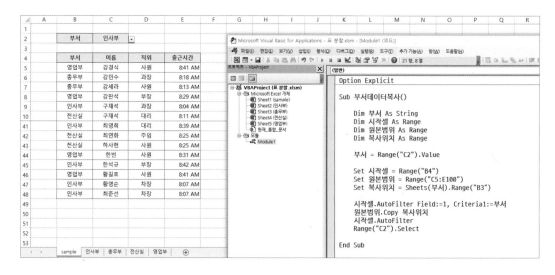

공략 TIP 예제는 [Chapter 05] 폴더 내 표 분할.xlsm 파일을 사용합니다.

판단문과
순환문

매크로는 작성된 코드를 위에서부터 한 줄씩 실행
합니다. 그런데 만약 상황에 따라 처리해야 할 작업
이 다르다면 각 상황에 맞는 명령을 따로따로 지정
해야 합니다. 이때 If나 Select Case 문을 사용하
며 이를 판단문이라고 합니다. 또한 특정 작업을 반
복해야 할 경우에는 For… Next 문을 사용하며 이
를 순환문이라고 합니다. 판단문과 순환문은 매크
로 개발에 가장 핵심적인 부분입니다. 이 두 가지
문법을 제대로 이해하고 활용할 수 있다면 매크로
를 활용해 다양한 업무를 자동화할 수 있습니다.

필수 공식

24

If 문 사용하기

예제 _ PART 02 \ CHAPTER 07 \ If 문.xlsm

If 문

If 문은 판단문의 가장 대표적인 문법입니다. 기본 구문은 다음과 같습니다.

```
If 조건 = True Then
    ' 조건이 True일 때 처리할 작업
Else
    ' 조건이 False일 때 처리할 작업
End If
```

다음과 같은 표에서 [B3] 셀에 성적이 입력되면 입력된 값이 70점 이상인 경우에만 [C3] 셀에 "합격" 문자열을 반환하는 매크로를 만들어보겠습니다. 아래와 같이 코드를 개발할 수 있습니다.

	A	B	C	D	E
1					
2		성적	결과		
3					
4					
5					

```
Sub 테스트결과()

    Range("B3").Value = WorksheetFunction.RandBetween(0, 100)  ——— ❶

    If Range("B3").Value >= 70 Then  ——— ❷

        Range("C3").Value = "합격"

    Else  ——— ❸

        Range("C3").Value = "불합격"

    End If  ——— ❹

End Sub
```

❶ [B3] 셀에 0부터 100까지의 숫자 중 하나를 무작위로 입력합니다.

임의의 정수를 입력하기 위해 워크시트 함수인 RandBetween 함수를 사용했습니다. RandBetween 함수는 시작 값과 종료 값 사이에 있는 임의의 숫자를 반환합니다. 이를 VBA 함수로 변경하고 싶다면 다음과 같이 코드를 수정합니다.

```
Range("B3").Value = Int(101 * Rnd)
```

❷ If 문으로 [B3] 셀의 값이 70 이상인지 확인하여 결과가 True인 경우에는 [B3] 셀에 "합격" 문자열을 입력합니다.
❸ 조건의 결과가 False라면 [B3] 셀에 "불합격" 문자열을 입력합니다.
❹ If 문을 종료합니다.

공략 TIP 이 코드는 If 문 (코드 1).txt 파일로 제공됩니다.

If 문.xlsm 예제 파일을 열고 다음 순서를 참고하여 코드를 테스트합니다.

01 단축키 Alt + F11 을 눌러 [VB 편집기] 창을 호출합니다.

02 [VB 편집기] 창에서 [삽입] 탭-[모듈]을 클릭해 모듈(Module)을 하나 삽입합니다.

03 추가된 모듈의 [코드] 창에 코드를 직접 입력하거나 텍스트 파일의 코드를 복사/붙여넣기합니다.

04 F5 를 눌러 테스트합니다.

[B3] 셀의 성적이 70점 이상인 경우 [C3] 셀에 "합격"이 입력됩니다.

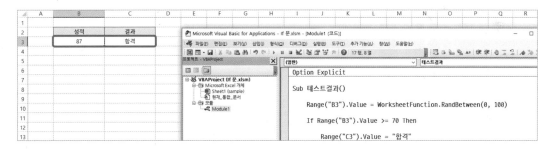

F5 를 눌러 매크로를 몇 번 더 실행해봅니다. [B3] 셀의 성적이 70점 미만이면 [C3] 셀에 "불합격"이 입력됩니다.

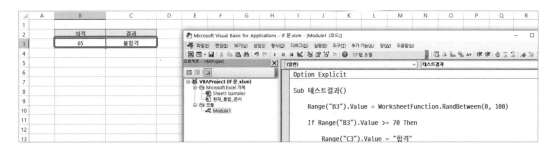

If 문 대신 함수를 사용하고 싶다면 VBA 함수 중 IIf 함수를 사용합니다. IIf 함수를 사용하도록 코드를 수정하면 다음과 같습니다.

```
Sub 테스트결과()

    Range("B3").Value = WorksheetFunction.RandBetween(0, 100)

    Range("C3").Value = IIf(Range("B3").Value >= 70, "합격", "불합격")        ────────── ❶

End Sub
```

❶ IIf 함수는 워크시트 함수인 If 함수와 동일한 함수입니다. 구문은 다음과 같습니다.

```
IIf(Expression, TruePart, FalsePart)
```

다만 IIf 함수는 TruePart와 FalsePart를 반드시 입력해야 하고, Expression의 결과와 상관없이 TruePart와 FalsePart 구성에 문제가 있는 경우 에러가 발생합니다.

공략 TIP 수정된 코드는 If 문 (코드 2).txt 파일로 제공됩니다.

코드의 길이만 보면 IIf 함수를 사용하는 것이 더 간단하고 효율적이라고 생각할 수 있습니다. 하지만 IIf 함수는 If 함수와 달리 TruePart와 FalsePart에서 각각 한 가지의 작업만 처리할 수 있습니다. 조건식의 True, False 결과에 따라 여러 가지의 작업을 처리해야 하는 경우라면 If 문을 사용해야 합니다.

또한 IIf 함수는 반드시 TruePart와 FalsePart가 빠짐없이 구성되어야 합니다. 다음과 같이 세 번째 인수를 생략한 후 F5 를 눌러 테스트를 진행합니다.

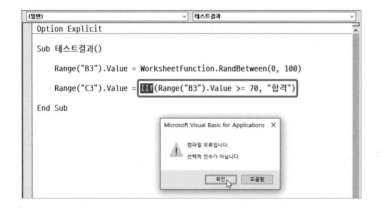

에러가 발생하는 것을 확인했다면 오류 메시지에서 [확인]을 클릭하고 [표준] 도구 모음의 [재설정■]을 클릭해 중단 모드를 해제합니다.

그에 반해 If 문은 Else 절을 생략할 수 있습니다. 조건을 만족하는 경우에만 원하는 결과를 반환하려면 다음과 같이 Else 절을 생략합니다.

```
Sub 테스트결과()

    Range("B3").Value = WorksheetFunction.RandBetween(0, 100)

    If Range("B3").Value >= 70 Then

        Range("C3").Value = "합격"

    End If

End Sub
```

공략 TIP 수정된 코드는 If 문 (코드 3).txt 파일로 제공됩니다.

위와 같이 코드를 수정하고 F5 를 눌러 매크로를 여러 번 실행해보면 매크로는 에러 없이 실행되지만 70점 미만인 경우에도 합격이 표시됩니다.

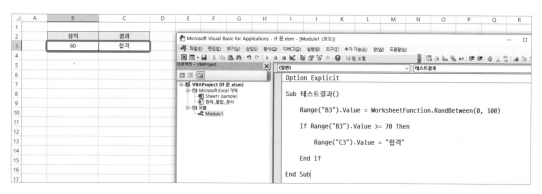

이러한 문제가 발생한 이유는 지난 작업에서 [C3] 셀에 입력된 "합격" 문자열을 지워주는 동작이 따로 없기 때문입니다. 매크로를 시작할 때 [C3] 셀의 값을 지우는 동작이 먼저 실행되도록 코드를 수정하면 해결할 수 있습니다. 매크로 기록기를 이용해 [C3] 셀의 값을 지우는 동작을 기록하면 다음과 같은 코드를 얻을 수 있습니다.

```
Sub 매크로1()

    Range("C3").Select
    Selection.ClearContents

End Sub
```

앞의 코드에서 Select, Selection을 연결하면 다음과 같은 코드만 남습니다.

```
Sub 매크로1()

    Range("C3").ClearContents

End Sub
```

이 코드를 [테스트결과] 매크로에 적용하면 다음과 같습니다.

```
Sub 테스트결과()

    Range("C3").ClearContents ──────────── ❶

    Range("B3").Value = WorksheetFunction.RandBetween(0, 100)

    If Range("B3").Value >= 70 Then

        Range("C3").Value = "합격"

    End If

End Sub
```

❶ [C3] 셀의 값을 지우는 동작이 먼저 실행되어야 기존에 입력된 값이 지워지게 됩니다. 이 코드는 Else 절에 다음과 같이 구성해도 됩니다.

```
    If Range("B3").Value >= 70 Then

        Range("C3").Value = "합격"

    Else

        Range("C3").ClearContents

    End If
```

공략 TIP 수정된 코드는 If 문 (코드 4).txt 파일로 제공됩니다.

F5 를 눌러 매크로를 실행해봅니다.

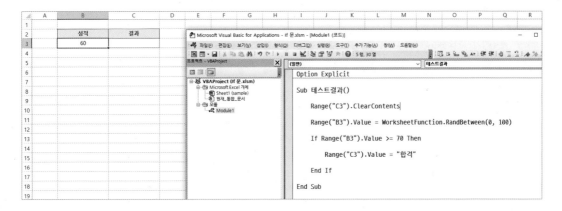

If 문의 판단 결과로 처리하는 작업이 하나라면 End If를 작성하지 않고 오른쪽에 Then을 입력한 후 해당 명령을 바로 입력할 수도 있습니다.

❶ Then 오른쪽에 True일 때 처리할 명령을 구성하면 End If는 사용하지 않아도 됩니다.

IF 문은 이와 같이 다양하게 구성할 수 있으므로 IIf 함수보다 If 문을 더 자주 사용합니다.

다중 If 문 구성하기

예제 _ PART 02 \ CHAPTER 07 \ ElseIf 절.xlsm

처리할 조건이 여러 개라면 If 문을 여러 번 사용할 수 있습니다. 처리할 조건에 따라 If 문의 ElseIf 절을 사용하거나 And, Or 연산자를 사용할 수도 있습니다.

ElseIf 절

한번에 하나의 조건을 여러 번에 걸쳐 판단해야 한다면 다음과 같은 ElseIf 절을 추가할 수 있습니다.

```
If 조건1 = True Then
    ' 조건1이 True일 때 처리할 작업
ElseIf 조건2 = True Then
    ' 조건2가 True일 때 처리할 작업
Else
    ' 조건1과 조건2가 모두 False일 때 처리할 작업
End If
```

ElseIf 절은 여러 번 사용이 가능합니다. **ElseIf 절.xlsm** 예제 파일을 열면 [sample1] 시트에서 과목별 성적의 평균과 학점을 반환하는 표를 확인할 수 있습니다.

	A	B	C	D	E	F	G
1							
2		엑셀	파워포인트	평균	학점		
3							
4							
5							
6							
7							

sample1 sample2 ⊕

과목별 평균 성적이 90점 이상이면 A, 80점대면 B, ⋯, 60점 미만이면 F 학점을 준다고 가정합니다. 이런 식의 조건은 ElseIf 절을 여러 번 사용하여 구성할 수 있습니다. 다음과 같은 매크로를 참고합니다.

```
Sub 학점반환()

    Range("E3").ClearContents ──────────── ❶

    With WorksheetFunction ──────────── ❷

        Range("B3").Value = .RandBetween(50, 100)
        Range("C3").Value = .RandBetween(50, 100)
        Range("D3").Value = .Average(Range("B3:C3"))

    End.With

    If Range("D3").Value >= 90 Then ──────────── ❸

        Range("E3").Value = "A"

    ElseIf Range("D3").Value >= 80 Then ──────────── ❹

        Range("E3").Value = "B"

    ElseIf Range("D3").Value >= 70 Then ──────────── ❺

        Range("E3").Value = "C"

    ElseIf Range("D3").Value >= 60 Then ──────────── ❻

        Range("E3").Value = "D"

    Else ──────────── ❼

        Range("E3").Value = "F"

    End If

End Sub
```

❶ [E3] 셀의 데이터를 지웁니다.
❷ 워크시트 함수를 사용해 성적과 평균을 구합니다. WorksheetFunction 개체를 여러 번 사용해야 하므로 With 문을 사용합니다. [B3], [C3] 셀에는 50부터 100 사이의 난수를 입력하고 [D3] 셀에는 [B3:C3] 셀의 평균을 구합니다.
❸ [D3] 셀의 값이 90점 이상이면 [E3] 셀에 "A" 학점을 입력합니다.
❹ [D3] 셀의 값이 90점 미만이고 80점 이상이면 [E3] 셀에 "B" 학점을 입력합니다.
   조건은 80점 이상의 값이지만 이미 ❸에서 90점 이상의 값은 모두 걸러졌습니다. 따라서 이번 Elself 절은 90점 미만의 데이터만을 대상으로 동작하게 됩니다.
❺ [D3] 셀의 값이 80점 미만이고 70점 이상이면 [E3] 셀에 "C" 학점을 입력합니다.
❻ [D3] 셀의 값이 70점 미만이고 60점 이상이면 [E3] 셀에 "D" 학점을 입력합니다.
❼ [D3] 셀의 값이 60점 미만이면 "F" 학점을 입력합니다.

공략 TIP 수정된 코드는 Elself 절 (코드 1).txt 파일로 제공됩니다.

다음 순서를 참고하여 앞의 코드를 테스트합니다.

01 단축키 Alt + F11 을 눌러 [VB 편집기] 창을 호출합니다.

02 [VB 편집기] 창에서 [삽입] 탭-[모듈]을 클릭해 모듈(Module)을 하나 삽입합니다.

03 추가된 모듈의 [코드] 창에 코드를 직접 입력하거나 텍스트 파일의 코드를 복사/붙여넣기합니다.

04 F5 를 눌러 테스트합니다.

다음과 같은 결과를 얻을 수 있습니다.

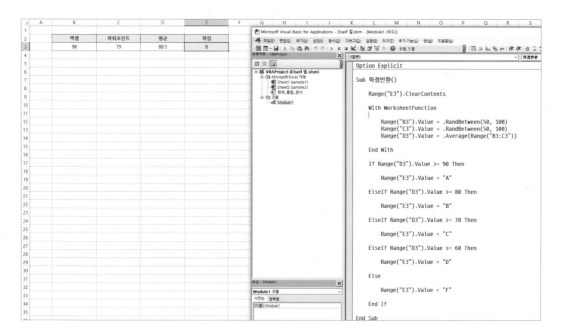

F5 를 여러 번 눌러 정확한 학점이 반환되는지 확인해보세요!

And, Or 연산자로 다중 조건 처리하기

한번에 둘 이상의 조건을 동시에 확인해야 한다면 And나 Or 연산자를 사용해 코드를 구성할 수 있습니다.

```
If 조건1 = True And 조건2 = True Then

    ' 조건1과 조건2 모두 True일 때 처리할 작업

End If
```

앞의 구문에서 And는 Or로 변경이 가능합니다. 예제 파일의 [sample2] 시트 탭을 클릭하면 다음과 같은 표가 존재합니다.

▲	A	B	C	D	E	F
1						
2		엑셀	파워포인트	결과		
3						
4						
5						
6						

‹ ›   sample1   sample2   ⊕

과목별 성적이 모두 70점 이상이거나 한 과목이라도 90점 이상이면 "합격"을 [D3] 셀에 입력하도록 해보겠습니다. 다음과 같은 매크로를 사용합니다.

```
Sub 평가()

    Range("D3").ClearContents ─────────── ❶

    With WorksheetFunction ─────── ❷

        Range("B3").Value = .RandBetween(50, 100)
        Range("C3").Value = .RandBetween(50, 100)

    End With

    If Range("B3").Value >= 70 And Range("C3").Value >= 70 Then ─────────── ❸

        Range("D3").Value = "합격"

    ElseIf Range("B3").Value >= 90 Or Range("C3").Value >= 90 Then ─────────── ❹

        Range("D3").Value = "합격"

    End If

End Sub
```

❶ [D3] 셀의 데이터를 지웁니다.
  이와 같은 작업은 [D3] 셀에 이미 다른 데이터가 존재할 경우 입력 작업 전에 미리 삭제하기 위함입니다.
❷ 워크시트 함수를 사용해 [B3] 셀과 [C3] 셀에 임의의 성적을 입력합니다.
❸ [B3] 셀과 [C3] 셀의 성적이 모두 70점 이상일 때 [D3] 셀에 "합격"을 입력합니다.
❹ [B3] 셀 또는 [C3] 셀의 성적이 90점 이상이면 [D3] 셀에 "합격"을 입력합니다.

공략 TIP 이 코드는 ElseIf 절 (코드 2).txt 파일로 제공됩니다.

다음 순서를 참고하여 앞의 코드를 테스트합니다.

01 단축키 [Alt] + [F11]을 눌러 [VB 편집기] 창을 호출합니다.

02 [프로젝트 탐색기] 창에서 [Module1] 모듈을 더블클릭하고 [코드] 창에 코드를 직접 입력하거나 텍스트 파일의 코드를 복사/붙여넣기합니다.

03 [F5]를 눌러 테스트합니다.

다음과 같은 결과를 얻을 수 있습니다.

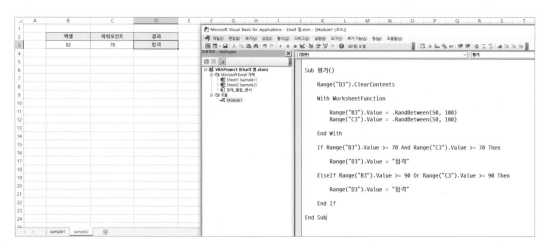

[F5]를 여러 번 눌러 정확한 결과가 반환되는지 확인합니다. 아래 화면과 같이 두 점수가 동시에 70점 이상이 아니면서 90점 이상 과목이 하나도 없다면 [D3] 셀에는 아무 값도 표시되지 않습니다.

	A	B	C	D	E
1					
2		엑셀	파워포인트	결과	
3		60	81		
4					
5					

반대로 한 과목이라도 90점 이상이거나 두 과목 모두 70점 이상이면 [D3] 셀에 "합격"이 표시됩니다.

	A	B	C	D	E
1					
2		엑셀	파워포인트	결과	
3		93	65	합격	
4					
5					

이렇게 ElseIf 절을 사용하면 더욱 다양한 조건을 처리할 수 있습니다. And 연산자를 이용하는 경우에도 If 문을 중첩하는 방식으로 대체하면 더욱 효율적으로 동작하는 코드를 구성할 수 있습니다.

```
If 조건1 = True Then

    If 조건2 = True Then

        ' 조건1과 조건2과 모두 True일 때 처리할 작업

    End If

End If
```

코드 줄은 좀 더 길어지지만 한번에 하나의 조건만 판단하고, 조건1이 만족되지 않으면 조건2를 판단할 필요가 없어지므로 빠른 작업이 가능해지기 때문입니다.

다음과 같이 코드를 수정할 수 있습니다.

```
Sub 평가()

    Range("D3").ClearContents

    With WorksheetFunction

        Range("B3").Value = .RandBetween(50, 100)
        Range("C3").Value = .RandBetween(50, 100)

    End With

    If Range("B3").Value >= 70 Then  ———————— ❶

        If Range("C3").Value >= 70 Then  ———————— ❷

            Range("D3").Value = "합격"

        End If

    ElseIf Range("B3").Value >= 90 Or Range("C3").Value >= 90 Then

        Range("D3").Value = "합격"

    End If

End Sub
```

공략 TIP 수정된 코드는 Elself 절 (코드 3).txt 파일로 제공됩니다.

위와 같이 코드를 수정하고 F5 를 눌러 테스트합니다. 대부분 정상적으로 동작하지만 다음과 같은 잘못된 결과도 반환되는 것을 확인할 수 있습니다.

◢	A	B	C	D	E
1					
2		엑셀	파워포인트	결과	
3		92	64		
4					
5					

[B3] 셀의 성적이 90점 이상인데, [D3] 셀에 "합격"이 반환되지 않습니다.

위 화면을 보면 [B3] 셀의 성적이 90점 이상인데도 [D3] 셀은 여전히 빈 셀입니다. 이는 And 연산자를 쓰는 판단문을 If 문으로 대체하면서 생긴 문제입니다. [B3] 셀의 성적이 90점 이상인 경우도 수정한 코드의 첫 번째 If 문 조건에 해당됩니다.

```
If Range("B3").Value >= 70 Then
```

따라서 [C3] 셀의 성적이 70점 이상이 아니면 "합격"이 반환되지 않는 것입니다.

이 문제를 해결하려면 코드를 다음과 같이 수정합니다.

```
Sub 평가()

    Range("D3").ClearContents

    With WorksheetFunction

        Range("B3").Value = .RandBetween(50, 100)
        Range("C3").Value = .RandBetween(50, 100)

    End With

    If Range("B3").Value >= 70 Then

        If Range("C3").Value >= 70 Or Range("B3").Value >= 90 Then          ❶

            Range("D3").Value = "합격"

        End If
```

```
    ElseIf Range("C3").Value >= 90 Then  ─────────────  ❷

        Range("D3").Value = "합격"

    End If

End Sub
```

❶ [B3] 셀의 성적이 70점 이상일 때, [C3] 셀의 성적이 70점 이상이거나 [B3] 셀의 성적이 90점 이상인 경우에 [D3] 셀에 "합격"을 입력합니다.

❷ ❶ 에서 이미 [B3] 셀의 성적이 90점 이상인지 판단했기 때문에 여기서는 [C3] 셀의 값이 90점 이상인지만 판단하면 됩니다. [C3] 셀의 값이 90점 이상일 경우에만 [D3] 셀에 "합격"을 입력합니다.

공략 TIP 수정된 코드는 ElseIf 절 (코드 4).txt 파일로 제공됩니다.

F5 를 여러 번 눌러 수정한 코드를 테스트하면 조건에 맞는 결과만 반환됩니다. If 문을 이용해 다양한 상황의 조건을 나누어 판단해야 한다면 초보자인 경우에는 And, Or 연산자를 이용해 조건을 처리하는 것이 쉽습니다. And, Or 연산자를 사용하는 경우에도 다양한 방식으로 판단문을 구성할 수 있다는 점을 염두에 두고 있으면 좋습니다.

Select Case 문 이해하기

예제_PART 02 \ CHAPTER 07 \ Select Case 문.xlsm

Select Case 문

VBA에는 If 문을 대신해 사용할 수 있는 Select Case 문을 제공합니다. Select Case 문을 활용하면 ElseIf 절이나 And, Or 연산자를 사용하는 If 문을 대체할 수 있습니다. 구문은 다음과 같습니다.

```
Select Case 대상

    Case 비교값1
    ' 대상의 값이 비교값1인 경우에 처리할 작업

    Case 비교값2
    ' 대상의 값이 비교값2인 경우에 처리할 작업

    Case 비교값3, 비교값4
    ' 대상의 값이 비교값3 또는 비교값4인 경우에 처리할 작업

    Case 비교값5 To 비교값10
    ' 비교값이 숫자인 경우에 To 키워드를 사용할 수 있습니다.
    ' 비교값5에서 비교값10까지의 숫자인 경우에 처리할 작업

    Case Is >= 비교값11
    ' 비교값이 숫자인 경우에 Is와 비교연산자를 사용할 수 있습니다.
    ' 비교값11 이상의 숫자인 경우에 처리할 작업

    Case Else
    ' 대상의 값이 위 조건에 모두 포함되지 않는 경우 처리할 작업

End Select
```

필수 공식 25에서 실습했던 [학점반환] 매크로를 Select Case 문을 이용한 코드로 변경하면 다음과 같습니다.

```
Sub 학점반환()

    Range("E3").ClearContents

    With WorksheetFunction

        Range("B3").Value = .RandBetween(50, 100)
        Range("C3").Value = .RandBetween(50, 100)
        Range("D3").Value = .Average(Range("B3:C3"))

    End With

    Select Case Range("D3").Value ─────────── ❶

        Case Is >= 90 ─────────── ❷

            Range("E3").Value = "A"

        Case Is >= 80 ─────────── ❸

            Range("E3").Value = "B"

        Case Is >= 70 ─────────── ❹

            Range("E3").Value = "C"

        Case Is >= 60 ─────────── ❺

            Range("E3").Value = "D"

        Case Else ─────────── ❻

            Range("E3").Value = "F"

    End Select

End Sub
```

❶ [D3] 셀의 값을 Select Case 문으로 판단합니다.
❷ [D3] 셀의 값이 90점 이상이면 [E3] 셀에 "A" 학점을 입력합니다.
❸ [D3] 셀의 값이 80점 이상이면 [E3] 셀에 "B" 학점을 입력합니다.
❹ [D3] 셀의 값이 70점 이상이면 [E3] 셀에 "C" 학점을 입력합니다.
❺ [D3] 셀의 값이 60점 이상이면 [E3] 셀에 "D" 학점을 입력합니다.
❻ [D3] 셀의 값이 위 조건에 모두 부합하지 않으면(60점 미만인 경우) [E3] 셀에 "F" 학점을 입력합니다.

공략 **TIP** 이 코드는 Select Case 문 (코드 1).txt 파일로 제공됩니다.

앞의 코드를 **Select Case 문.xlsm** 예제 파일(**필수 공식 25** 예제의 [sample1] 시트와 동일)에 넣어 동작을 확인합니다. 매크로를 테스트하려면 다음 순서를 참고합니다.

01 단축키 Alt + F11 을 눌러 [VB 편집기] 창을 호출합니다.

02 [VB 편집기] 창에서 [삽입] 탭-[모듈]을 클릭해 모듈(Module)을 하나 삽입합니다.

03 추가된 모듈의 [코드] 창에 코드를 직접 입력하거나 텍스트 파일의 코드를 복사/붙여넣기합니다.

04 F5 를 눌러 테스트합니다.

Select Case 문은 Case 절의 조건을 to 키워드를 이용해 범위를 설정하는 방법으로 작업할 수도 있습니다. Select Case 문의 코드를 다음과 같이 수정합니다.

```
Sub 학점반환()

    Range("E3").ClearContents

    With WorksheetFunction

        Range("B3").Value = .RandBetween(50, 100)
        Range("C3").Value = .RandBetween(50, 100)
        Range("D3").Value = .Average(Range("B3:C3"))

    End With

Select Case Range("D3").Value

        Case 90 To 100 ───────────── ❶

            Range("E3").Value = "A"

        Case 80 To 89.9 ───────────── ❷

            Range("E3").Value = "B"

        Case 70 To 79.9 ───────────── ❸

            Range("E3").Value = "C"

        Case 60 To 69.9 ───────────── ❹

            Range("E3").Value = "D"

        Case Else ───────────── ❺
```

```
        Range("E3").Value = "F"

    End Select

End Sub
```

● [D3] 셀의 값이 90점에서 100점 사이에 해당하면 [E3] 셀에 "A" 학점을 입력합니다.

● [D3] 셀의 값이 80점에서 89.9점 사이에 해당하면 [E3] 셀에 "B" 학점을 입력합니다.

● [D3] 셀의 값이 70점에서 79.9점 사이에 해당하면 [E3] 셀에 "C" 학점을 입력합니다.

● [D3] 셀의 값이 60점에서 69.9점 사이에 해당하면 [E3] 셀에 "D" 학점을 입력합니다.

● [D3] 셀의 값이 위 조건에 모두 부합하지 않으면(60점 미만인 경우) [E3] 셀에 "F" 학점을 입력합니다.

공략 TIP 수정된 코드는 Select Case 문 (코드 2).txt 파일로 제공됩니다.

매크로를 수정한 후에는 항상 테스트를 통해 제대로 동작하는지 확인하도록 합니다.

For··· Next 순환문 이해하기

필수 공식 27

예제 _ PART 02 \ CHAPTER 05 \ For··· Next 문.xlsm

순환문의 종류

VBA로 매크로를 개발할 때 반복적으로 처리해야 하는 작업은 순환문(반복문)을 이용해 작업할 수 있습니다. VBA에서 지원하는 순환문은 다음과 같으며 각 상황에 맞게 사용하도록 합니다.

순환문	설명
For··· Next	작업을 몇 번 반복하여 실행할지 알 때 사용합니다.
For Each··· Next	컬렉션(Collection) 또는 배열(Array)을 반복하여 실행할 때 사용합니다.
Do··· Loop	조건을 설정하고 해당 조건을 만족할 때까지 특정 명령을 반복하여 실행할 때 사용합니다.

이 책에서는 위에서 소개한 순환문을 모두 실습하지는 않고 For··· Next 순환문을 활용한 매크로를 개발해 업무에 활용하는 방법을 설명합니다. 다른 순환문을 사용하는 방법은 《엑셀 매크로&VBA 바이블》을 참고해주세요!

For··· Next 순환문

For··· Next 순환문은 정수 형식의 변수를 사용해 지정한 횟수만큼 특정 명령을 반복하여 실행합니다. 구문은 다음과 같습니다.

```
Dim i As Long              ❶

For i = 1 To 100           ❷

    ' 반복 실행할 명령을 구성합니다.

Next           ❸
```

① 정수 형식의 변수를 하나 선언합니다. 변수의 이름은 자유롭게 지정할 수 있습니다.

② For 문 오른쪽에 **①**에서 선언된 변수의 시작 값과 끝 값을 결정합니다.

　For… Next 문은 선언된 변수의 값을 시작 값부터 1씩 증가시키는 방법으로 끝 값에 도달할 때까지 반복합니다. 이번과 같이 i = 1 To 100으로 구성하면 i 변수가 1부터 1씩 증가하여 100이 될 때까지 총 100회 동안 내부 명령을 반복합니다.

③ Next는 매크로 실행을 다시 For 문이 있는 줄로 이동시킵니다.

For… Next 문은 직관적으로 이해하기 쉬워 초보 매크로 개발자에게 유용합니다. 간단한 예제를 통해 For… Next 문을 익혀보겠습니다. **For… Next.xlsm** 예제 파일을 열면 다음과 같은 표를 확인할 수 있습니다.

◢	A	B	C	D	E
1					
2		합산			
3					
4					
5					
6					

[B3] 셀에 특정 숫자를 반복해서 합산하는 매크로를 개발해보겠습니다. 먼저 [B3] 셀에 1을 입력하는 매크로를 다음과 같이 개발합니다.

```
Sub 매크로샘플()

    Range("B3").Value = 1

End Sub
```

이 매크로를 예제에 추가하려면 다음과 같은 과정을 참고합니다.

01 단축키 Alt + F11 을 눌러 [VB 편집기] 창을 호출합니다.

02 [VB 편집기] 창에서 [삽입] 탭-[모듈]을 클릭해 모듈(Module)을 하나 삽입합니다.

03 추가된 모듈의 [코드] 창에 코드를 직접 입력합니다.

04 F5 를 눌러 테스트합니다.

매크로를 실행하면 [B3] 셀에 1이 입력됩니다. 같은 작업을 10번 반복하려면 다음과 같이 매크로 코드를 수정합니다.

```
Sub 매크로샘플()

    Dim i As Long  ──────────── ❶

    For i = 1 To 10  ──────────── ❷

        Range("B3").Value = 1

    Next

End Sub
```

❶ 정수 형식의 변수를 하나 선언합니다. 변수의 이름은 자유롭게 지정해도 됩니다.
❷ For… Next 문을 사용해 반복할 명령을 감싸줍니다. 10번 반복해서 실행하도록 For 문을 구성합니다. [B3] 셀에 1이 10번 반복해서 입력됩니다.

공략 TIP 이 코드는 For… Next 문 (코드 1).txt 파일로 제공됩니다.

코드를 수정한 후 F5 를 눌러 테스트합니다. 다음과 같이 [B3] 셀의 값에 변화가 없습니다.

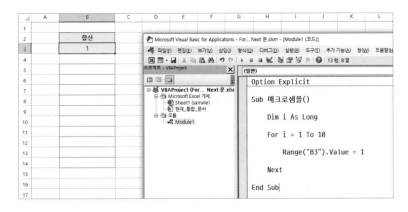

실제로는 [B3] 셀에 1이 10번 입력됐습니다. 하지만 입력될 때마다 결과가 1로 동일하여 화면에는 변화가 없는 것입니다. 순환문을 이용한 결과의 차이를 확인하기 위해 순환문에서 사용하는 i 변수의 값을 [B3] 셀에 입력해보겠습니다. 코드를 다음과 같이 수정합니다.

```
Sub 매크로샘플()

    Dim i As Long

    For i = 1 To 10

        Range("B3").Value = i  ──────────── ❶
```

```
        Next

End Sub
```

For… Next 문에서 i 변수의 값을 입력하는 작업을 i의 값이 1에서 10이 될 때까지 10번 반복합니다.

i 변수의 값을 1부터 10까지 입력해도 [B3] 셀에는 결국 마지막 값만 표시됩니다. [VB 편집기] 창에서 F5 를 눌러 매크로를 실행하면 i 변수의 마지막 값을 [B3] 셀에서 확인할 수 있습니다.

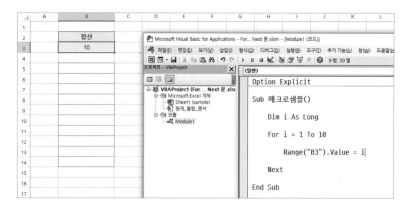

이번에는 i 변수의 값을 [B3] 셀에 계속 더해보도록 하겠습니다. i 변수의 값을 [B3] 셀에 누적하여 더하려면 [B3] 셀의 값에 i 변수를 더한 값을 입력합니다. 코드를 다음과 같이 수정합니다.

```
Sub 매크로샘플()

    Dim i As Long

    For i = 1 To 10

        Range("B3").Value = Range("B3").Value + i  ─────────── ❶

    Next

End Sub
```

❶ [B3] 셀의 값에 i 변수를 더한 값을 다시 [B3] 셀에 입력합니다.
VBA에서 등호(=)는 비교연산자 또는 대입의 의미를 갖습니다. 다음 코드에서는 대입의 의미로 사용됐습니다.

```
셀 = 셀 + i
```

즉, 등호(=)의 오른쪽 코드가 먼저 계산된 다음 왼쪽에 입력됩니다. 이런 패턴의 계산 방식은 합계나 누계를 구할 때 자주 사용됩니다.

공략 TIP 수정된 코드는 For... Next 문 (코드 2).txt 파일로 제공됩니다.

F5 를 눌러 수정한 매크로를 실행하면 다음과 같은 결과를 얻을 수 있습니다.

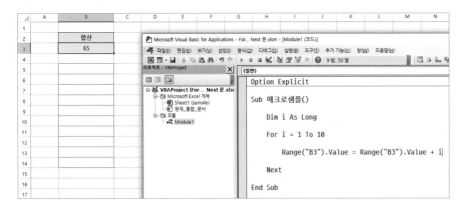

매크로 실행 결과로 [B3] 셀에 반환된 65는 1부터 10까지 모두 더한 결과와 다릅니다. 1부터 10까지 모두 더한 값은 55입니다.

숫자	1	2	3	4	5	6	7	8	9	10
합산	1	3	6	10	15	21	28	36	45	55

잘못된 결과가 반환된 이유는 뭘까요? 코드에 오류가 있는 것은 아닙니다. 매크로가 동작되기 전에 [B3] 셀에 입력되어 있던 10이 합계에 포함되어 65가 반환된 것입니다.

정확한 결과를 얻기 위해서는 순환문이 시작되기 전에 [B3] 셀의 값을 지우는 작업이 필요합니다. 순환문 앞에 다음 코드를 추가합니다.

```
Sub 매크로샘플()

    Dim i As Long

    Range("B3").ClearContents ──────────── ❶

    For i = 1 To 10
```

```
            Range("B3").Value = Range("B3").Value + i

      Next

End Sub
```

 셀을 선택하여 값을 지우는 코드입니다.

> **공략 TIP** 이 코드가 이해되지 않는다면 매크로 기록기로 얻은 코드를 수정하는 과정을 176페이지에서 다시 한 번 복습해보세요!

값이 있을 때만 순환문 실행 전에 [B3] 셀의 값을 지우는 동작을 하고 싶다면 다음과 같이 판단문을 함께 사용합니다.

```
If Range("B3").Value <> "" Then Range("B3").ClearContents
```

If 문의 조건식을 보면 [B3] 셀의 값이 빈 문자("")가 아닌지 판단해 빈 셀인지 확인하고 있습니다. 위 코드는 If 문을 사용했지만 End If를 사용하지 않고 Then 오른쪽에 처리할 작업을 입력했습니다.

🖮 매크로 공략 **치트키** Empty 속성으로 빈 셀 판단하기

VBA에서 빈 셀을 판단하는 방법은 여러 가지가 있습니다. 그중 Empty 속성을 활용하는 방법을 소개하면 다음과 같습니다.

```
If Range("B3").Value <> Empty Then Range("B3").ClearContents
```

Empty는 VBA에서 사용하는 상수로 빈 문자("")나 0과 매칭됩니다. 셀 또는 변수에 값이 저장되어 있는지 확인할 때 자주 사용됩니다. Empty와 쓰임이 비슷한 함수로는 IsEmpty 함수가 제공됩니다.

```
If IsEmpty(Range("B3").Value) = False Then Range("B3").ClearContents
```

IsEmpty 함수는 빈 셀의 여부를 True나 False로 반환해줍니다. 데이터가 입력된 경우 False가 반환됩니다. 이런 구성은 Not 연산자를 사용해 코드를 간결하게 구성할 수도 있습니다. Not은 오른쪽 조건식의 반대값을 반환해주므로 다음과 같이 코드를 구성합니다.

```
If Not IsEmpty(Range("B3").Value) Then Range("B3").ClearContents
```

[B3] 셀의 값이 빈 셀인지 IsEmpty 함수로 판단하고, 만약 빈 셀이 아니면 판단 결과로 False가 반환됩니다. 이를 True로 변경하기 위해 Not 연산자를 사용한 것입니다. 복잡해 보이긴 하지만 셀에 값이 입력되어 있는지 확인할 때 자주 활용하는 방법입니다.

다만 값이 입력됐는지 반드시 확인해야 할 상황이 아니라면 이번 예제와 같이 바로 값을 지우도록 합니다.

F5를 눌러 매크로를 다시 실행해봅니다. [B3] 셀에 55가 정상적으로 반환됩니다.

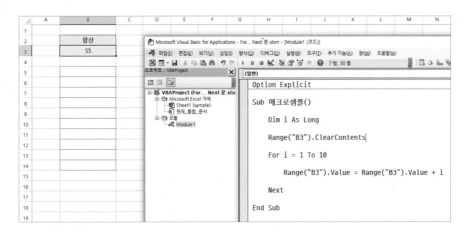

[B5:B14] 범위에 i 변수의 값을 출력해보겠습니다. 이 작업을 제대로 처리하려면 순환문 내에서 셀 주소를 어떻게 변경하여 사용하는지 잘 이해해야 합니다. 다음 내용을 참고해 코드를 수정합니다.

```
Sub 매크로샘플()

    Dim i As Long

    Range("B3").ClearContents

    For i = 1 To 10

        Range("B3").Value = Range("B3").Value + i
        Range("B" & 4 + i).Value = i            ──────── ❶

Next

End Sub
```

❶ For… Next 순환문으로 i 변수의 값을 모두 지정된 셀에 출력하려면 순환할 때마다 셀 주소가 다음과 같이 변경되어야 합니다.

```
Range("B5").Value = 1
Range("B6").Value = 2
Range("B7").Value = 3
…
Range("B14").Value = 10
```

위 관계를 보면 i 변수의 값이 1일 때 [B5] 셀, 2일 때 [B6] 셀, 3일 때 [B7] 셀 등으로, B열의 셀 주소는 i 변수의 값보다 4만큼 큽니다. 이런 관계를 이용해 문자열로 전달되는 Range 개체의 셀 주소에서 행 주소 부분을 i 변수에 4를 더하는 수식으로 넣은 것입니다. 이 코드는 다음과 같이 i 변수와 숫자의 순서를 바꿔도 상관없습니다.

```
Range("B" & i + 4).Value = i
```

Cells를 이용하여 코드를 수정할 수도 있습니다.

```
Cell(4 + i, "B").Value = i
```

이렇게 하면 For… Next 순환문에서 반복 작업이 진행될 때 i 변수의 값이 어떻게 변화하는지 [B5:B14] 범위에서 확인할 수 있습니다.

코드를 수정하고 F5 를 눌러 매크로를 실행하면 다음과 같은 결과를 얻을 수 있습니다.

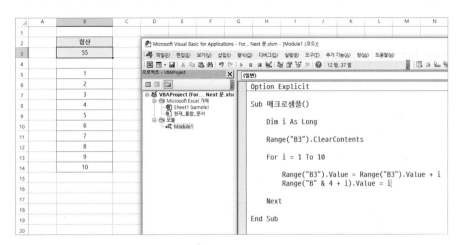

[B5:B14] 범위에 i 변수의 값이 출력됩니다. [B3] 셀의 55가 어떤 값이 더해져 반환된 결과인지 확인할 수 있습니다.

Exit 명령

순환문은 지정한 횟수만큼 동일한 명령을 반복하여 실행합니다. 만약 지정한 횟수가 끝나지 않았더라도 원하는 상황에 순환문을 종료하고 싶다면 Exit 명령을 이용합니다. Exit 명령은 Sub… End Sub 또는 For… Next 문과 같은 블록을 빠져갈 수 있는 명령입니다. Exit 뒤에 해당 블록의 이름이 사용됩니다. 예를 들어 다음 명령은 Sub 문을 빠져나가면서 매크로를 종료시킵니다.

```
Exit Sub
```

For… Next 문을 중단시키려면 다음과 같은 명령을 사용합니다.

```
Exit For
```

[B3] 셀의 합산 금액이 30을 초과하면 매크로를 중단하겠습니다. 코드를 다음과 같이 수정합니다.

```
Sub 매크로샘플()

    Dim i As Long

    Range("B3:B14").ClearContents ─────────── ❶

    For i = 1 To 10

        Range("B3").Value = Range("B3").Value + i
        Range("B" & 4 + i).Value = i

        If Range("B3").Value > 30 Then ─────────── ❷

            Exit For

        End If

    Next

End Sub
```

❶ [B3] 셀만 지웠던 원래 명령을 [B3:B14] 범위까지 지우도록 변경합니다. ❷의 코드가 추가되어 [B5:B14] 범위에 i 변수의 값이 모두 출력되지는 않기 때문입니다. 먼저 값이 입력되기 전 기존 데이터를 모두 지우고 다시 처음부터 데이터가 입력되도록 합니다.
다만, 정확한 범위의 값만 지우기 위해 다음과 같이 두 줄로 코드를 구성하는 것이 더 좋습니다.

```
Range("B3").ClearContents
Range("B5:B14").ClearContents
```

❷ 순환문 내에 If 문을 추가했습니다. [B3] 셀의 값이 30을 초과하는 경우 Exit For를 사용해 For… Next 순환문을 종료합니다. 이번 코드는 End If 없이 다음과 같이 구성할 수도 있습니다.

```
If Range("B3").Value > 30 Then Exit For
```

항상 코드를 다양한 방법으로 고쳐보는 습관을 들여야 코드 작성 실력을 향상시킬 수 있습니다.

공략 TIP 수정된 코드는 For… Next 문 (코드 3).txt 파일로 제공됩니다.

코드를 수정하고 F5를 눌러 매크로를 실행하면 다음과 같은 결과를 얻을 수 있습니다.

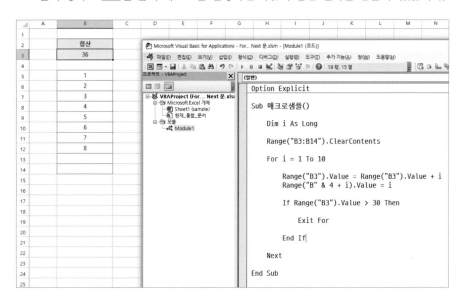

[B3] 셀의 값이 정확하게 30을 초과하는 시점에서 멈춥니다. 이때 [B5:B14] 범위에 입력된 i 변수의 값을 보면 [B3] 셀의 값이 1부터 8까지의 숫자가 더해졌다는 것을 확인할 수 있습니다.

Step 키워드

For… Next 문은 기본적으로 변수의 값을 1씩 증가시킵니다. 변수의 증가(또는 감소)는 Step 키워드를 통해 이뤄집니다. 즉, 기본 문법에는 다음과 같은 Step 1 부분이 생략되었습니다.

```
Dim i As Long ───────── ❶

For i = 1 To 100 Step 1 ───────── ❷

    ' 반복 실행할 명령을 구성합니다.

Next ───── ❸
```

❶ 정수 형식의 변수를 하나 선언합니다. 변수의 이름은 자유롭게 지정해도 됩니다.

❷ For 문 오른쪽에 ❶에서 선언한 변수의 시작 값과 끝 값을 결정합니다.
For… Next 문은 선언된 변수의 값을 시작 값부터 1씩 증가시키는 방법으로 끝 값이 될 때까지 반복합니다. 이번과 같이 i = 1 To 100으로 구성하면 i 변수가 1부터 시작해서 1씩 증가하는 패턴으로 100이 될 때까지 반복해서 명령을 반복하여 총 100회 동안 반복하여 실행됩니다.

❸ Next는 매크로 실행을 다시 For 문이 시작하는 줄로 이동시킵니다.

Step 키워드를 사용하면 For… Next 순환문 내에서 사용되는 i 변수의 값을 다른 간격으로 증가/감소시킬 수 있습니다.

Step 키워드를 이용해 i 변수의 값이 2씩 증가되도록 기존 코드를 수정하면 다음과 같습니다.

```vba
Sub 매크로샘플()

    Dim i As Long

    Range("B3:B14").ClearContents

    For i = 1 To 50 Step 2 ─────────── ❶

        Range("B3").Value = Range("B3").Value + i
        Range("B" & 4 + i).Value = i

        If Range("B3").Value > 30 Then

            Exit For

        End If

    Next

End Sub
```

❶ For 문에서 i 변수의 값을 1부터 50까지 증가시킬 때 Step 키워드를 이용해 2씩 증가되도록 합니다. 이렇게 하면 1, 3, 5, 7, 9, …와 같은 순서로 i 변수의 값이 증가합니다.

F5를 눌러 수정한 코드를 바로 실행하면 다음과 같은 결과를 얻습니다.

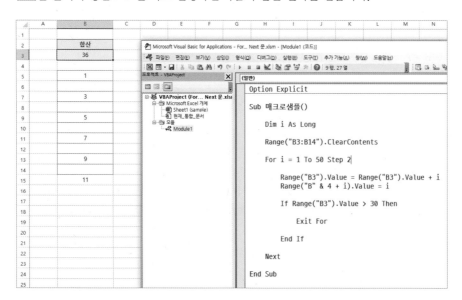

[B3] 셀의 값은 이전과 동일하게 36이지만 [B5:B15] 범위에 반환된 값을 보면 1, 3, 5, …와 같이 증가하는 것을 확인할 수 있습니다.

[B5:B15] 범위에 반환된 값을 [B5] 셀부터 한 칸씩 순서대로 반환하도록 수정하겠습니다. i 변수는 Step 키워드를 사용하고 있어 2씩 증가하므로 B열의 주소를 만들 때 i 변수를 이용할 수 없습니다. 별도의 변수를 선언해 기록할 행 주소를 저장하도록 다음과 같이 코드를 수정합니다.

```
Sub 매크로샘플()

    Dim i As Long
    Dim r As Long            ─────────── ❶

    Range("B3:B100").ClearContents ─────────── ❷
    r = 5       ─────────── ❸

    For i = 1 To 50 Step 2

        Range("B3").Value = Range("B3").Value + i
        Range("B" & r).Value = i  ─────────── ❹
        r = r + 1     ─────────── ❺

        If Range("B3").Value > 30 Then

            Exit For

        End If

    Next

End Sub
```

❶ 정수 형식의 r 변수를 추가로 선언합니다.
  r 변수에는 i 변수의 값이 [B5] 셀부터 [B6], [B7], …과 같은 셀 주소에 순서대로 입력되도록 1씩 증가하는 행 주소를 저장합니다.
❷ [B3:B100] 범위의 값을 지웁니다.
  수정 전 매크로를 실행했을 때 i 변수의 값이 [B5:B14] 범위 외의 셀에도 기록됐었습니다. B열의 마지막 위치를 좀 더 크게 잡아 이전 데이터를 모두 삭제합니다.
❸ r 변수에 첫 번째로 기록할 셀(B5)의 행 번호를 저장합니다.
❹ Range 개체를 이용해 B열의 r행에 i 변수의 값을 기록합니다.
❺ r 변수의 값을 1씩 증가시킵니다.

공략 TIP 수정된 코드는 For... Next 문 (코드 4).txt 파일로 제공됩니다.

F5 를 눌러 수정한 매크로를 실행하면 다음과 같은 결과를 얻을 수 있습니다.

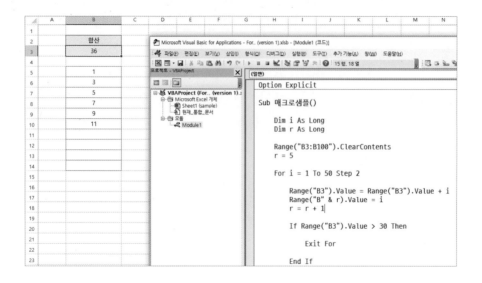

변수를 사용해 코드 개선하기

매크로는 오류 없이 동작하지만 [B3] 셀에 값을 누적하여 더하는 부분은 순환문이 반복될 때마다 [B3] 셀을 호출하게 됩니다. 변수를 하나 더 선언하여 계산의 마지막 결과만 [B3] 셀에 입력되도록 코드를 개선해 보겠습니다. 합산된 값이 저장될 변수를 이용하도록 코드를 다음과 같이 수정합니다.

```
Sub 매크로샘플()

    Dim i As Long
    Dim r As Long
    Dim 합산 As Long ──────────── ❶

    Range("B3:B100").ClearContents
    r = 5

    For i = 1 To 50 Step 2

        합산 = 합산 + i ──────────── ❷
        Range("B" & r).Value = i
        r = r + 1

        If 합산 > 30 Then ──────────── ❸

            Exit For

        End If

    Next

    Range("B3").Value = 합산 ──────────── ❹
End Sub
```

① i 변수의 값을 모두 더할 합산 변수를 정수 형식으로 선언합니다.

② [B3] 셀에 i 변수의 값을 바로 더하는 대신 합산 변수에 i 변수의 값을 모두 더합니다.

③ 합산 변수의 값이 30을 초과하면 For… Next 문을 종료합니다.

④ 합산 변수의 값을 [B3] 셀에 저장합니다.

공략 TIP 수정된 코드는 For… Next 문 (코드 5).txt 파일로 제공됩니다.

아직 변수를 이용하는 방법이 낯설 수 있지만 자주 사용하다 보면 자연스레 익숙해질 것입니다. 엑셀에서 셀을 이용해 데이터를 저장하고 계산식을 만들 수 있듯이, VBA에서는 변수를 사용해 데이터를 저장하고 계산식을 만들 수 있습니다.

F5 를 눌러 수정한 매크로를 실행하면 이전과 동일한 결과가 반환됩니다.

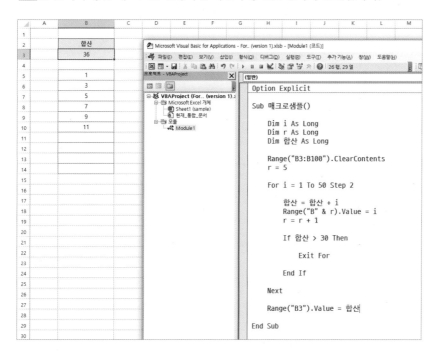

공략 TIP 완성된 매크로는 35페이지를 참고해 단추 컨트롤에 연결해놓고 실행합니다.

위 코드에서 합산 변수를 꼭 이용할 필요는 없지만 변수를 활용하면 Range 개체에 접근하는 횟수가 줄어 들어 매크로가 더욱 효과적으로 동작하게 됩니다. 처음에는 Range 개체를 이용해 코드를 작성하여 원하는 동작이 모두 이뤄지는 매크로를 완성해보고, 이후 변수를 사용하도록 코드를 수정해보는 것도 좋은 연습이 될 수 있습니다.

For… Next 순환문을 활용하여 표 변환하기

예제 _ PART 02 \ CHAPTER 07 \ 순환문 활용 I.xlsm

작업 이해하기

순환문 활용 I.xlsm 예제 파일을 열면 다음과 같은 표가 존재합니다. B열의 데이터에는 각 행마다 차례대로 이름, 직위, 전화번호가 반복해서 입력되어 있습니다. 이 데이터가 [D:F] 열에 나누어 기록되도록 순환문을 이용한 매크로를 개발해보겠습니다.

	A	B	C	D	E	F	G	H
1								
2		**Raw**			**변환**			
4		김유정		이름	직위	전화번호		
5		차장						
6		010-9342-5897						
7		김보연						
8		주임						
9		010-4230-1980						
10		최하얀						
11		과장						
12		010-5455-8911						
37		손필호						
38		사원						
39		010-2935-5162						
40								

샘플 매크로 개발하기

기본 코드 작성하기

먼저 B열 상위 여섯 개의 데이터를 [D:F] 열의 위치로 참조하도록 다음과 같이 코드를 입력합니다.

```
Sub 표변환()

    Range("D5").Value = Range("B4").Value          ❶
    Range("E5").Value = Range("B5").Value
    Range("F5").Value = Range("B6").Value
```

```
        Range("D6").Value = Range("B7").Value ─────────────  ❷
        Range("E6").Value = Range("B8").Value
        Range("F6").Value = Range("B9").Value


    End Sub
```

❶ [D5] 셀에 [B4] 셀의 값을, [E5] 셀에 [B5] 셀의 값을, [F5] 셀에 [B6] 셀의 값을 각각 입력합니다.
❷ [D6] 셀에 [B7] 셀의 값을, [E6] 셀에 [B8] 셀의 값을, [F6] 셀에 [B9] 셀의 값을 각각 입력합니다.

공략 TIP 이 코드는 순환문 활용 I (코드 1).txt 파일로 제공됩니다.

다음 순서를 참고하여 위 코드를 테스트합니다.

01 단축키 Alt + F11 을 눌러 [VB 편집기] 창을 호출합니다.

02 [VB 편집기] 창에서 [삽입] 탭-[모듈]을 클릭해 모듈(Module)을 하나 삽입합니다.

03 추가된 모듈의 [코드] 창에 코드를 직접 입력하거나 텍스트 파일의 코드를 복사/붙여넣기합니다.

04 F5 를 눌러 테스트합니다.

매크로가 실행되면 다음과 같은 결과를 얻을 수 있습니다.

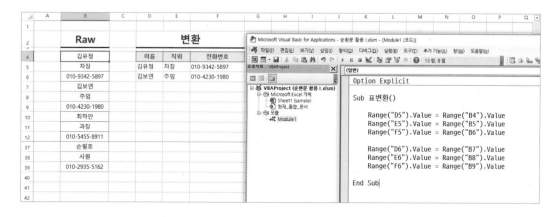

B열에 입력된 데이터를 차례대로 세 개씩 [D:F] 열에 기록하면 원하는 표를 얻을 수 있습니다.

순환문 적용하기

기본 코드가 작성됐다면 순환문을 이용해 해당 동작을 반복하도록 다음과 같이 수정합니다.

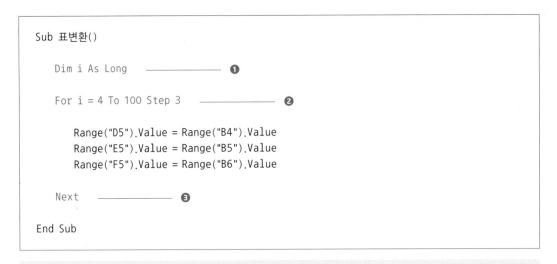

```
Sub 표변환()

    Dim i As Long ─────────── ❶

    For i = 4 To 100 Step 3 ─────────── ❷

        Range("D5").Value = Range("B4").Value
        Range("E5").Value = Range("B5").Value
        Range("F5").Value = Range("B6").Value

    Next ─────────── ❸

End Sub
```

❶ For…Next 순환문에서 사용할 i 변수를 정수 형식으로 선언합니다.

❷ For 문에서 i 변수의 값이 4(행)부터 100(행)까지 3(행)씩 증가되도록 설정합니다. B열의 4행부터 39행까지 입력된 데이터를 세 개씩 [D:F] 열의 한 행으로 입력하도록 i 변수의 값을 증가시키는 것입니다.

❸ Next 문을 사용해 반복할 위치를 설정합니다.

For…Next 순환문 내에는 다음 코드만 들어가게 됩니다.

```
Range("D5").Value = Range("B4").Value
Range("E5").Value = Range("B5").Value
Range("F5").Value = Range("B6").Value
```

앞서 개발한 코드는 두 개의 행 데이터를 순서대로 모두 기록했습니다. 이번에는 순환문을 이용해 한번에 세 개의 데이터를 옮기는 동작을 반복할 것이므로 [B7:B9] 범위의 값을 [D6:F6] 범위에 기록하는 코드는 삭제했습니다.

순환문을 설정했다면 코드를 반복할 때 B열의 데이터를 순서대로 처리할 수 있도록 i 변수를 활용해 셀 주소를 변경합니다. 매크로를 다음과 같이 수정합니다.

```
Sub 표변환()

    Dim i As Long

    For i = 4 To 100 Step 3

        Range("D5").Value = Range("B" & i).Value ─────────── ❶
        Range("E5").Value = Range("B" & i + 1).Value ─────────── ❷
        Range("F5").Value = Range("B" & i + 2).Value ─────────── ❸
```

```
    Next
End Sub
```

❶ 순환문 내에서 i 변수는 4부터 시작하여 7, 10, 13, …과 같이 3씩 증가합니다. [D:F] 열에 하나씩 기록할 B열의 행 주소는 다음과 같이 변환됩니다.

i 변수의 값	B열의 행 주소
4	4, 5, 6
7	7, 8, 9
10	10, 11, 12
13	13, 14, 15
…	…

따라서 [D5] 셀에 기록될 데이터는 B열의 i번째에 위치한 값입니다.

❷ [E5] 셀에 기록될 데이터는 B열의 i+1번째 행에 위치한 값입니다.

❸ [F5] 셀에 기록될 데이터는 B열의 i+2번째 행에 위치한 값입니다.

이제 순환문 내에서 [D:F] 열의 주소를 변경합니다. 코드를 다음과 같이 수정합니다.

```
Sub 표변환()

    Dim i As Long
    Dim r As Long ─────────── ❶

    r = 5 ─────────── ❷

    For i = 4 To 100 Step 3

        Range("D" & r).Value = Range("B" & i).Value
        Range("E" & r).Value = Range("B" & i + 1).Value
        Range("F" & r).Value = Range("B" & i + 2).Value ─────────── ❸

        r = r + 1 ─────────── ❹

    Next

End Sub
```

❶ [D:F] 열의 행 주소를 계산할 r 변수를 정수 형식으로 선언합니다.

❷ r 변수에 [D:F] 열의 첫 번째 행 주소인 5(행)를 저장합니다.

❸ For…Next 문에서 [D:F] 열의 행 주소로 모두 r 변수를 사용하도록 코드를 수정합니다.

❹ r 변수를 1씩 증가시킵니다.

순환문에서 i 변수의 값이 다음과 같이 증가할 때 r 변수의 값은 다음과 같습니다.

i 변수	r 변수
4	5
7	6
10	7
13	8
…	…

공략 **TIP** 수정된 코드는 순환문 활용 I (코드 2).txt 파일로 제공됩니다.

F5 를 눌러 수정한 매크로를 실행하면 다음과 같은 결과를 얻을 수 있습니다.

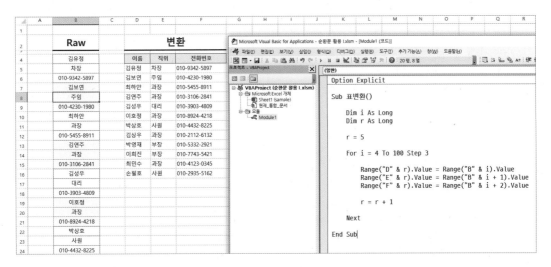

데이터를 복사하고 붙여넣기

데이터를 입력(참조)하는 방법으로 코드를 짜면 배경색, 테두리 등을 추가로 설정해줘야 합니다. 매크로 코드에 서식 설정을 따로 추가하기 어렵다면 복사/붙여넣기를 이용해 데이터를 옮기도록 개발합니다.

매크로 기록기를 이용해 [B4:B6] 범위를 복사하고 [D5] 셀을 마우스 오른쪽 버튼으로 클릭한 후 [선택하여 붙여넣기]– [행/열 바꿈]을 클릭하면 다음과 같은 코드를 얻습니다.

```
Sub 매크로1( )
'
' 매크로1 매크로
'

'
```

```
        Range("B4:B6").Select        ———————— ❶
        Selection.Copy        ———————— ❷
        Range("D5").Select        ———————— ❸
        Selection.PasteSpecial Paste:=xlPasteAll, Operation:=xlNone, SkipBlanks:= _
            False, Transpose:=True        ———————— ❹
    End Sub
```

❶ [B4:B6] 범위를 선택합니다.
❷ 선택된 범위를 복사합니다.
❸ [D5] 셀을 선택합니다.
❹ [선택하여 붙여넣기]의 [행/열 바꿈]을 이용해 붙여 넣습니다.

공략 **TIP** 기록된 코드는 순환문 활용 | (코드 3).txt 파일로 제공됩니다.

기록기로 얻은 코드에서 주석 부분을 제거하고 Select, Selection 부분을 합쳐 코드를 수정하면 다음과 같습니다.

```
Sub 매크로1()

    Range("B4:B6").Copy        ———————— ❶
    Range("D5").PasteSpecial Paste:=xlPasteAll, Operation:=xlNone, SkipBlanks:= _
        False, Transpose:=True        ———————— ❷

End Sub
```

❶ [B4:B6] 범위를 선택하고 복사하는 동작을 [B4:B6] 범위를 복사하는 코드 한 줄로 변경합니다.
❷ [D5] 셀을 선택하고 [선택하여 붙여넣기]를 실행한 것을 [D5] 셀을 대상으로 [선택하여 붙여넣기]를 실행하도록 변경합니다.

PasteSpecial에는 다양한 매개변수가 존재합니다. 줄 연속 문자(_)를 이용해 정리하면 다음과 같은 코드를 얻을 수 있습니다.

```
Sub 매크로1()

    Range("B4:B6").Copy
    Range("D5").PasteSpecial Paste:=xlPasteAll, _
                             Operation:=xlNone, _
                             SkipBlanks:=False, _
                             Transpose:=True        ———————— ❶

End Sub
```

❶ 매크로 기록기는 코드가 화면보다 길어지는 위치에서 무조건 다음 줄에 코드를 넣어주므로 가독성이 좋지 않습니다. PasteSpecial과 같이 여러 옵션이 있는 명령을 매크로 기록기로 기록하는 경우에는 쉼표(,) 다음에 줄 연속 문자(_)를 입력해 코드를 깔끔하게 정리해주는 것이 코드를 이해하기 쉽습니다.

PasteSpecial은 [선택하여 붙여넣기]이고 [행/열 바꿈]은 Transpose 매개변수 부분입니다. 그러므로 두 번째 줄의 코드는 다음과 같이 수정할 수 있습니다.

```
Sub 매크로1()

    Range("B4:B6").Copy
    Range("D5").PasteSpecial Transpose:=True  ─────────── ❶

End Sub
```

❶ PasteSpecial 명령의 매개변수는 다음과 같은 역할을 합니다.

매개변수	설명
Paste	[선택하여 붙여넣기] 대화상자의 [붙여넣기] 그룹 내 옵션을 설정합니다. Paste:=xlPasteAll은 [모두]를 의미합니다.
Operation	[선택하여 붙여넣기] 대화상자의 [연산] 그룹 내 옵션을 설정합니다. Operation:=xlNone은 [없음]을 의미합니다.
SkipBlank	[선택하여 붙여넣기] 대화상자의 [내용 있는 셀만 붙여넣기]를 의미합니다. SkipBlank:=False는 [내용 있는 셀만 붙여넣기]가 체크되지 않은 상태를 의미합니다.
Transpose	[선택하여 붙여넣기] 대화상자의 [행/열 바꿈]을 의미합니다. Transpose:=True는 [행/열 바꿈]에 체크된 상태를 의미합니다.

[선택하여 붙여넣기] 대화상자는 다음을 참고합니다.

이렇게 얻은 코드를 [표변환] 매크로의 순환문 내에 넣으면 다음과 같은 코드가 됩니다.

```
Sub 표변환()

    Dim i As Long
    Dim r As Long

    r = 5

    For i = 4 To 100 Step 3

        Range("B4:B6").Copy
        Range("D5").PasteSpecial Transpose:=True          ──────────── ❶
        r = r + 1

    Next

End Sub
```

❶ 기존 [표변환] 매크로에서 값을 입력하는 부분을 복사/붙여넣기 방식의 코드로 변경합니다.

순환문 내에서 참조 위치가 변경되도록 i 변수와 r 변수를 사용합니다. 코드를 다음과 같이 수정합니다.

```
Sub 표변환()

    Dim i As Long
    Dim r As Long

    r = 5

    For i = 4 To 100 Step 3

        Range("B" & i & ":B" & i + 2).Copy          ──────────── ❶
        Range("D" & r).PasteSpecial Transpose:=True    ──────────── ❷

        r = r + 1

    Next

End Sub
```

❶ 기존 코드는 다음과 같았습니다.

```
Range("B4:B6").Copy
```

순환문 내에서 i 변수는 4, 7, 10, …과 같이 변화합니다. 따라서 [B4] 셀은 i 변수를 이용해 주소를 설정하고 [B6] 셀은 i 변수에 2를 더해 주소를 설정합니다.

```
Range("B" & i & ":B" & i + 2).Copy
```

이 코드를 좀 더 쉽게 수정하려면 Range 개체의 Resize 속성을 이용합니다. [B4] 셀부터 아래로 셀을 세 개씩 선택하려면 다음과 같이 코드를 구성할 수 있습니다.

```
Range("B4").Resize(3).Copy
```

위 코드에 i 변수를 사용하면 다음과 같은 코드가 됩니다.

```
Range("B" & i).Resize(3).Copy
```

이렇게 하면 [B4] 셀을 포함한 세 개의 셀을 아래 방향으로 참조하여 [B4:B6] 범위가 대상이 됩니다. Resize는 다음과 같은 구문으로 사용할 수도 있습니다.

```
Range.Resize(행, 열)
```

Range 개체에서 참조한 위치부터 행×열 크기의 범위를 참조합니다. 이번에 사용한 것과 같이 [열]을 생략하면 [행]만 조절합니다.

공략 TIP Resize 속성에 대한 자세한 설명은 242페이지를 참고합니다.

❷ 복사한 데이터를 붙여 넣을 D열의 주소는 r 변수를 이용해 주소가 바뀌도록 설정합니다.

공략 TIP 수정된 코드는 순환문 활용 I (코드 4).txt 파일로 제공됩니다.

이렇게 수정된 매크로를 실행하면 다음과 같은 결과를 얻을 수 있습니다.

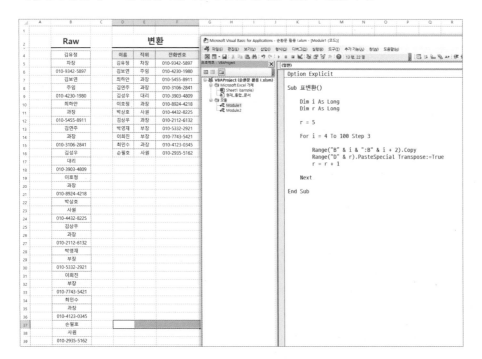

매크로 실행 결과는 제대로 반환되지만 매크로 종료 후 [D37:F37] 범위가 선택되어 있는 것을 확인할 수 있습니다.

데이터가 입력된 부분만 매크로가 작업할 수 있도록 제한하기

앞서 [표변환] 매크로는 100행까지 순환하도록 작업했습니다. 이렇게 하면 데이터가 없어 작업이 불필요한 B열의 범위까지 작업 대상이 됩니다. 데이터가 입력된 범위만을 대상으로 매크로가 동작하려면 순환문을 실행할 때 데이터가 없을 경우 매크로가 종료되게 만들거나 미리 데이터가 입력된 마지막 행을 인식할 수 있도록 코드를 수정합니다.

판단문을 이용해 순환 종료하기

순환문에서 반복할 횟수를 크게 잡아 놓고 판단문을 이용해 더 이상 작업할 필요가 없는 경우 순환을 종료하도록 개발해보겠습니다. 코드를 다음과 같이 수정합니다.

```
Sub 표변환()

    Dim i As Long
    Dim r As Long

    r = 5

    For i = 4 To 100 Step 3

        If Range("B" & i).Value = Empty Then Exit For ─────────────── ❶

        Range("B" & i & ":B" & i + 2).Copy
        Range("D" & r).PasteSpecial Transpose:=True

        r = r + 1

    Next

End Sub
```

❶ For…Next 순환문 내에서 "B"열의 i번째 셀의 값이 빈 셀인지 판단하고, 빈 셀이면 Exit For 문을 사용해 순환문을 종료합니다. If 문은 다음과 같이 여러 줄에 따로 구성할 수도 있습니다.

```
If Range("B" & i).Value = Empty Then

    Exit For

End If
```

Exit For 명령은 순환문을 빠져나가도록 해줍니다. 이번 매크로의 경우 순환문 이후에 처리할 명령이 따로 없으므로 Exit For를 Exit Sub으로 변경해 매크로를 바로 종료할 수도 있습니다.

```
If Range("B" & i).Value = Empty Then Exit Sub
```

공략 **TIP** 수정된 코드는 순환문 활용 I (코드 5).txt 파일로 제공됩니다.

 매크로 공략 치트키   빈 셀을 판단하는 여러 가지 방법

빈 셀을 판단하는 방법은 여러 가지가 있습니다. 이번과 같이 Empty 키워드와 비교해 빈 셀 여부를 판단하는 방법이 가장 많이 사용되지만 다음 코드 중 편한 방법을 골라 사용해도 됩니다.

```
If Range("B" & i).Value = "" Then

또는

If Len(Range("B" & i).Value) = 0 Then

또는

If IsEmpty(Range("B" & i).Value) Then
```

대상 셀의 값을 빈 문자("")와 비교하는 방법, Len 함수를 사용해 문자 개수를 세어 0인지 비교하는 방법, IsEmpty 함수를 사용해 빈 셀인지 판단하는 방법입니다.

F5 를 눌러 수정한 매크로를 실행하면 다음과 같은 결과를 얻을 수 있습니다.

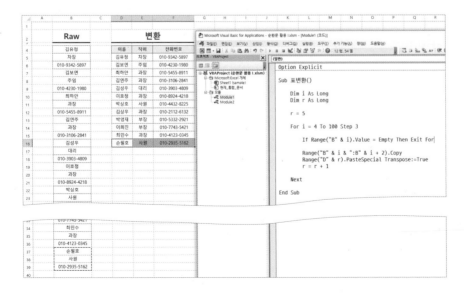

결과 화면을 보면 정확하게 데이터가 입력된 마지막 범위(B37:B39)에 복사 모드가 설정되어 있고 [D16:F16] 범위가 선택되어 있습니다.

마지막 행을 계산해 동작하기

판단문을 사용해 매크로를 종료하는 방법 대신 순환문에서 마지막 행을 정확하게 인식해 동작하도록 만드는 방법을 사용할 수 있습니다. 코드를 다음과 같이 수정합니다.

```
Sub 표변환()

    Dim i As Long
    Dim r As Long
    Dim 마지막행 As Long ──────────── ❶

    r = 5
    마지막행 = Range("B10000").End(xlUp).Row ──────────── ❷

    For i = 4 To 마지막행 Step 3 ──────────── ❸

        Range("B" & i & ":B" & i + 2).Copy
        Range("D" & r).PasteSpecial xlPasteAll, Transpose:=True

        r = r + 1

    Next

End Sub
```

❶ 마지막 행의 행 번호를 저장할 마지막행 변수를 정수 형식으로 선언합니다.
❷ [B10000] 셀에서 Ctrl + ↑ 를 눌러 이동한 셀의 행 번호를 마지막행 변수에 저장합니다. 엑셀에서 특정 셀을 선택하고 Ctrl + 방향키(↑, ↓, →, ←)를 누르면 해당 방향의 데이터가 입력된 마지막 셀로 이동합니다. 따라서 이 코드는 [B10000] 셀에서부터 위쪽 방향으로 데이터가 입력된 마지막 셀을 찾아 이동합니다. 위 코드의 마지막에 입력된 .Row는 Ctrl + 방향키로 이동한 셀의 행번호를 반환해줍니다.
❸ For…Next 순환문에서 i 변수가 4(행)부터 마지막행 변수의 값까지 3(행)씩 증가하도록 변경합니다.

공략 TIP 수정된 코드는 순환문 활용 I (코드 6).txt 파일로 제공됩니다.

만약 B열의 데이터가 많아 [B10000] 셀 아래까지 추가된다면 이번 코드는 에러가 발생할 수 있습니다. 이런 경우에는 B열의 마지막 셀부터 위로 이동하도록 코드를 수정합니다.

```
마지막행 = Range("B1048576").End(xlUp).Row
```

다만 위 코드는 기본 파일 형식(XLS)에서 사용하면 에러가 발생합니다. 기본 파일 형식의 경우 마지막 셀이 [B65456] 셀이기 때문입니다. 파일 형식에 상관 없이 마지막 셀의 위치를 얻으려면 다음과 같이 코드를 수정합니다.

```
마지막행 = Range("B" & Rows.Count).End(xlUp).Row
```

위 코드에서 Range 대신 Cells를 사용하면 다음과 같은 코드가 됩니다.

```
마지막행 = Range("B1048576").End(xlUp).Row
```

F5를 눌러 수정한 매크로를 실행하면 다음과 같은 결과를 얻을 수 있습니다.

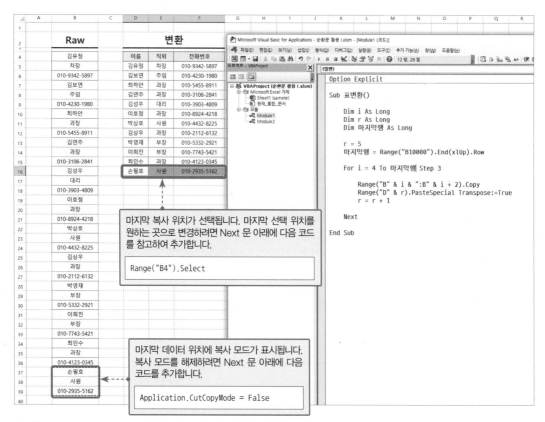

공략 **TIP** 완성된 매크로는 35페이지를 참고해 단추 컨트롤에 연결해놓고 실행합니다.

For… Next 순환문을 활용하여 정렬 작업하기

예제 _ PART 02 \ CHAPTER 07 \ 순환문 활용 II.xlsm

작업 이해하기

순환문 활용 II.xlsm 예제 파일을 열면 다음과 같은 표가 존재합니다. [C:E] 열의 성적을 내림차순으로 정렬하는 작업을 매크로를 활용해 처리하고 싶다고 가정합니다.

	A	B	C	D	E	F	G
1							
2			1기	2기	3기		
3			86	82	97		
4			86	85	65		
5			90	80	80		
6			65	67	70		
7			75	63	92		
8			65	60	81		
9			86	96	83		
10			65	85	75		
11			86	92	87		
12			96	92	79		
13			65	100	65		
14			100	90	74		
15			75	68	88		
16			88	85	84		
17			85	74	86		
18				98	84		
19				97	80		
20				80			
21				94			
22				63			
23							
24		평균	80.9	82.6	80.6		
25							

정렬 매크로 기록하기

정렬 작업을 자동화하려면 해당 매크로 코드를 알아야 합니다. 매크로 기록기를 이용해 기록합니다. 다음 과정을 참고합니다.

01 [A1] 셀을 클릭하고, 리본 메뉴의 [개발 도구] 탭-[코드] 그룹-[매크로 기록 📷]을 클릭합니다.

02 [매크로 기록] 대화상자가 표시되면 [매크로 이름]을 **정렬**로 수정하고 [확인]을 클릭합니다.

03 [C3:C22] 범위를 선택합니다.

공략 **TIP** C열에서는 데이터가 [C3:C17] 범위에 존재하지만 D열은 22행까지 데이터가 존재합니다. 최대 행에 맞춰 매크로를 기록합니다.

04 리본 메뉴의 [데이터] 탭-[정렬 및 필터] 그룹-[내림차순 정렬🔽]을 클릭합니다.

05 [정렬 경고] 메시지가 표시되면 [현재 선택 영역으로 정렬]을 클릭하고 [정렬]을 클릭합니다.

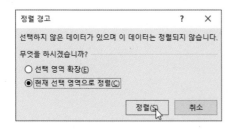

06 C열의 성적이 정렬됐으면 리본 메뉴의 [개발 도구] 탭-[코드] 그룹-[기록 중지▢]를 클릭합니다.

07 기록이 끝났으면 정렬된 데이터는 단축키 Ctrl + Z (실행 취소)를 눌러 데이터를 정렬 전으로 돌려 놓습니다.

단축키 Alt + F11 을 눌러 추가된 모듈에서 기록된 매크로를 확인하면 다음 코드를 얻을 수 있습니다.

```vba
Sub 정렬()
'
' 정렬 매크로
'

'
    Range("C3:C22").Select  ──────── ❶
    ActiveWorkbook.Worksheets("sample").Sort.SortFields.Clear  ──────── ❷
    ActiveWorkbook.Worksheets("sample").Sort.SortFields.Add2 Key:=Range("C3:C22") _
        , SortOn:=xlSortOnValues, Order:=xlDescending, DataOption:=xlSortNormal
        ──────── ❸

    With ActiveWorkbook.Worksheets("sample").Sort  ──────── ❹
        .SetRange Range("C3:C22")
        .Header = xlNo
        .MatchCase = False
        .Orientation = xlTopToBottom
        .SortMethod = xlPinYin
        .Apply
    End With
End Sub
```

❶ [C3:C22] 범위를 선택합니다.

❷ [sample] 시트의 정렬 설정을 초기화합니다.

엑셀은 정렬 전에 기존에 설정되어 있는 정렬을 초기화합니다. 따라서 매크로 기록기로 정렬 작업을 기록하면 초기화 명령이 제일 먼저 나타납니다.

❸ [sample] 시트의 정렬을 설정합니다.

오름차순, 내림차순 정렬을 설정할 때 사용되는 옵션을 확인할 수 있습니다. 엑셀 창에서 리본 메뉴의 [데이터] 탭– [정렬 및 필터] 그룹–[정렬]을 클릭하고 [기준 추가]를 클릭하면 다음과 같은 대화상자가 표시됩니다.

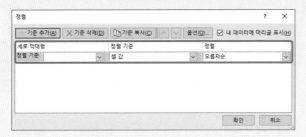

이번 코드에서 Sort.SortFields.Add2는 [정렬] 대화상자의 옵션과 같이 정렬할 기준을 설정하는 부분입니다. 엑셀 2010 버전에서는 Sort.SortFields.Add와 같은 명령어로 기록됩니다.

이번 코드를 매개변수별로 정리하면 다음과 같습니다.

Add2의 매개변수	[정렬] 대화상자
Key	[세로 막대형]으로, 정렬될 범위를 의미합니다.
SortOn	[정렬 기준]을 의미합니다.
Order	[정렬]을 의미합니다.
DataOption	숫자, 텍스트 데이터를 구분해 정렬합니다.

위 매개변수 중에서 Key와 Order만 정확하게 설정하면 됩니다.

❹ With 문을 사용해 [sample] 시트를 정렬(Sort)합니다.

Sort 메서드의 세부 설정 값은 다음과 같습니다.

Sort내 설정	설명
.SetRange	정렬될 전체 범위를 의미합니다.
.Header	정렬 범위에 머리글 포함 여부를 설정합니다.
.MatchCase	영어 대/소문자 구분 여부를 설정합니다.
.Orientation	정렬 방향을 의미합니다. [위쪽에서 아래로]와 [왼쪽에서 오른쪽] 중 하나를 설정할 수 있습니다.
.SortMethod	중국어 정렬 방법을 설정합니다.
.Apply	정렬을 실행합니다.

이렇게 매크로 기록기는 불필요한 옵션을 다수 포함하여 코드를 반환하므로 가독성을 위해 정리해주는 것이 좋습니다.

공략 TIP 기록된 코드는 순환문 활용 II (코드 1).txt 파일로 제공됩니다.

기록된 코드를 보기 좋게 정리합니다. 코드를 수정하는 과정을 통해 좀 더 코드에 익숙해지고 다양하게 활용하는 법을 배울 수 있습니다. 다음 코드를 참고해 수정합니다.

```
Sub 정렬()

    Range("C3:C22").Select
    ActiveSheet.Sort.SortFields.Clear ──────────── ❶
    ActiveSheet.Sort.SortFields.Add2 Key:=Range("C3:C22"), _
                         SortOn:=xlSortOnValues, _
                         Order:=xlDescending, _
                         DataOption:=xlSortNormal ──────── ❷


    With ActiveSheet.Sort ──────── ❸
        .SetRange Range("C3:C22")
        .Header = xlNo
        .MatchCase = False
        .Orientation = xlTopToBottom
        .SortMethod = xlPinYin
        .Apply
    End With

End Sub
```

❶ ActiveWorkbook.Worksheets("sample") 코드는 현재 작업 중인 시트와 같으므로 ActiveSheet로 변경할 수 있습니다.

❷ ActiveWorkbook.Worksheets("sample") 코드를 ActiveSheet로 변경한 후 Add2 메서드의 매개변수는 쉼표(,)를 기준으로 줄 연속 문자(_)를 사용해 정리합니다.

> 공략 TIP 엑셀 2010 버전에서는 Add2 메서드가 아니라 Add 메서드로 표시되는 것이 맞습니다. Add2로 수정하면 에러가 발생하니 주의합니다.

❸ ActiveWorkbook.Worksheets("sample") 코드를 ActiveSheet로 변경합니다.

공략 TIP 수정된 코드는 순환문 활용 II (코드 2).txt 파일로 제공됩니다.

코드에서 불필요한 옵션을 모두 제거합니다. 다음 코드를 참고해 작업합니다.

```
Sub 정렬()

    Range("C3:C22").Select ──────────── ❶
    ActiveSheet.Sort.SortFields.Clear
    ActiveSheet.Sort.SortFields.Add2 Key:=Range("C3:C22"), _
                         Order:=xlDescending ──────── ❷
```

```
      With ActiveSheet.Sort
          .SetRange Range("C3:C22")
          .Header = xlNo
          .Apply            ————————————  ❸
      End With

  End Sub
```

❶ [C3:C22] 범위를 선택하는 코드를 삭제합니다.
  해당 코드는 정렬 범위를 선택하는 동작입니다. 그런데 SortFields.Add2나 .SetRange 코드에서 해당 범위
  가 설정되므로 굳이 선택할 필요가 없습니다.
❷ SortFields.Add2 코드의 매개변수 중 Key와 Order만 남기고 모두 삭제합니다.
❸ Sort 코드의 구성요소 중 SetRange, Header, Apply만 남기고 모두 삭제합니다.

첫 번째 줄과 두 번째 줄의 코드도 아래 줄의 코드들과 마찬가지로 ActiveSheet.Sort로 시작합니다.
With 문 안으로 코드 위치를 변경합니다.

```
  Sub 정렬()

      With ActiveSheet.Sort

          .SortFields.Clear    ————————————  ❶
          .SortFields.Add2 Key:=Range("C3:C22"), _
                      Order:=xlDescending   ————————————  ❷

          .SetRange Range("C3:C22")
          .Header = xlNo
          .Apply

      End With

  End Sub
```

❶ ActiveSheet.Sort.SortFields.Clear 코드에서 ActiveSheet.Sort를 제외한 나머지 코드를 With 문 내에
  입력합니다.
❷ ActiveSheet.Sort.SortFields.Add2 코드 역시 같은 방법으로 정리합니다.

공략 TIP 수정된 코드는 순환문 활용 II (코드 3).txt 파일로 제공됩니다.

[F5]를 눌러 수정한 매크로가 제대로 동작하는지 확인합니다.

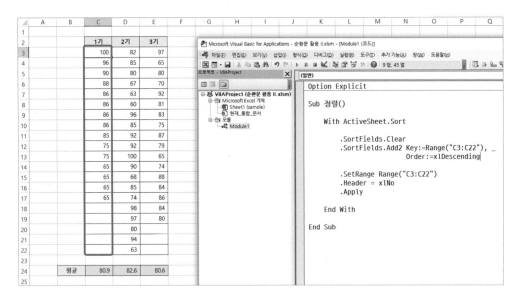

[C3:C22] 범위가 내림차순으로 정렬됐다면 코드가 제대로 수정된 것입니다.

여러 열을 대상으로 동작하도록 순환문 적용하기

이제 매크로 기록기로 얻은 코드를 순환문을 사용해 여러 열에 적용하도록 수정합니다.

```
Sub 정렬5()

    Dim i As Long                                    ❶
    Dim 정렬범위 As Range                            ❷


    For i = 1 To 3                                   ❸

        Set 정렬범위 = Range("C3:C22")               ❹

        With ActiveSheet.Sort

            .SortFields.Clear
            .SortFields.Add2 Key:=정렬범위, _          ❺
                        Order:=xlDescending

            .SetRange 정렬범위                          ❻
            .Header = xlNo
            .Apply
```

```
        End With

    Next _____ ❼

End Sub
```

여러 열을 대상으로 매크로를 작동시키기 위해 크게 두 가지 작업을 추가합니다.

첫 번째, 순환문을 적용하는 부분으로 ❶, ❸, ❼에 해당합니다.

두 번째, 개체변수를 선언해 [C3:C22] 범위를 반복해서 참조하는 부분으로 ❷, ❹, ❺, ❻에 해당합니다.

❶ 순환문에서 사용할 i 변수를 정수 형식으로 선언합니다.
❷ [C3:C22] 범위를 참조할 정렬범위 변수를 Range 개체로 선언합니다.
❸ For 문을 사용해 i 변수의 값을 1부터 3까지 순환하도록 합니다.
  정렬할 열이 세 개이므로 세 번 반복해서 정렬 작업을 합니다.
❹ 정렬범위 변수에 [C3:C22] 범위를 연결합니다.
❺ .SortFields.Add2 코드 내 Key 매개변수에 정렬범위 변수를 사용하도록 수정합니다.
❻ .SetRange 코드에 정렬범위 변수를 사용하도록 수정합니다.
❼ Next 문을 사용해 순환합니다.

공략 **TIP** 수정된 코드는 순환문 활용 II (코드 4).txt 파일로 제공됩니다.

이제 순환문 내의 정렬범위 변수가 한 번 순환할 때마다 오른쪽 열을 참조하도록 코드를 수정합니다.

```
Sub 정렬()

    Dim i As Long
    Dim 정렬범위 As Range

    For i = 3 To 5  _____ ❶

        Set 정렬범위 = Range(Cells(3, i), Cells(22, i))  ¹ _____ ❷

        With ActiveSheet.Sort

            .SortFields.Clear
            .SortFields.Add2 Key:=정렬범위, _
                            Order:=xlDescending

            .SetRange 정렬범위
            .Header = xlNo
```

```
        .Apply

      End With

   Next

End Sub
```

❶ For…Next 순환문에서 i 변수의 값이 3(열)부터 5(열)까지 증가하도록 수정합니다.

정렬범위 변수의 열이 [C:E] 열이므로 세 번째 열부터 다섯 번째 열까지 작업을 반복합니다. 매크로 코드를 개발할 때 특정 셀 주소의 열 번호를 알고 싶다면 [직접 실행] 창에서 다음과 같은 코드에 셀 주소를 넣어 쉽게 확인할 수 있습니다.

```
? Range("E1").Column
```

❷ 정렬범위 변수의 참조 범위가 i 변수의 값을 사용하도록 설정합니다.

이 코드를 정확하게 이해하려면 Range 개체가 범위를 어떻게 참조하는지 알고 있어야 합니다. 일반적으로 Range 개체는 큰따옴표(") 안의 주소를 참조합니다.

```
Range("A1:A10")
```

Range 개체는 참조할 범위의 시작 셀과 끝 셀을 다음과 같은 방법으로 설정할 수도 있습니다.

```
Range(시작 셀, 끝 셀)
```

즉, [A1:A10] 범위를 참조할 때 다음과 같은 코드로도 참조할 수 있습니다.

```
Range("A1", "A10")
```

셀에 수식을 넣을 때와는 달리 VBA 코드에서는 참조할 범위 주소를 모두 변경해야 할 때 Range 개체 내 시작 셀과 끝 셀을 설정하는 방법을 활용할 수 있습니다.

이번 코드에 Cells가 사용된 이유는 참조 범위가 [C3:C22]에서 [D3:D22], [E3:E22] 범위로 각각 변경되어야 하기 때문입니다. i 변수의 값이 3일 때 Cells(3, i)는 Cells(3, 3)으로, Cells(3, "C")와 동일합니다. 즉, [C3] 셀을 의미합니다. 따라서 i 변수의 값이 4일 때는 [D3] 셀, 5일 때는 [E3] 셀로 참조 범위가 변경됩니다.

 **Offset 속성으로 참조 범위 변경하기**

범위를 참조할 때 Range 개체에서 지원하는 Offset 속성을 이용하는 방법이 있습니다. Offset은 다음과 같은 구문을 사용합니다.

```
Range("A1").Offset(행, 열)
```

Offset 속성은 Range 개체에서 참조하는 셀(또는 범위)에서 행, 열에 전달된 숫자만큼 이동한 위치의 셀(또는 범위)을 참조하게 됩니다.

	셀.Offset(−1, 0)	
셀.Offset(0,−1)	셀	셀.Offset(0, 1)
	셀.Offset(1, 0)	

Offset 속성을 이용하려면 ❶의 코드를 다음과 같이 수정합니다.

```
For i = 0 To 2
```

❷의 코드는 다음과 같이 수정합니다.

```
Set 정렬범위 = Range("C3:C22").Offset(0, i)
```

그러면 순환할 때마다 i 변수에 따라 정렬범위 변수에 연결되는 참조 범위가 다음과 같이 변경됩니다.

i 변수	정렬범위	참조
0	Range("C3:C22").Offset(0, 0)	[C3:C22]
1	Range("C3:C22").Offset(0, 1)	[D3:D22]
2	Range("C3:C22").Offset(0, 2)	[E3:E22]

F5를 눌러 수정한 매크로를 실행하면 [C:E] 열의 데이터가 모두 내림차순으로 정렬되는 것을 확인할 수 있습니다.

공략 TIP 완성된 매크로는 36페이지를 참고해 단추 컨트롤에 연결해놓고 실행해봅니다.

PART
03

매크로 활용

매크로를 활용하여 업무를 자동화할 수 있는 다양한 사례를 확인하고, 이를 통해 자신만의 매크로를 직접 만들어 사용할 수 있는 방법에 대해 알아보겠습니다. 여러 번 복습하여 완전히 자기 것으로 만들도록 합니다.

셀, 범위를 참조하는 매크로

매크로 개발에서 참조 작업은 필수적입니다. VBA 에서는 Range 개체에 셀 주소를 전달하는 방법으로 셀 또는 범위를 참조하는데 동적으로 변화하는 범위를 참조하는 경우에는 CurrentRegion, End 등의 다양한 내부 속성을 이용합니다. 이러한 내부 속성들은 매크로 기록기로 코드를 얻을 수 없으므로 이번 CHAPTER에서 해당 속성의 사용 방법에 대해 학습하겠습니다.

예제_PART 03 \ CHAPTER 08 \ CurrentRegion.xlsm

VBA에서 동적 범위 참조하기

VBA에서 동적 범위를 참조할 때 가장 자주 활용되는 방법으로, 단축키 Ctrl + A 와 Ctrl + 방향키(↑ , ↓ , ← , →)를 이용하는 방법을 알아보겠습니다.

단축키	설명	VBA
Ctrl + A	현재 선택 위치에서 상하좌우 모든 방향의 연속된 범위를 선택합니다.	Range.CurrentRegion
Ctrl + 방향키	현재 선택 위치에서 해당 방향의 마지막 셀을 선택합니다.	Range.End

단축키 Ctrl + A 는 머리글을 포함한 전체 표 범위를 선택할 때 사용하고, 단축키 Ctrl + 방향키 는 머리글을 제외한 데이터 범위 또는 특정 열(또는 행) 범위를 선택할 때 사용합니다. 단축키 Ctrl + 방향키 를 이용하는 방법은 69페이지를 참고합니다.

단축키 Ctrl + A 활용하기

단축키 Ctrl + A 는 전체 범위를 선택하는 가장 빠른 방법입니다. **CurrentRegion** 속성을 활용하면 매크로를 실행할 때마다 전체 범위를 선택하여 매크로가 동작하도록 개발할 수 있습니다.

예제 확인 및 샘플 코드 얻기

CurrentRegion.xlsm 예제 파일을 열면 다음과 같은 표를 확인할 수 있습니다.

왼쪽 표를 그대로 [G4] 셀 위치에 복사하는 매크로를 개발합니다. 왼쪽 표는 언제든 데이터가 추가되거나 삭제될 수 있다고 가정하며, G열에 복사할 때 열 너비를 [B:D] 열과 동일하게 설정하길 원합니다.

이런 경우에는 [선택하여 붙여넣기]에 해당하는 코드를 사용하는 것이 좋습니다. 아래 과정을 참고해 매크로 기록기로 샘플 코드를 직접 기록합니다.

01 리본 메뉴의 [개발 도구] 탭-[코드] 그룹-[매크로 기록 🔲]을 클릭합니다.

02 [매크로 기록] 대화상자가 표시되면 [매크로 이름]을 **표복사**로 수정하고 [확인]을 클릭합니다.

03 [B4:D9] 범위를 드래그하여 선택하고 단축키 Ctrl + C 를 눌러 복사합니다.

04 [G4] 셀을 클릭하고 단축키 Ctrl + V 를 눌러 붙여 넣습니다.

05 열 너비를 맞추기 위해 리본 메뉴의 [홈] 탭-[클립보드] 그룹-[붙여넣기]의 아래 화살표 ⌄ 를 클릭하고 [원본 열 너비 유지 🔲]를 클릭합니다.

06 Esc 를 눌러 복사 모드를 해제합니다.

07 리본 메뉴의 [개발 도구] 탭-[코드] 그룹-[기록 중지 🔲]를 클릭합니다.

08 단축키 Alt + F11 을 눌러 [VB 편집기] 창을 호출합니다.

09 [프로젝트 탐색기] 창에서 [Module1] 모듈을 더블클릭하면 다음과 같은 매크로 코드를 확인할 수 있습니다.

```
Sub 표복사()
'
' 표복사 매크로
'
'
    Range("B4:D9").Select  ──────────── ❶
```

```
        Selection.Copy ─────────────── ❷
        Range("G4").Select ─────────────── ❸
        ActiveSheet.Paste ─────────────── ❹
        Selection.PasteSpecial Paste:=xlPasteColumnWidths, Operation:=xlNone, _
            SkipBlanks:=False, Transpose:=False ─────────────── ❺
        ActiveSheet.Paste ─────────────── ❻
        Application.CutCopyMode = False ─────────────── ❼
    End Sub
```

기록된 코드는 순서대로 다음과 같은 동작을 수행합니다.

❶ [B4:D9] 범위를 선택합니다.

❷ 선택된 범위를 복사합니다.

❸ [G4] 셀을 선택합니다.

❹ [붙여넣기]를 실행합니다.

❺ [선택하여 붙여넣기]를 이용해 열 너비만 한 번 더 복사합니다.

❻ [붙여넣기]를 실행합니다.

❼ 복사 모드를 해제합니다.

공략 **TIP** 수정된 코드는 CurrentRegion (코드 1).txt 파일로 제공됩니다.

코드 수정 및 매크로 실행하기

매크로 기록기로 얻은 코드는 항상 수정하는 습관을 들여 매크로의 작동 효율과 가독성을 높여주도록 합
니다. 다음 설명을 참고해 코드를 수정합니다.

```
Sub 표복사()

    Range("B4:D9").Copy ─────────────── ❶
    Range("G4").Select
    ActiveSheet.Paste
    Range("G4").PasteSpecial Paste:=xlPasteColumnWidths ─────────────── ❷
    ActiveSheet.Paste
    Application.CutCopyMode = False

End Sub
```

❶ Select로 끝나고 Selection으로 시작하는 코드는 한 줄로 변경합니다.

❷ 여기서는 다음 두 가지 내용을 수정했습니다.

첫째, Selection은 코드 두 번째 줄에서 선택한 [G4] 셀을 의미하므로 정확한 셀 위치로 수정했습니다. 이 부
분은 굳이 고치지 않아도 상관없습니다.

둘째, [선택하여 붙여넣기]의 [원본 열 너비 유지]에 해당하는 코드는 PasteSpecial 명령의 옵션 중에서 Paste
매개변수에 xlPasteColumnWidths 값이 전달되는 부분입니다. 따라서 이 부분을 제외하고 PasteSpecial

명령의 다른 옵션은 모두 삭제했습니다. 이 부분 역시 고치지 않아도 매크로 동작에는 크게 문제없습니다. 이처럼 코드를 수정하면 가독성이 높아져 이후 수정, 보완 등의 이유로 해당 코드를 다시 확인해야 할 때 쉽게 파악할 수 있습니다.

공략 **TIP** 수정된 코드는 CurrentRegion (코드 2).txt 파일로 제공됩니다.

코드를 테스트하기 전 [G:I] 열을 선택하고 리본 메뉴의 [홈] 탭-[셀] 그룹-[삭제]를 클릭하여 열을 초기화합니다.

[코드] 창에서 F8 을 눌러 매크로를 실행해봅니다. 네 번째 줄의 PasteSpecial 명령을 통해 왼쪽 표가 그대로 복사되므로 아래 줄의 ActiveSheet.Paste 코드가 필요하지 않다는 것을 알 수 있습니다.

다음을 참고하여 불필요한 코드를 제거하고 원본 표 범위를 동적 범위로 수정합니다.

```
Sub 표복사()

    Range("B4").CurrentRegion.Copy  ──────────  ❶
    Range("G4").Select
    ActiveSheet.Paste
    Range("G4").PasteSpecial Paste:=xlPasteColumnWidths
    ActiveSheet.Paste  ──────────  ❷
    Application.CutCopyMode = False

End Sub
```

❶ 원래 코드의 Range("B4:D9")를 Range("B4").CurrentRegion으로 바꾸었습니다. 이렇게 하면 [B4] 셀을 선택한 상태에서 단축키 Ctrl + A 를 눌렀을 때와 동일한 범위가 참조됩니다. 원본 표 범위가 확장/축소되도 매크로를 실행할 때마다 항상 전체 범위를 참조할 수 있습니다.
❷ 바로 위 줄에서 PasteSpecial 코드를 사용하여 [선택하여 붙여넣기]가 이미 동작했습니다. 추가로 [붙여넣기]가 실행될 필요가 없으므로 해당 명령은 삭제합니다.

완성된 매크로를 테스트하기 위해 단추 컨트롤에 매크로를 연결한 후 실행합니다.

01 리본 메뉴의 [개발 도구] 탭-[컨트롤] 그룹-[삽입 📋]을 클릭합니다.
02 [양식 컨트롤]-[단추(양식 컨트롤) 🔲]를 클릭하고 [E4:F5] 범위 안에 적당한 크기로 삽입합니다.

03 [매크로 지정] 대화상자가 표시되면 [표복사] 매크로를 클릭하고 [확인]을 클릭합니다.

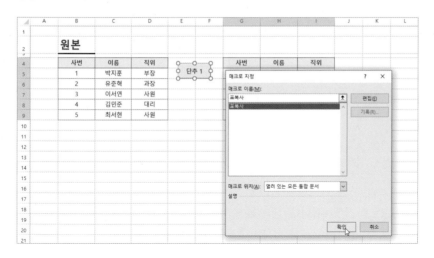

04 단추 컨트롤을 클릭하여 레이블을 **표 복사**로 수정하고 빈 셀을 클릭합니다.

05 원본 표에 데이터를 추가하고 [표 복사] 단추를 클릭합니다.

공략 **TIP** 추가된 데이터까지 정확하게 복사되면 매크로가 정상적으로 동작하는 것입니다.

기능 추가하기

수정한 코드를 테스트하면 데이터가 추가되는 상황에서는 달라진 결과를 확인할 수 있지만, 데이터가 줄어들었을 때는 이전 데이터가 그대로 남아있어 매크로가 실행되지 않은 것처럼 느껴질 수 있습니다.

원본 표에서 [5:7] 행의 데이터만 남기고 모두 삭제한 후 [표 복사] 단추를 클릭합니다.

원본 표의 범위가 줄어들었을 때 복사하면 이전에 복사되었던 줄어든 표 범위만 다시 그대로 복사되어 원본 표에서는 이미 삭제된 데이터가 오른쪽 표에 여전히 남아있습니다.

붙여 넣을 범위의 데이터를 모두 삭제한 후 매크로가 실행되도록 작업합니다. 다음 내용을 참고하여 매크로 기록기로 샘플 코드를 기록합니다.

01 리본 메뉴의 [개발 도구] 탭-[코드] 그룹-[매크로 기록🔳]을 클릭합니다.

02 [매크로 기록] 대화상자가 표시되면 바로 [확인]을 클릭합니다.

공략 **TIP** 코드만 얻을 목적이므로 굳이 매크로의 이름을 변경할 필요가 없습니다.

03 [G:I] 열을 선택하고 리본 메뉴의 [홈] 탭-[셀] 그룹-[삭제🔳]를 클릭합니다.

04 리본 메뉴의 [개발 도구] 탭-[코드] 그룹-[기록 중지🔳]를 클릭합니다.

다음과 같은 코드를 얻을 수 있습니다.

```
Sub 매크로2()
'
' 매크로2 매크로
'

'
    Columns("G:I").Select            ──────── ❶
    Selection.Delete Shift:=xlToLeft   ──────── ❷
End Sub
```

기록된 코드는 순서대로 다음과 같은 동작을 수행합니다.

❶ [G:I] 열을 선택합니다.
❷ 선택된 범위를 삭제합니다.

주석을 삭제하고 Select, Selection 부분을 연결하면 코드는 다음과 같습니다.

```
Sub 매크로2()
    Columns("G:I").Delete Shift:=xlToLeft   ──────── ❶
End Sub
```

❶ [G:I] 열을 삭제합니다.

이 코드를 기존 [표복사] 매크로의 맨 위 줄에 추가합니다.

```
Sub 표복사()

    Columns("G:I").Delete Shift:=xlToLeft  ──────────── ❶

    Range("B4").CurrentRegion.Copy
    Range("G4").Select
    ActiveSheet.Paste
    Range("G4").PasteSpecial Paste:=xlPasteColumnWidths
    Application.CutCopyMode = False

End Sub
```

❶ 매크로 기록기로 얻은 코드를 가장 앞에 추가해 기존 데이터 범위가 삭제된 후 표가 복사되도록 합니다.

공략 TIP 수정된 코드는 CurrentRegion (코드 3).txt 파일로 제공됩니다.

수정된 매크로가 정상적으로 동작하는지 확인합니다. 원본 표 범위에 다음과 같이 데이터를 추가하고 [표 복사] 단추를 클릭합니다.

아무 데이터나 추가해도 상관없으며, [표 복사] 단추를 클릭하면 추가된 데이터를 포함한 전체 표 범위가 복사되어야 합니다.

이제 원본 표에서 8행 아래의 데이터 범위를 모두 삭제한 후 [표 복사] 단추를 클릭합니다.

원본 표가 동일하게 복사되면 매크로가 정상적으로 동작하는 것입니다.

단축키 Ctrl + 방향키 를 활용하여 동적 범위 참조하기

예제_ PART 03 \ CHAPTER 08 \ End.xlsm

단축키 Ctrl + 방향키 활용하기

단축키 Ctrl + 방향키 (↑, ↓, ←, →)를 이용하는 방법은 단축키 Ctrl + A 를 활용하는 방법보다 조금 더 복잡하지만 데이터 범위를 정밀하게 참조할 수 있습니다. 단축키 Ctrl + 방향키 를 이용한 참조는 Range 개체의 End 속성을 이용합니다. 각 방향키에 해당하는 내장상수를 이용해 셀을 참조합니다.

방향키	End
↑	End(xlUp)
↓	End(xlDown)
←	End(xlToLeft)
→	End(xlToRight)

단축키 Ctrl + 방향키 는 해당 방향에서 데이터가 입력된 마지막 셀을 선택합니다. Range 개체로 다음과 같이 범위를 참조할 때 함께 사용하면 유용합니다.

```
Range(시작 셀, 데이터가 입력된 마지막 셀)
```

위 문법을 보면 Range 개체는 시작 셀과 끝 셀을 지정하는 방법으로 전체 범위를 참조합니다. 예를 들어, [A1:A10] 범위를 참조할 때 다음과 같은 코드를 사용할 수 있습니다.

```
Range("A1", "A10")
```

끝 셀인 [A10] 셀은 [A1] 셀에서 단축키 Ctrl + ↓ 를 누른 위치이므로, [A1:A10] 범위를 선택할 때 다음과 같은 코드를 사용할 수 있습니다.

```
Range("A1", Range("A1").End(xlDown))
```

[A1:A10] 범위 내 빈 셀이 존재한다면 A열의 마지막 셀에서 단축키 Ctrl+↑를 눌러 이동한 위치로 범위를 참조할 수 있습니다. 코드는 다음과 같습니다.

```
Range("A1", Range("A1048576").End(xlUp))
```

기본 파일 형식(XLS)에서는 행 번호가 65536까지밖에 없으므로 위 코드는 에러가 발생합니다. 이런 경우까지 염두에 둔다면 매크로가 자동으로 행 개수를 계산하도록 합니다. Cells를 사용해 다음과 같이 범위를 참조합니다.

```
Range("A1", Cells(Rows.Count, "A").End(xlUp))
```

예제 확인 및 매크로 개발하기

End.xlsm 예제 파일을 열면 다음과 같은 표를 확인할 수 있습니다.

필수 공식 30의 예제와는 달리 원본 표가 오른쪽에 있습니다. 왼쪽 표에 입력된 데이터를 오른쪽 표 하단에 추가하는 매크로를 개발합니다. 다음과 같은 방법을 이용해 새로운 매크로를 추가합니다.

01 단축키 Alt+F11을 눌러 [VB 편집기] 창을 호출합니다.

02 [VB 편집기] 창에서 [삽입] 탭-[모듈]을 클릭해 모듈(Module)을 하나 삽입합니다.

03 추가된 모듈의 [코드] 창에 다음 매크로를 입력합니다.

```
Sub 직원추가()  ───────  ❶

    Range("B5:D5").Copy Range("G7")  ───────  ❷

End Sub
```

❶ 새로운 매크로를 하나 생성하고 매크로 이름을 직원추가로 입력합니다.
❷ [B5:D5] 범위의 데이터를 복사해서 [G7] 셀에 붙여 넣습니다.

공략 TIP 위 코드는 End (코드 1).txt 파일로 제공됩니다.

공략 TIP 이번 매크로는 [B5:D5] 범위를 복사해서 [G7] 셀에 붙여 넣는 동작을 매크로 기록기로 기록하고 수정해도 됩니다.

해당 코드가 제대로 동작하는지 확인하기 위해 단축키 Alt + F11 을 눌러 엑셀 창으로 전환합니다. 아래 과정을 참고해 매크로를 단추 컨트롤에 연결합니다.

01 리본 메뉴의 [개발 도구] 탭-[컨트롤] 그룹-[삽입🔡]을 클릭합니다.

02 [양식 컨트롤]-[단추(양식 컨트롤)▢]를 클릭하고 [E4:F5] 범위 안에 적당한 크기로 삽입합니다.

03 [매크로 지정] 대화상자가 표시되면 [직원추가] 매크로를 클릭하고 [확인]을 클릭합니다.

04 단추 컨트롤을 클릭하여 레이블을 **직원 추가**로 수정하고 빈 셀을 클릭합니다.

05 원본 표에 데이터를 추가하고 삽입한 [직원 추가] 단추를 클릭하면 [B5:D5] 범위에 입력한 데이터가 [G7] 셀 위치로 복사됩니다.

	사번	이름	직위			사번	이름	직위
추가					**원본**			
	3	이서연	사원	직원 추가		1	박지훈	부장
						2	유준혁	과장
						3	이서연	사원

동적 범위를 참조하도록 코드 수정하기

왼쪽 표에 새로 기록되는 직원 데이터가 여러 개일 수도 있다고 가정합니다. 입력된 모든 직원의 정보를 한번에 추가하려면 [B5:D5] 범위를 동적으로 참조해야 합니다. 코드를 다음과 같이 수정합니다.

```
Sub 직원추가()

    Range("B5", Cells(Rows.Count, "D").End(xlUp)).Copy Range("G7")  ────── ❶

End Sub
```

❶ [B5:D5] 범위로 참조하면 하나의 직원 데이터밖에 복사하지 못합니다. [B5] 셀부터 D열에서 데이터가 입력된 마지막 위치까지 범위를 참조하도록 코드를 수정합니다. 다만 이렇게 개발하면 코드가 너무 길어지게 됩니다.

코드가 너무 길면 가독성이 떨어져 매크로의 내용을 파악하기 어렵습니다. 개체변수를 활용해 코드를 짧게 변경합니다. 코드를 다음과 같이 수정합니다.

```
Sub 직원추가()

    Dim D열_마지막셀 As Range  ────── ❶

    Set D열_마지막셀 = Cells(Rows.Count, "D").End(xlUp)  ────── ❷

    Range("B5", D열_마지막셀).Copy Range("G7")  ────── ❸

End Sub
```

❶ Range 개체를 연결할 수 있는 D열_마지막셀 변수를 선언합니다.

❷ D열_마지막셀 변수의 End 속성을 이용해 D열의 마지막 셀을 연결합니다. 이 코드에서 Cells 개체를 Range 개체로 수정하면 다음과 같은 코드가 됩니다.

```
Set D열_마지막셀 = Range("D1048576").End(xlUp)
```

D열의 끝 셀에서 위로 이동하지 않고 시작 지점에서 아래로 이동하는 방법을 사용하려면 다음과 같은 코드를 사용할 수 있습니다.

```
Set D열_마지막셀 = Range("D4").End(xlDown)
```

다만 표에 빈 셀이 있을 수 있다면 아래로 이동하는 방법보다는 위로 이동하는 방법이 오류를 방지할 수 있습니다.

❸ Range("B5:D5") 범위에서 참조할 범위의 마지막 셀인 [D5] 셀을 D열_마지막셀 변수로 대체합니다.

공략 TIP 수정된 코드는 End (코드 2).txt 파일로 제공됩니다.

수정된 코드가 제대로 동작하는지 확인해보기 위해 [B5:D6] 범위에 새로운 데이터를 추가하고 [직원 추가] 단추를 클릭합니다.

공략 TIP [B5:D5] 범위의 기존 데이터는 삭제하고 새로운 데이터를 입력한 후 테스트합니다.

추가된 직원 데이터가 오른쪽 표에 복사는 되지만 [G7] 셀부터 붙여 넣어지므로 앞에서 입력한 3번 직원의 데이터는 사라진 것을 확인할 수 있습니다.

G열에서 데이터가 입력된 마지막 셀의 아래 행부터 데이터가 붙여넣기되도록 코드를 수정합니다. 또한 [B:D] 열에 새로 입력한 직원 데이터는 오른쪽 표에 추가한 후 지워지도록 수정합니다. 다음을 참고하여 코드를 수정합니다.

```
Sub 직원추가()

    Dim D열_마지막셀 As Range
    Dim G열_마지막셀 As Range          ❶

    Set D열_마지막셀 = Cells(Rows.Count, "D").End(xlUp)
    Set G열_마지막셀 = Cells(Rows.Count, "G").End(xlUp)    ❷

    Range("B5", D열_마지막셀).Copy Range("G" & G열_마지막셀.Row + 1)    ❸
```

```
        Range("B5", D열_마지막셀).ClearContents  ──────── ❹

End Sub
```

❶ Range 개체를 연결할 수 있는 G열_마지막셀 변수를 선언합니다.

❷ End 속성을 이용해 G열에서 데이터가 입력된 마지막 셀을 G열_마지막셀 변수에 연결합니다.

❸ 복사한 데이터를 붙여 넣을 위치를 G열_마지막셀 변수에 연결된 셀의 행 번호에 1을 더한 위치로 수정합니다. 현재 G열_마지막셀 변수에는 [G8] 셀이 연결되며, 행 번호에 1을 더하므로 [G9] 셀이 됩니다.

❹ 복사한 데이터를 지우기 위해 [B5] 셀부터 D열_마지막셀 변수 위치까지의 범위를 삭제합니다.

공략 TIP 수정된 코드는 End (코드 3).txt 파일로 제공됩니다.

[B5:D6] 범위에 입력되어 있던 기존 데이터를 지우고 [B5:D5] 범위에 새로운 직원 데이터를 입력한 후 [직원 추가] 단추를 클릭합니다.

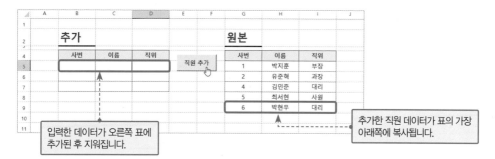

문제 확인 및 해결하기

이번에 만든 매크로는 [B:D] 열에 새로운 직원 데이터를 입력하는 경우에는 문제없지만, 아무런 데이터를 입력하지 않은 상황에서 [직원 추가] 단추를 클릭하면 다음과 같은 문제가 발생합니다.

공략 TIP 문제가 발생한 결과를 확인했으면 원상복구를 위해 [G10:I10] 범위를 [B4:D4] 범위에 복사한 후 [G10:I11] 범위를 삭제합니다.

이러한 문제는 아래에서 위로 이동하여 범위를 인식하는 방법 때문에 발생합니다. 표에 아무런 데이터가 입력되지 않았을 때 D열에서 데이터가 입력된 마지막 셀은 표의 머리말인 [D4] 셀이 됩니다. 그러므로 [B5] 셀부터 시작되는 참조 범위는 [B5:D4] 범위, 즉 [B4:D5] 범위가 됩니다.

데이터가 입력된 경우에만 복사 작업을 하도록 코드를 수정합니다. 이런 경우 가장 쉬운 방법은 D열에서 데이터가 입력된 마지막 셀의 행 번호가 5 이상인 경우에만 작업이 진행되도록 만드는 것입니다. 코드를 다음과 같이 수정합니다.

```
Sub 직원추가()

    Dim D열_마지막셀 As Range
    Dim G열_마지막셀 As Range

    Set D열_마지막셀 = Cells(Rows.Count, "D").End(xlUp)

    If D열_마지막셀.Row > 4 Then  ───────────  ❶

        Set G열_마지막셀 = Cells(Rows.Count, "G").End(xlUp)

        Range("B5", D열_마지막셀).Copy Range("G" & G열_마지막셀.Row + 1)

        Range("B5", D열_마지막셀).ClearContents

    End If  ───────────  ❷

End Sub
```

❶ D열_마지막셀 변수에 연결된 셀의 행 번호(Row)가 4를 초과하는지 확인합니다. 5행부터 데이터를 복사/붙여 넣기할 수 있으므로 문제가 해결됩니다.
❷ G열에서 데이터가 입력된 마지막 셀 위치를 확인해 데이터를 복사/붙여넣기하는 동작은 If 문 안에서만 실행되도록 코드를 수정합니다.

[직원 추가] 단추를 클릭해 왼쪽 표에 데이터가 존재하는 경우와 존재하지 않는 경우를 각각 테스트하여 매크로가 정상적으로 동작하는지 확인합니다.

참조 범위 재조정하기

예제 _ PART 03 \ CHAPTER 08 \ Offset.xlsm, Resize.xlsm

현재 위치를 기준으로 상하좌우의 셀 참조하기

Range 개체에는 다양한 속성이 제공되는데 그중 활용 빈도가 높은 속성 중 하나가 바로 **Offset**입니다. Offset 속성은 다음과 같은 구문으로 구성됩니다.

```
Range.Offset(행, 열)
```

Offset 속성은 Range 개체로 참조한 위치에서 특정 방향으로 원하는 만큼 이동한 위치의 셀을 참조합니다. [A1] 셀의 오른쪽에 있는 [B1] 셀은 다음과 같은 방법으로 참조합니다.

```
Range("A1").Offset(0, 1)
```

이때 0은 생략할 수 있습니다. 따라서 다음과 같이 수정할 수 있습니다.

```
Range("A1").Offset(, 1)
```

만약 [A1] 셀에서 바로 아래에 있는 [A2] 셀을 참조하려면 다음과 같은 코드를 사용할 수 있습니다.

```
Range("A1").Offset(1)
```

Offset.xlsm 예제 파일을 열고 단축키 Alt + F11 을 눌러 코드를 확인하면 **필수 공식 31**에서 실습한 매크로를 확인할 수 있습니다. Offset 속성을 이용하도록 매크로 코드를 다음과 같이 수정합니다.

```
Sub 직원추가()

    Dim D열_마지막셀 As Range
    Dim G열_마지막셀 As Range

    Set D열_마지막셀 = Cells(Rows.Count, "D").End(xlUp)

    If D열_마지막셀.Row > 4 Then

        Set G열_마지막셀 = Cells(Rows.Count, "G").End(xlUp)

        Range("B5", D열_마지막셀).Copy G열_마지막셀.Offset(1)    ───────── ❶

        Range("B5", D열_마지막셀).ClearContents

    End If

End Sub
```

❶ 수정된 코드는 원래 다음과 같았습니다.

```
Range("G" & G열_마지막셀.Row + 1)
```

이 부분을 G열_마지막셀 변수에 연결된 셀의 한 칸 아래 셀을 참조하기 위해 Offset을 사용했습니다.
Offset(1)은 Offset(1, 0)과 같으므로 행 방향(아래쪽)으로 한 칸 이동한 위치를 의미합니다. 그러므로 G열_마
지막셀 변수에 연결된 셀이 [G9] 셀이면 .Offset(1) 코드에 의해 [G10] 셀을 참조하게 됩니다.

공략 TIP 수정된 코드는 Offset (코드).txt 파일로 제공됩니다.

공략 TIP Offset 속성에 대한 자세한 설명은 225페이지를 참고합니다.

현재 위치에서 아래쪽/오른쪽으로 범위 확장/축소하기

Range 개체의 속성 중에는 Resize 라는 속성이 있습니다. Resize 속성을 이용하면 참조 범위를 조정할
수 있습니다. 사용 구문은 다음과 같습니다.

```
Range.Resize(행, 열)
```

Resize 속성은 Range 개체가 참조하고 있는 위치에서 행×열 크기의 범위를 참조하는 속성입니다. 예를 들어, [A1] 셀에서 [A1:C1] 범위를 참조하고 싶은 경우 다음 코드를 사용할 수 있습니다.

```
Range("A1").Resize(1, 3)
```

위 코드는 [A1] 셀부터 1×3 행렬 범위를 참조합니다. [A1] 셀부터 1×3 행렬이면 1개의 행과 3개의 열이 해당하므로 다음과 같이 [A1:C1] 범위가 참조됩니다.

A1	B1	C1	1

3

Resize 속성을 사용해 참조 범위를 조정할 수 있다면 좀 더 다양한 방법으로 범위를 참조할 수 있게 됩니다.

작업 이해하기

Resize.xlsm 예제 파일을 열면 **필수 공식 28**에서 순환문 예제로 사용했던 표를 확인할 수 있습니다. 반복 작업을 돕는 매크로는 Range 개체를 잘 이해할수록 더욱 효율적인 코드를 구성할 수 있습니다.

⬚	A	B	C	D	E	F	G	H	I	J
1										
2		**Raw**			**변환**					
3										
4		김유정		이름	직위	전화번호		표 변환		
5		차장								
6		010-9342-5897								
7		김보연								
8		주임								
9		010-4230-1980								
10		최하안								
11		과장								
12		010-5455-8911								
31		이희진								
32		부장								
33		010-7743-5421								
34		최민수								
35		과장								
36		010-4123-0345								
37		손필호								
38		사원								
39		010-2935-5162								
40										

단축키 Alt + F11 을 눌러 [VB 편집기] 창을 열고 [프로젝트 탐색기] 창에서 [Module1] 모듈을 더블클릭하면 다음과 같은 매크로 코드를 확인할 수 있습니다.

```
Sub 표변환()

    Dim i As Long
    Dim r As Long
    Dim 마지막행 As Long

    r = 5
    마지막행 = Range("B10000").End(xlUp).Row

    For i = 4 To 마지막행 Step 3

        Range("B" & i & ":B" & i + 2).Copy
        Range("D" & r).PasteSpecial Transpose:=True
        r = r + 1

    Next

End Sub
```

매크로 코드 수정하기

이 코드의 어떤 부분을 Offset, Resize 속성을 이용해 수정할 수 있을까요? 먼저 Offset 속성을 이용하여 D열의 입력 위치를 설정하도록 수정합니다. 다음을 참고해 코드를 수정합니다.

```
Sub 표변환()

    Dim i As Long
    Dim r As Long ─────────────── ❶
    Dim 마지막행 As Long
    Dim 복사위치 As Range ─────────── ❷

    r = 5 ─────────────── ❸
    마지막행 = Range("B10000").End(xlUp).Row

    For i = 4 To 마지막행 Step 3

        Set 복사위치 = Cells(Rows.Count, "D").End(xlUp).Offset(1) ─────────── ❹

        Range("B" & i & ":B" & i + 2).Copy
        Range("D" & r).PasteSpecial Transpose:=True ─────────── ❺
        복사위치.PasteSpecial Transpose:=True ─────────── ❻
        r = r + 1 ─────────── ❼

    Next

End Sub
```

❶ r 변수는 값을 기록할 D열의 행 번호를 저장하기 위한 용도였지만 End 속성을 사용할 수 있다면 필요하지 않습니다. r 변수를 선언하는 코드와 해당 변수를 사용하는 ❸, ❺, ❼ 코드를 삭제합니다.
❷ D열에 복사할 위치를 연결하기 위해 Range 개체 형식의 복사위치 변수를 선언합니다.
❹ 복사위치 변수에 D열에서 데이터가 입력된 마지막 셀의 한 칸 아래 셀을 연결합니다.
❻ 복사위치 변수에 연결된 셀 위치에 [선택하여 붙여넣기]의 [행/열 바꿈]을 이용해 데이터를 복사합니다.

수정이 완료된 코드는 다음과 같습니다.

```
Sub 표변환()

    Dim i As Long
    Dim 마지막행 As Long
    Dim 복사위치 As Range

    마지막행 = Range("B10000").End(xlUp).Row

    For i = 4 To 마지막행 Step 3

        Set 복사위치 = Cells(Rows.Count, "D").End(xlUp).Offset(1)

        Range("B" & i & ":B" & i + 2).Copy
        복사위치.PasteSpecial Transpose:=True

    Next

End Sub
```

공략 **TIP** 수정된 코드는 Resize (코드 1).txt 파일로 제공됩니다.

수정된 매크로가 제대로 동작하는지 확인하려면 엑셀 창에서 [표 변환] 단추를 클릭합니다.

	A	B	C	D	E	F	G	H	I	J
1										
2		**Raw**			**변환**			표 변환		
4		김유정		이름	직위	전화번호				
5		차장		김유정	차장	010-9342-5897				
6		010-9342-5897		김보연	주임	010-4230-1980				
7		김보연		최하안	과장	010-5455-8911				
8		주임		김연주	과장	010-3106-2841				
9		010-4230-1980		김성우	대리	010-3903-4809				
10		최하안		이호정	과장	010-8924-4218				
11		과장		박상호	사원	010-4432-8225				
12		010-5455-8911		김상우	과장	010-2112-6132				
13		김연주		박영재	부장	010-5332-2921				
14		과장		이희진	부장	010-7743-5421				
15		010-3106-2841		최민수	과장	010-4123-0345				
16		김성우		손필호	사원	010-2935-5162				
17		대리								
18		010-3903-4809								

복사위치 변수는 순환문 내에서 항상 마지막 셀 위치를 확인하고 해당 셀의 바로 아래 위치를 참조하고 있습니다. 이 코드를 다음과 같은 방식으로 고칠 수도 있습니다.

```
Sub 표변환()

    Dim i As Long
    Dim 마지막행 As Long
    Dim 복사위치 As Range

    마지막행 = Range("B10000").End(xlUp).Row

    Set 복사위치 = Cells(Rows.Count, "D").End(xlUp)  ─────────  ❶

    For i = 4 To 마지막행 Step 3

        Set 복사위치 = 복사위치.Offset(1)  ─────────  ❷

        Range("B" & i & ":B" & i + 2).Copy
        복사위치.PasteSpecial Transpose:=True

    Next

End Sub
```

❶ 순환문이 시작되기 전 복사위치 변수에 D열에서 데이터가 입력된 마지막 셀을 연결합니다.

❷ 이번 코드를 제대로 이해하려면 VBA에서 사용되는 등호(=)의 역할을 잘 이해해야 합니다. 등호의 두 가지 의미 중 이번에 쓰인 등호는 오른쪽 결과를 왼쪽에 대입하라는 의미입니다. 따라서 아래 코드가 먼저 동작합니다.

```
복사위치.Offset(1)
```

공략 TIP VBA에서 등호가 가지는 두 가지 의미에 관한 설명은 81페이지를 참고합니다.

등호 오른쪽의 코드는 복사위치 변수에 연결된 셀의 바로 아래 셀을 의미합니다. 즉, ❷의 코드는 이 셀을 다시 복사위치 변수에 연결하는 코드입니다. 결국 순환문이 반복될 때마다 복사위치 변수에 연결되는 셀이 하나씩 아래로 내려가게 됩니다.

공략 TIP 수정된 코드는 Resize (코드 2).txt 파일로 제공됩니다.

[표 변환] 단추를 클릭해 수정한 매크로를 실행하면 다음과 같이 중복된 결과가 반환됩니다.

	A	B	C	D	E	F	G	H	I	J
1										
2		**Raw**			**변환**					
3								표 변환		
4		김유정		이름	직위	전화번호				
5		차장		김유정	차장	010-9342-5897				
6		010-9342-5897		김보연	주임	010-4230-1980				
7		김보연		최하얀	과장	010-5455-8911				
8		주임		김연주	과장	010-3106-2841				
9		010-4230-1980		김성우	대리	010-3903-4809				
10		최하얀		이호정	과장	010-8924-4218				
11		과장		박상호	사원	010-4432-8225				
12		010-5455-8911		김상우	과장	010-2112-6132				
13		김연주		박영재	부장	010-5332-2921				
14		과장		이희진	부장	010-7743-5421				
15		010-3106-2841		최민수	과장	010-4123-0345				
16		김성우		손필호	사원	010-2935-5162				
17		대리		김유정	차장	010-9342-5897				
18		010-3903-4809		김보연	주임	010-4230-1980				
19		이호정		최하얀	과장	010-5455-8911				
20		과장		김연주	과장	010-3106-2841				
21		010-8924-4218		김성우	대리	010-3903-4809				
22		박상호		이호정	과장	010-8924-4218				
23		사원		박상호	사원	010-4432-8225				
24		010-4432-8225		김상우	과장	010-2112-6132				
25		김상우		박영재	부장	010-5332-2921				
26		과장		이희진	부장	010-7743-5421				
27		010-2112-6132		최민수	과장	010-4123-0345				
28		박영재		손필호	사원	010-2935-5162				

기능 추가하기

항상 처음부터 데이터가 기록되어야 한다면 기존에 기록된 데이터를 삭제하는 작업이 추가되어야 합니다.
다음을 참고해 코드를 수정합니다.

```
Sub 표변환()

    Dim i As Long
    Dim 마지막행 As Long
    Dim 복사위치 As Range

    마지막행 = Range("B10000").End(xlUp).Row

    Range("D4").CurrentRegion.Offset(1).Clear ————————— ❶

    Set 복사위치 = Cells(Rows.Count, "D").End(xlUp)

    For i = 4 To 마지막행 Step 3

        Set 복사위치 = 복사위치.Offset(1)

        Range("B" & i & ":B" & i + 2).Copy
        복사위치.PasteSpecial Transpose:=True

    Next

End Sub
```

❶ 기존 데이터 범위를 삭제하기 위해 [D4] 셀에서 단축키 Ctrl + A 를 누른 범위를 참조한 후 Offset 속성을 사용해 한 칸 아래 범위를 참조합니다. [D4] 셀에서 전체 범위를 참조하면 머리글 범위(4행)가 포함되므로 Offset 속성을 사용해 머리글 행을 범위에서 제외합니다. 참조된 범위를 Clear 메소드를 이용해 지웁니다.
이 동작은 매크로 기록기로도 기록할 수 있습니다. 리본 메뉴의 [홈] 탭-[편집] 그룹-[지우기]-[모두 지우기 ✦]
를 클릭하여 기록합니다.
만약 [삭제]로 데이터를 지우고 싶다면 다음과 같은 코드를 사용합니다.

```
Range("D4").CurrentRegion.Offset(1).Delete Shift:=xlUp
```

[표 변환] 단추를 클릭해 수정한 코드를 실행하면 항상 5행부터 정확하게 데이터가 변환되어 복사되는 것을 확인할 수 있습니다.

▲	A	B	C	D	E	F	G	H	I	J
1										
2		**Raw**			**변환**					
3								표 변환		
4		김유정		이름	직위	전화번호				
5		차장		김유정	차장	010-9342-5897				
6		010-9342-5897		김보연	주임	010-4230-1980				
7		김보연		최하안	과장	010-5455-8911				
8		주임		김연주	과장	010-3106-2841				
9		010-4230-1980		김성우	대리	010-3903-4809				
10		최하안		이호정	과장	010-8924-4218				
11		과장		박상호	사원	010-4432-8225				
12		010-5455-8911		김상우	과장	010-2112-6132				
13		김연주		박영재	부장	010-5332-2921				
14		과장		이희진	부장	010-7743-5421				
15		010-3106-2841		최민수	과장	010-4123-0345				
16		김성우		손필호	사원	010-2935-5162				
17		대리								
18		010-3903-4809								

앞에서 수정한 방법대로 마지막행 변수에 저장되는 행 번호도 다음과 같이 수정합니다

```
Sub 표변환()

    Dim i As Long
    Dim 마지막행 As Long
    Dim 복사위치 As Range

    마지막행 = Cells(Rows.Count, "B").End(xlUp).Row  ─────────── ❶

    Range("D4").CurrentRegion.Offset(1).Clear

    Set 복사위치 = Cells(Rows.Count, "D").End(xlUp)

    For i = 4 To 마지막행 Step 3

        Set 복사위치 = 복사위치.Offset(1)
```

```
        Range("B" & i & ":B" & i + 2).Copy
        복사위치.PasteSpecial Transpose:=True

    Next

End Sub
```

❶ 마지막행 변수에 B열에서 데이터가 입력된 마지막 셀의 행 번호를 저장합니다. 기존 코드는 [B10000] 셀에서 단축키 Ctrl + ↑ 를 눌러 마지막 셀을 참조했습니다. 이번에는 B열의 마지막 셀에서 단축키 Ctrl + ↑ 를 눌러 마지막 셀을 참조하도록 변경한 것입니다.
마지막 셀을 코드로 지정하면 데이터가 10000행을 초과해도 정상적으로 동작합니다. 매크로의 동작 자체에는 변화가 없지만 데이터가 아무리 많이 추가돼도 안심하고 매크로를 사용할 수 있습니다.

마지막으로 [B:D] 열을 참조하는 부분을 Resize 속성을 이용하도록 다음과 같이 수정합니다.

```
Sub 표변환()

    Dim i As Long
    Dim 마지막행 As Long
    Dim 복사위치 As Range

    마지막행 = Cells(Rows.Count, "B").End(xlUp).Row

    Range("D4").CurrentRegion.Offset(1).Clear

    Set 복사위치 = Cells(Rows.Count, "D").End(xlUp)

    For i = 4 To 마지막행 Step 3

        Set 복사위치 = 복사위치.Offset(1)

        Range("B" & i).Resize(3, 1).Copy ─────────── ❶
        복사위치.PasteSpecial Transpose:=True

    Next

End Sub
```

❶ i 변수는 순환문 내에서 4, 7, 10, …과 같이 변화합니다. 해당 위치에서 3×1 행렬 범위를 참조하도록 Resize 속성을 사용했습니다. 3×1 행렬은 세 개의 행과 한 개의 열이므로 다음과 같습니다.

B4
B5
B6

Resize 속성을 활용하면 기존과 같이 복잡하게 참조할 필요없이 간단하게 원하는 범위를 참조할 수 있습니다.

공략 TIP 수정된 코드는 Resize (코드 3).txt 파일로 제공됩니다.

이렇게 이미 완성한 매크로도 지속적으로 수정하여 효율적으로 개선해나가야 합니다. 초보 매크로 개발자라면 코드 개선이 어렵게 느껴지고 부담될 수 있지만 이 책의 내용을 참고해 코드를 차근차근 수정하다 보면 매크로와 빠르게 친숙해질 수 있을 것입니다.

엑셀 파일, 시트 관련 매크로

엑셀로 작업할 때는 다른 파일을 열어 데이터를 가져오거나 현재 시트를 새로운 파일로 저장하는 등의 파일 관련 작업이 자주 발생합니다. 파일을 열고 닫는 작업부터 여러 파일의 데이터를 한 파일에 취합하는 작업, 시트를 PDF 파일로 저장하는 작업, 동일한 시트를 복사해 새로운 빈 양식 시트를 만드는 작업까지 파일 작업에 매크로를 활용하는 방법을 안내합니다.

파일을 열고 닫는 매크로 만들기

예제 _ PART 03 \ CHAPTER 09 \ 파일 열고 닫기.xlsm, 파일.xlsx

파일을 열고 닫는 매크로 개발하기

다른 파일에 저장된 데이터를 가져와 작업하고 싶다면 해당 파일을 열고 닫는 과정이 있어야 합니다. 물론 파일을 열지 않고 데이터를 가져오는 방법도 있지만 초심자에게 추천하는 방법은 아니므로 이 책에서는 파일을 열고 닫는 방법을 이용해 데이터를 가져오는 매크로를 개발해보겠습니다.

파일을 열고 닫는 방법은 모두 매크로 기록기로 기록이 가능합니다. 매크로 기록기를 이용하여 샘플 코드를 얻는 방법을 설명하겠습니다.

파일 열고 닫기.xlsm 예제 파일을 열고, 다음과 같은 과정을 참고해 파일을 여는 동작을 매크로 기록기로 기록합니다.

01 리본 메뉴의 [개발 도구] 탭-[코드] 그룹-[매크로 기록🔘]을 클릭합니다.

02 [매크로 기록] 대화상자가 표시되면 바로 [확인]을 클릭합니다.

> **공략 TIP** 코드만 얻을 목적이므로 매크로 이름을 굳이 변경할 필요가 없습니다.

03 리본 메뉴의 [파일] 탭-[열기](Ctrl + O)를 눌러 [열기] 대화상자를 호출합니다.

> **공략 TIP** 엑셀 버전에 따라 [파일] 탭-[찾아보기]를 클릭해야 [열기] 대화상자가 호출될 수도 있습니다.

04 **파일.xlsm** 예제 파일을 더블클릭하여 엽니다.

05 파일이 열리면 리본 메뉴의 [개발 도구] 탭-[코드] 그룹-[기록 중지▢]를 클릭합니다.

단축키 Alt + F11 을 눌러 [VB 편집기] 창을 열고 [프로젝트 탐색기] 창에서 [Module1] 모듈을 더블클릭하면 다음과 같은 매크로 코드를 확인할 수 있습니다.

```
Sub 매크로1()

    ChDir "C:\예제\Part 03\Chapter 09"  ──────────────── ❶
    Workbooks.Open Filename:="C:\예제\Part 03\Chapter 09\파일.xlsx"  ──────── ❷

End Sub
```

❶ [열기] 대화상자에서 [예제] 폴더로 이동하는 동작이 기록되며, 경로는 사용자마다 다를 수 있습니다. 아래 줄의
   파일을 여는 명령에 전체 경로가 포함되므로 ❶ 부분은 꼭 필요한 코드는 아닙니다.

❷ [열기]에 해당하는 부분입니다. Filename 매개변수에 열려는 파일의 전체 경로와 파일명이 전달되면 파일이 열
   리게 됩니다.

공략 **TIP** 매크로 기록기로 기록할 때 표시되는 주석은 임의로 제거했습니다.

파일을 닫는 작업을 매크로 기록기로 기록하면 다음과 같은 코드를 얻을 수 있습니다.

```
Sub 매크로2()

    Windows("파일.xlsx").Activate  ──────────── ❶
    ActiveWorkbook.Save  ─────────── ❷
    ActiveWindow.Close  ─────────── ❸

End Sub
```

❶ 열려 있는 파일 중 파일.xlsx 파일 창을 선택하는 명령입니다. 이 부분에서 Windows는 파일 창을 의미하므로
   다음과 같이 변경할 수 있습니다.

```
Workbooks("파일.xlsx").Activate
```

❷ 선택한 파일을 저장합니다. 이 코드는 표시되는 경우도 있고 표시되지 않는 경우도 있습니다. 파일을 연 후 저
   장하기까지 파일 내부의 값이 하나라도 변경됐다면 저장 여부를 묻는 메시지가 표시됩니다. 이때 [저장]을 클릭
   하면 이 코드가 기록됩니다. 해당 메시지가 표시되지 않았거나 [아니오]를 클릭해 저장하지 않으면 기록되지 않
   습니다.

❸ 선택된 파일 창을 닫습니다. ❶과 마찬가지로 Window는 Workbook으로 변경할 수 있습니다. 따라서 이번
   코드는 다음과 같이 수정할 수 있습니다.

```
ActiveWorkbook.Close
```

ActiveWorkbook은 ❶에서 선택한 파일이므로 다음과 같이 수정할 수도 있습니다.

```
Workbooks("파일.xlsx").Close
```

파일을 연 후 다른 파일 창으로 이동하지 않았다면 ActiveWorkbook.Close를 이용해 파일을 닫을 수 있습니다. 파일을 열고 다른 파일 창으로 이동했다면 Workbooks("파일.xlsx").Close를 이용해 파일을 닫습니다. 자주 사용되는 코드 활용이므로 잘 알아두도록 합니다.

Close 메서드의 옵션을 사용하여 ❷와 ❸을 다음과 같이 수정할 수 있습니다.

```
Workbooks("파일.xlsx").Close SaveChanges:=True
```

위 코드와 같이 SaveChanges 매개변수의 값을 True로 설정하면 파일을 저장한 후에 닫고, False로 설정하면 저장하지 않고 닫습니다. 옵션을 설정하지 않으면 저장 여부를 묻는 메시지가 표시될 수 있습니다.

공략 TIP 매크로 기록기로 기록할 때 표시되는 주석은 임의로 제거했습니다.

매크로 기록기로 기록된 코드를 조합하여 파일을 열고 닫는 매크로를 만들면 다음과 같은 구조로 구성됩니다.

```
Sub 파일열고닫기()

    Workbooks.Open Filename:="C:\예제\Part 03\Chapter 09\파일.xlsx" ─────── ❶

            ' 원하는 작업

    ActiveWorkbook.Close SaveChanges:=False ─────── ❷

End Sub
```

❶ 지정된 경로의 파일을 엽니다.
❷ 현재 파일을 저장하지 않고 닫습니다. 만약 다른 파일로 이동해 작업할 수도 있다면 이 코드는 다음과 같이 변경되어야 합니다.

```
Workbooks("파일.xlsx").Close SaveChanges:=True
```

변수를 사용해 코드 효율 높이기

앞에서 정리한 매크로는 파일이 저장된 경로에 따라 매우 긴 코드가 될 수도 있습니다. 따라서 변수를 사용해 파일의 경로와 파일명을 따로 저장해놓는 것이 좋습니다. 다음 코드를 참고합니다.

```
Sub 파일열고닫기()

    Dim 경로 As String ─────── ❶
    Dim 파일 As String ─────── ❷
```

```
        경로 = "C:\예제\Part 03\Chapter 09\"  ————————— ❸
        파일 = "파일.xlsx"  ————————— ❹

        Workbooks.Open Filename:=경로 & 파일  ————————— ❺

            ' 원하는 작업

        ActiveWorkbook.Close SaveChanges:=False

End Sub
```

❶ 텍스트 문자열을 저장할 수 있는 String 형식의 경로 변수를 선언합니다.

❷ String 형식의 파일 변수를 선언합니다.

❸ 경로 변수에 열고 싶은 파일의 전체 경로를 저장합니다. 이때 경로 변수에 저장되는 문자열의 마지막 문자는 반드시 경로를 구분하는 부호인 ₩로 끝나야 합니다.

❹ 파일 변수에 열고 싶은 파일의 이름을 저장합니다. 이름에는 반드시 .xlsx와 같은 정확한 파일 확장자가 포함되어야 합니다.

❺ Filename 매개변수에 경로 변수와 파일 변수의 문자열을 연결해 전달합니다.

공략 TIP 수정된 코드는 파일 열고 닫기 (코드 1).txt 파일로 제공됩니다.

열려 있는 파일을 좀 더 쉽게 제어하기 위해 개체변수를 사용하도록 코드를 수정합니다.

```
Sub 파일열고닫기()

    Dim 경로 As String
    Dim 파일 As String
    Dim WB As Workbook  ————————— ❶

    경로 = "C:\예제\Part 03\Chapter 09\"
    파일 = "파일.xlsx"

    Set WB = Workbooks.Open(Filename:=경로 & 파일)  ————————— ❷

        ' 원하는 작업

    WB.Close SaveChanges:=False  ————————— ❸

End Sub
```

❶ Workbook 개체 형식의 WB 변수를 선언합니다.

❷ 지정된 파일을 열고, 연 파일을 WB 변수에 연결합니다.

❸ WB 변수에 연결된 파일을 닫습니다. ActiveWorkbook이나 Workbooks("파일이름")와 같은 코드를 길게 적지 않아도 항상 정확하게 열려 있는 파일만 닫을 수 있습니다.

공략 TIP 수정된 코드는 파일 열고 닫기 (코드 2).txt 파일로 제공됩니다.

이 매크로를 테스트하고 싶다면 파일을 닫는 코드 위에 다음 코드를 입력합니다. 파일을 닫기 전 잠깐 매크로 실행이 중단되어 파일이 열리는 장면을 확인할 수 있습니다.

```
Application.Wait Now + TimeSerial(0,0,1)
```

다양한 응용 코드

매크로가 실행되는 파일과 항상 동일한 폴더에서 작업하기

만약 작업할 파일이 매크로 파일과 동일한 폴더 내에 있다면 경로 변수에 다음과 같은 코드를 사용해 매크로 실행 파일의 경로를 저장할 수 있습니다.

```
Sub 파일열고닫기()

    Dim 경로 As String
    Dim 파일 As String
    Dim WB As Workbook

    경로 = ThisWorkbook.Path & "\"    ────────────── ❶
    파일 = "파일.xlsx"

    Set WB = Workbooks.Open(Filename:=경로 & 파일)

        '  원하는 작업

    WB.Close SaveChanges:=False

End Sub
```

❶ ThisWorkbook은 엑셀 파일인 Workbook 개체를 가리키는 별칭 중 하나로, 현재 개발 중인 코드가 저장되는 파일을 의미합니다. Workbook 개체는 Path 속성을 사용해 파일의 경로를 저장하므로 ThisWorkbook. Path와 같은 코드를 사용하면 항상 현재 파일의 경로를 알아낼 수 있습니다.

공략 TIP Workbook 개체에 대한 설명은 123페이지를 참고합니다.

폴더를 직접 선택하기

열려는 파일이 존재하는 폴더를 직접 선택하려면 다음과 같은 방법을 사용해야 합니다. 이 코드는 매크로 기록기로는 얻기 힘드므로 직접 입력합니다.

```
Sub 파일열고닫기()

    Dim 경로 As String
    Dim 파일 As String
    Dim WB As Workbook

    With Application.FileDialog(msoFileDialogFolderPicker)  ──────────  ❶

        .Title = "예제 파일이 있는 폴더를 선택하세요!" ──────────  ❷

        If .Show = -1 Then      ──────────  ❸

            경로 = .SelectedItems(1) & "\"  ──────────  ❹

        End If

    End With

    If 경로 = "" Then Exit Sub      ──────────  ❺

    파일 = "파일.xlsx"

    Set WB = Workbooks.Open(Filename:=경로 & 파일)

        ' 원하는 작업

    WB.Close SaveChanges:=False

End Sub
```

❶ 엑셀 대화상자 중 폴더를 선택하는 대화상자를 대상으로 작업합니다.
❷ 대화상자의 제목 표시줄에 표시될 내용을 설정합니다.
❸ Show 메서드를 이용해 다음과 같은 대화상자를 표시합니다.

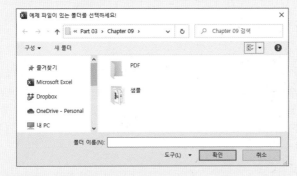

　　If 문을 사용해 위 대화상자가 표시되었는지 확인합니다. VBA에서 -1은 True를 의미합니다.
❹ 대화상자에서 선택한 폴더를 경로 변수에 저장합니다.
❺ 경로 변수에 저장된 문자열이 없다면 Exit Sub를 사용해 매크로를 종료합니다.

공략 TIP 수정된 코드는 파일 열고 닫기 (코드 3).txt 파일로 제공됩니다.

파일을 직접 선택하기

폴더를 선택하지 않고 파일을 직접 선택하려면 다음이 같은 코드를 입력합니다.

```
Sub 파일열고닫기()

    Dim 선택파일 As String ──────── ❶
    Dim WB As Workbook

    선택파일 = Application.GetOpenFilename ──────── ❷

    If 선택파일 = "False" Then Exit Sub ──────── ❸

    Set WB = Workbooks.Open(Filename:=선택파일) ──────── ❹

        ' 원하는 작업

    WB.Close SaveChanges:=False

End Sub
```

❶ 선택한 파일의 경로와 파일명을 저장할 선택파일 변수를 String 형식으로 선언합니다.
❷ Application.GetOpenFilename은 파일을 직접 열어주지는 않지만 [열기] 대화상자를 호출하여 사용자가 선택한 파일의 경로와 파일명을 반환합니다. 반환해준 문자열을 선택파일 변수에 저장합니다. 참고로 파일을 선택하지 않으면 False가 반환됩니다.
❸ 선택파일 변수에 저장된 문자열이 False라면 Exit Sub로 매크로를 종료합니다.
❹ 매크로가 종료되지 않았다면 파일을 선택한 것이므로 선택파일 변수에 저장된 값을 Filename 매개변수에 전달해 파일을 엽니다.

공략 **TIP** 수정된 코드는 파일 열고 닫기 (코드 4).txt 파일로 제공됩니다.

여러 파일의 데이터를 한 파일에 취합하기

예제 _ PART 03 \ CHAPTER 09 \ 통합.xlsm
PART 03 \ CHAPTER 09 \ 샘플 \ 분당점.xlsx, 성수점.xlsx, 용산점.xlsx, 홍대점.xlsx

작업 이해하기

여러 파일 내 데이터를 하나의 파일에 취합하는 매크로를 개발해보겠습니다. 먼저 첫 번째 파일을 처리하는 코드를 개발한 다음 순환문을 이용해 다른 파일을 처리하도록 만들어야 합니다.

통합.xlsm 예제 파일을 열면 다음과 같은 표를 확인할 수 있습니다.

	선택				통합 데이터							
	지점	가져오기			지점	영업사원	분류	제품	단가	수량	할인율	판매액
	분당점											
	성수점											
	용산점											
	홍대점											

왼쪽 표에서 데이터를 통합할 지점에 대문자 O가 입력되면 오른쪽 표에 해당 지점의 모든 데이터를 가져오는 매크로를 개발합니다.

지점 파일을 확인하기 위해 [샘플] 폴더에서 **분당점.xlsx** 파일을 열면 다음과 같은 데이터를 확인할 수 있습니다.

지점	영업사원	분류	제품	단가	수량	할인율	판매액
분당점	이서영	복합기	잉크젯복합기 AP-3300	79,800	12	0%	957,600
분당점	박현준	복합기	잉크젯복합기 AP-3200	89,300	64	0%	5,715,200
분당점	박현준	제본기	링제본기 ST-100	127,800	44	0%	5,623,200
분당점	이서영	복사용지	복사지A4 5000매	24,500	64	0%	1,568,000
분당점	박현준	출퇴근기록기	RF OA-200	34,700	8	0%	277,600
분당점	이서영	복사용지	복사지A4 1000매	6,500	96	0%	624,000
분당점	이서영	바코드스캐너	바코드 Z-350	54,800	48	0%	2,630,400
분당점	이서영	복사기	컬러레이저복사기 XI-2000	969,000	33	10%	28,779,300
분당점	박현준	복합기	레이저복합기 L200	166,800	50	0%	8,340,000
분당점	박현준	바코드스캐너	바코드 BCD-100 Plus	108,300	90	0%	9,747,000
분당점	이서영	복사기	흑백레이저복사기 TLE-5000	565,200	40	10%	20,347,200
분당점	이서영	복사용지	고급복사지A4 5000매	29,100	45	0%	1,309,500

공략 TIP 지점 파일에는 모두 [sample] 시트 하나만 존재합니다.

각 지점 데이터의 개수는 다르므로 이를 감안해 매크로를 개발해야 합니다. 데이터를 확인했다면 **분당점.xlsx** 파일은 닫습니다.

데이터를 가져오는 매크로 기록하기

먼저 첫 번째 지점 데이터를 예제 파일에 가져오는 매크로를 기록합니다. 다음과 같은 순서로 작업해 샘플 코드를 얻어보세요!

01 리본 메뉴의 [개발 도구] 탭-[코드] 그룹-[매크로 기록🔳]을 클릭합니다.

02 [매크로 기록] 대화상자가 표시되면 [매크로 이름]을 **통합**으로 변경하고 [확인]을 클릭합니다.

03 단축키 Ctrl + O 를 눌러 [열기] 대화상자를 호출합니다.

> **공략 TIP** 대화상자가 호출되지 않는다면 [파일] 탭-[찾아보기]를 클릭해 [열기] 대화상자를 호출합니다.

04 [열기] 대화상자에서 [예제] 폴더의 하위 폴더인 [샘플] 폴더로 이동하고, **분당점.xlsx** 파일을 클릭한 후 [열기]를 클릭합니다.

05 **분당점.xlsx** 파일에서 [A2:H13] 범위를 선택하고 단축키 Ctrl + C 를 눌러 복사합니다.

06 **통합.xlsm** 파일 창으로 돌아와 [F6] 셀을 선택합니다.

07 단축키 Ctrl + V 를 눌러 붙여 넣습니다.

08 Esc 를 눌러 복사 모드를 해제합니다.

09 **분당점.xlsx** 파일 창으로 이동합니다.

10 파일을 닫습니다. 저장할지 묻는 대화상자가 표시되면 [아니오]를 클릭합니다.

11 리본 메뉴의 [개발 도구] 탭-[코드] 그룹-[기록 중지🔲]를 클릭합니다.

단축키 Alt + F11 을 눌러 [VB 편집기] 창을 열고 [프로젝트 탐색기] 창에서 [Module1] 모듈을 더블클릭하면 다음과 같은 매크로 코드를 확인할 수 있습니다.

```
Sub 통합()

    ChDir "C:\예제\Part 03\Chapter 09\샘플\"   ——————— ❶
    Workbooks.Open Filename:= "C:\예제\Part 03\Chapter 09\샘플\분당점.xlsx"   ——— ❷
    Range("A2:H13").Select   ——————— ❸
    Selection.Copy   ——————— ❹
    Windows("통합.xlsm").Activate   ——————— ❺
    Range("F6").Select   ——————— ❻
```

```
        ActiveSheet.Paste ──────────── ❼
        Application.CutCopyMode = False ────────── ❽
        Windows("분당점.xlsx").Activate ────────── ❾
        ActiveWindow.Close ─────────── ❿


End Sub
```

기록된 매크로 코드를 순서대로 살펴보면 다음과 같습니다.

❶ [열기] 대화상자에서 [샘플] 하위 폴더로 이동합니다.

　이번 코드는 [열기] 대화상자를 이용할 때 기록되는 코드입니다. 실제 파일을 여는 작업은 아래 줄에서 진행되므로 이 코드는 삭제해도 됩니다.

❷ 분당점.xlsx 파일을 엽니다.

❸ [A2:H13] 범위를 복사합니다.

❹ 선택된 범위를 복사합니다. ❸, ❹번 줄은 다음과 같이 합칠 수 있습니다.

```
    Range("A2:H13").Copy
```

❺ 복사된 데이터를 붙여 넣기 위해 통합.xlsm 파일을 선택합니다.

　Windows는 파일 창을 의미하며, 대부분 엑셀 파일을 의미하는 Workbooks로 변경이 가능합니다. 이번 코드는 다음 코드와 동일합니다.

```
    Workbooks("통합.xlsm").Activate
```

　참고로 통합.xlsm 파일은 매크로가 저장되는 파일로, VBA에서는 ThisWorkbook으로 변경할 수 있습니다. 그러므로 이번 코드는 다음과 같이 변경할 수도 있습니다.

```
    ThisWorkbook.Activate
```

❻ 붙여 넣을 위치인 [F6] 셀을 선택합니다.

❼ 선택된 위치에 붙여 넣습니다.

　이 동작은 ❹ 코드의 Copy 뒤에 한번에 넣을 수 있습니다. 다만 붙여 넣을 위치가 다른 파일에 존재하므로 초보자들에게 권장하지는 않습니다.

❽ 복사 모드를 해제합니다.

❾ 파일을 닫기 위해 분당점.xlsx 파일을 다시 선택합니다.

❿ 선택된 파일 창을 닫습니다. ❽, ❾번 줄은 다음과 같이 합칠 수 있습니다.

```
    Workbooks("분당점.xlsx").Close SaveChanges:=False
```

위 코드에 대한 설명은 이 책의 254페이지를 참고합니다.

공략 TIP　기록된 코드는 통합 (코드 1).txt 파일로 제공됩니다.

매크로 기록기로 얻은 코드를 설명에 맞게 수정하면 다음과 같은 코드를 얻을 수 있습니다.

```
Sub 통합()

    Workbooks.Open Filename:= "C:\예제\Part 03\Chapter 09\샘플\분당점.xlsx"
    Range("A2:H13").Copy
    ThisWorkbook.Activate
    Range("F6").Select
    ActiveSheet.Paste
    Application.CutCopyMode = False
    Workbooks("분당점.xlsx").Close SaveChanges:=False

End Sub
```

공략 **TIP** 수정된 코드는 통합 (코드 2).txt 파일로 제공됩니다.

수정된 코드가 제대로 동작하는지 다음과 같이 테스트합니다.

01 매크로 기록기로 기록할 때 복사했던 데이터를 먼저 삭제합니다.

02 [F6:M17] 범위를 드래그하여 선택하고 마우스 오른쪽 버튼으로 클릭한 후 [삭제]를 클릭합니다.

03 [삭제] 대화상자가 표시되면 [셀을 위로 밀기]를 클릭하고 [확인]을 클릭합니다.

데이터를 초기화하는 코드

02~03 과정을 매크로 기록기로 기록하면 다음과 같은 코드를 얻을 수 있습니다.

```
Range("F6:M17").Select
Selection.Delete Shift:=xlUp
```

이 작업과 관련해서는 이 책의 66페이지에서 설명한 적 있습니다. 기존 데이터는 삭제하고 새로운 데이터를 가져오는 작업을 하면 항상 이 코드가 매크로에 포함됩니다.

단, 지점의 수가 달라지면 가져온 데이터의 범위는 항상 다를 수밖에 없습니다. 따라서 동적으로 확장된 범위를 대상으로 해야 합니다. Range 개체에서 참조하는 범위를 Ctrl + 방향키를 이용하도록 다음과 같이 수정합니다.

```
Range("F6", Range("M6").End(xlDown)).Delete Shift:=xlUp
```

위 코드는 [F6] 셀부터, [M6] 셀에서 단축키 Ctrl + ↓를 눌러 이동한 셀까지의 범위를 삭제합니다. 이와 같은 코드는 매우 유용하므로 반드시 알아둬야 합니다.

04 리본 메뉴의 [개발 도구] 탭–[컨트롤] 그룹–[삽입⊞]을 클릭합니다.

05 [양식 컨트롤]–[단추(양식 컨트롤)▢]를 클릭하고 [D6:E7] 범위 안에 적당한 크기로 삽입합니다.

06 [매크로 지정] 대화상자가 표시되면 [통합] 매크로를 클릭하고 [확인]을 클릭합니다.

07 단추 컨트롤의 레이블을 **파일 통합**으로 수정하고 빈 셀을 클릭합니다.

08 [파일 통합] 단추를 클릭해 다음과 같은 결과가 반환되는지 확인합니다.

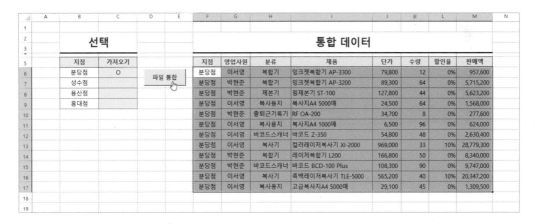

변수를 사용해 매크로 코드 개선하기

매크로가 정상적으로 동작하는 것을 확인했다면 변수를 사용해 매크로 코드를 개선해보겠습니다. 코드를 개선할수록 VBA 활용도가 늘어나므로 힘들더라도 코드를 개선하는 습관을 들이는 것이 좋습니다.

먼저 열 파일이 저장된 폴더의 경로와 파일명에 변수를 이용하도록 코드를 다음과 같이 수정합니다.

```
Sub 통합()

    Dim 경로 As String          ─────────── ①
    Dim 파일 As String          ─────────── ②

    경로 = "C:\예제\Part 03\Chapter 09\샘플\"   ─────────── ③
    파일 = "분당점.xlsx"          ──── ④

    Workbooks.Open Filename:=경로 & 파일   ─────────── ⑤
    Range("A2:H13").Copy
    ThisWorkbook.Activate
    Range("F6").Select
    ActiveSheet.Paste
    Application.CutCopyMode = False
    Workbooks(파일).Close SaveChanges:=False   ─────────── ⑥

End Sub
```

① 열려고 하는 파일의 경로를 저장할 String 형식의 경로 변수를 선언합니다.
② 열려고 하는 파일의 이름을 저장할 String 형식의 파일 변수를 선언합니다.
③ 경로 변수에 [예제] 폴더 내 [샘플] 폴더에 해당하는 경로 문자열을 저장합니다.
④ 파일 변수에 열려고 하는 파일의 문자열을 저장합니다.
⑤ Filename 매개변수에 경로 변수와 파일 변수의 값을 연결하여 해당 파일을 엽니다.
⑥ 닫으려는 파일명도 파일 변수를 이용하도록 변경합니다.

공략 **TIP** 수정된 코드는 통합 (코드 3).txt 파일로 제공됩니다.

코드를 수정한 후 엑셀 창의 [파일 통합] 단추를 클릭해 매크로 동작에 문제가 없는지 확인합니다. 에러가 발생한다면 위 코드를 참고해 코드를 다시 수정합니다.

이제 경로 변수에 저장되는 문자열을 현재 파일의 경로를 읽어 처리하도록 다음과 같이 수정합니다.

```
Sub 통합()

    Dim 경로 As String
    Dim 파일 As String
```

```
        경로 = ThisWorkbook.Path & "\샘플\"                    ────────── ❶
        파일 = "분당점.xlsx"

        Workbooks.Open Filename:=경로 & 파일
        Range("A2:H13").Copy
        ThisWorkbook.Activate
        Range("F6").Select
        ActiveSheet.Paste
        Application.CutCopyMode = False
        Workbooks(파일).Close SaveChanges:=False

    End Sub
```

❶ 경로 변수에 저장되는 문자열을 ThisWorkbook.Path에서 읽어오도록 합니다. 이렇게 하면 폴더명을 변경하거나 경로를 옮겨도 제대로 실행됩니다. 다만 지점 파일은 현재 파일의 경로에 있는 것이 아니라 [샘플] 폴더 하위에 있으므로 ThisWorkbook.Path와 하위 폴더 경로에 해당하는 문자열을 연결시켜줘야 합니다.
아래와 같이 [직접 실행] 창에 명령을 입력해보면 ThisWorkbook.Path에 "₩샘플₩" 문자열을 & 연산자로 연결해주는 이유를 확인할 수 있습니다.

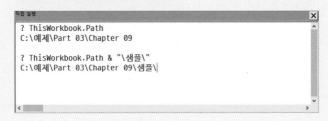

열려는 지점 파일을 별도의 개체변수에 연결해 작업하도록 변경합니다. 변수를 사용하면 다른 파일을 제어하는 것이 좀 더 편리해집니다. 다음 코드를 참고해 매크로를 수정합니다.

```
    Sub 통합()

        Dim 경로 As String
        Dim 파일 As String
        Dim WB As Workbook              ────────── ❶

        경로 = ThisWorkbook.Path & "\샘플\"
        파일 = "분당점.xlsx"

        Set WB = Workbooks.Open(Filename:=경로 & 파일) ────────── ❷
            Range("A2:H13").Copy

        ThisWorkbook.Activate
            Range("F6").Select
            ActiveSheet.Paste
```

```
        Application.CutCopyMode = False

        WB.Close SaveChanges:=False  ─────────────  ❸

End Sub
```

이번 코드에서는 코드가 동작하는 파일을 구분하기 쉽도록 파일 내에서 동작되는 코드만 한 번 더 들여쓰기를 했습니다. 코드를 고칠 때 들여쓰기와 내어쓰기를 적절하게 사용할 수 있다면 코드의 가독성을 높일 수 있습니다.

❶ Workbook 개체 형식의 WB 변수를 선언합니다.
❷ Workbooks.Open 명령으로 열린 파일을 WB 개체변수에 연결합니다. 이때 Open 메서드의 Filename 매개변수는 반드시 괄호 내에서 사용해야 에러가 발생하지 않습니다.
❸ 파일을 닫는 마지막 줄 코드도 선언 WB 변수에 연결된 파일을 닫는 코드로 변경합니다.

공략 TIP 수정된 코드는 통합 (코드 4).txt 파일로 제공됩니다.

코드 수정이 거의 끝났습니다. 작업했던 데이터를 초기화하는 코드를 다음과 같이 추가합니다.

```
Sub 통합()

    Dim 경로 As String
    Dim 파일 As String
    Dim WB As Workbook

    경로 = ThisWorkbook.Path & "\샘플\"
    파일 = "분당점.xlsx"

    Range("F6", Range("M6").End(xlDown)).Delete Shift:=xlUp  ─────────  ❶

    Set WB = Workbooks.Open(Filename:=경로 & 파일)
        Range("A2:H13").Copy

    ThisWorkbook.Activate
        Range("F6").Select
        ActiveSheet.Paste

    Application.CutCopyMode = False

    WB.Close SaveChanges:=False

End Sub
```

❶ [F6] 셀부터, [M6] 셀에서 단축키 Ctrl + ↓ 를 눌러 이동한 셀까지의 범위를 삭제합니다.

공략 TIP 이전에 작업했던 데이터를 초기화하는 코드에 대해서는 263페이지를 참고합니다.

순환문을 이용해 여러 파일을 동시에 처리하기

통합.xlsm 파일에서 [B6:B9] 범위에는 지점명이 입력되어 있고, [C6:C9] 범위에는 통합할 지점을 선택하도록 되어 있습니다.

	A	B	C	D	E
1					
2		**선택**			
3					
4					
5		지점	가져오기		
6		분당점	O		파일 통합
7		성수점			
8		용산점			
9		홍대점			
10					

[C6:C9] 범위를 순환하면서 선택된 지점 데이터를 가져오도록 하겠습니다. 해당 범위를 For… Next 순환문으로 처리하려면 다음과 같은 구조의 순환문을 사용합니다.

```
Sub 순환문_샘플()

    Dim r As Long ──────────── ❶

    For r = 6 To 9 ──────────── ❷

        If Range("C" & r).Value = "O" Then ─────── ❸

            ' 반복할 작업

        End If

    Next

End Sub
```

이번 코드는 순환문과 판단문을 사용하는 기본 패턴입니다. 여러 작업에 응용할 수 있는 패턴이므로 잘 알아두도록 합니다.

❶ For… Next 순환문에서 사용할 Long 형식의 r 변수를 선언합니다.
❷ For… Next 순환문을 사용해 행을 의미하는 r 변수를 6에서 9까지 1씩 증가시킵니다.
❸ If 문을 사용해 C열의 r행 위치에 대문자 O가 입력됐는지 확인합니다.

앞의 코드를 [통합] 매크로에 적용하면 다음과 같은 매크로를 완성할 수 있습니다.

```
Sub 통합()

    Dim 경로 As String
    Dim 파일 As String
    Dim WB As Workbook
    Dim r As Long

    경로 = ThisWorkbook.Path & "\샘플\"
    파일 = "분당점.xlsx"

    Range("F6", Range("M6").End(xlDown)).Delete Shift:=xlUp

    For r = 6 To 9

        If Range("C" & r).Value = "O" Then

            Set WB = Workbooks.Open(Filename:=경로 & 파일)
                Range("A2:H13").Copy

            ThisWorkbook.Activate
                Range("F6").Select
                ActiveSheet.Paste

            Application.CutCopyMode = False

            WB.Close SaveChanges:=False

        End If

    Next

End Sub
```

기존 통합 매크로에 순환문과 판단문을 결합해놓은 코드입니다. 들여쓰기를 이용해 코드가 어디에서 동작하는지 정확하게 구분해놓았습니다. 이렇게 코드를 정리하는 습관을 들이면 매크로를 보다 효율적으로 개발할 수 있습니다.

공략 **TIP** 수정된 코드는 통합 (코드 5).txt 파일로 제공됩니다.

순환문 내에서 지점 파일 변경하기

위의 코드는 아직 사용할 수 없습니다. 이 코드가 제대로 동작하려면 열려는 순환문이 작업을 반복할 때마다 지점 파일명이 바뀔 수 있어야 합니다. 다음과 같이 코드를 수정하여 파일 변수를 순환문 안쪽으로 옮깁니다.

```
Sub 통합()

    Dim 경로 As String
    Dim 파일 As String
    Dim WB As Workbook
    Dim r As Long

    경로 = ThisWorkbook.Path & "\샘플\"

    Range("F6", Range("M6").End(xlDown)).Delete Shift:=xlUp

    For r = 6 To 9

        If Range("C" & r).Value = "O" Then

            파일 = Range("B" & r).Value & ".xlsx"        ──────────  ❶

            Set WB = Workbooks.Open(Filename:=경로 & 파일)
                Range("A2:H13").Copy

            ThisWorkbook.Activate
                Range("F6").Select
                ActiveSheet.Paste

            Application.CutCopyMode = False

            WB.Close SaveChanges:=False

        End If

    Next

End Sub
```

❶ 파일 변수에 B열의 r행 위치의 값과 확장자 문자열(".xlsx")을 연결한 값을 저장합니다. 이렇게 하면 "분당점.xlsx" 파일명이 파일 변수에 저장되게 됩니다.
파일 변수는 원래 경로 변수 위치에 있었지만 순환문 내로 위치가 옮겨지면서 r 변수가 6에서 9까지 1씩 증가할 때마다 B열의 값을 순차적으로 참조하게 됩니다. 따라서 한 번 순환할 때마다 서로 다른 지점 파일을 열 수 있게 됩니다.

지점 파일 내 복사할 범위를 동적 참조하기

각 지점 파일에서 복사할 데이터 범위를 각각 다르게 설정하는 작업을 진행합니다. 이번 작업을 위해서는 범위를 동적으로 참조하는 방법에 대해 이해하고 있어야 합니다. 다음 코드를 참고해 수정합니다.

```
Sub 통합()

    Dim 경로 As String
    Dim 파일 As String
    Dim WB As Workbook
    Dim r As Long

    경로 = ThisWorkbook.Path & "\샘플\"

    Range("F6", Range("M6").End(xlDown)).Delete Shift:=xlUp

    For r = 6 To 9

        If Range("C" & r).Value = "O" Then

            파일 = Range("B" & r).Value & ".xlsx"

            Set WB = Workbooks.Open(Filename:=경로 & 파일)
                Range("A2", Cells(Rows.Count, "H").End(xlUp)).Copy    ────────────  ❶

            ThisWorkbook.Activate
                Range("F6").Select
                ActiveSheet.Paste

            Application.CutCopyMode = False

            WB.Close SaveChanges:=False

        End If

    Next

End Sub
```

❶ 지점 파일을 연 후 [A2] 셀부터, H열의 마지막 셀에서 단축키 Ctrl + ↑ 를 눌러 이동한 셀까지의 범위를 복사합니다. 이와 같이 코드를 구성하면 데이터가 입력된 범위를 항상 정확하게 참조할 수 있습니다.
이 코드는 다음과 같이 변경할 수도 있습니다.

```
Range("A1").CurrentRegion.Offset(1).Copy
```

위 코드는 머리글 범위를 참조 범위에서 제외하도록 [A1] 셀에서 단축키 Ctrl + A 를 눌러 선택한 범위를 한 칸 아래로 이동시킨 데이터 범위만 복사하는 코드입니다. Offset(1)로 이동하는 과정에서 표 하단의 빈 행이 하나 선택되지만 매크로 동작에 문제되지는 않으므로 코드를 간결하게 사용하고자 할 때 자주 이용하는 방법입니다.

붙여 넣을 위치를 동적으로 참조하기

마지막으로 복사된 데이터를 붙여 넣을 위치를 매번 다르게 설정하도록 참조합니다. 다음을 참고해 코드를 수정합니다.

```
Sub 통합()

    Dim 경로 As String
    Dim 파일 As String
    Dim WB As Workbook
    Dim r As Long

    경로 = ThisWorkbook.Path & "\샘플\"

    Range("F6", Range("M6").End(xlDown)).Delete Shift:=xlUp

    For r = 6 To 9

        If Range("C" & r).Value = "O" Then

            파일 = Range("B" & r).Value & ".xlsx"

            Set WB = Workbooks.Open(Filename:=경로 & 파일)
                Range("A2", Cells(Rows.Count, "H").End(xlUp)).Copy

            ThisWorkbook.Activate
                Cells(Rows.Count, "F").End(xlUp).Offset(1).Select ─────────── ❶
                ActiveSheet.Paste

            Application.CutCopyMode = False

            WB.Close SaveChanges:=False

        End If

    Next

End Sub
```

❶ F열의 마지막 셀에서 단축키 Ctrl + ↑ 를 눌러 이동한 셀의 한 칸 아래 셀을 선택합니다. 이렇게 하면 이전 데이터가 붙여 넣은 위치 바로 아래에 데이터를 추가할 수 있습니다.

공략 TIP 수정된 코드는 통합 (코드 6).txt 파일로 제공됩니다.

이제 작업이 완료된 파일을 테스트합니다. [C6] 셀과 [C8] 셀에만 대문자 **O**를 입력하고 [파일 통합] 단추를 클릭합니다.

[C6:C8] 범위에서 O가 입력된 지점의 데이터를 오른쪽 표에 순서대로 가져온 것을 확인할 수 있습니다.

이번에는 [C6:C8] 범위를 선택하고 Delete 를 눌러 지운 후 [C7] 셀에만 대문자 **O**를 입력하고 [파일 통합] 단추를 클릭합니다.

실행 결과를 보면 성수점 데이터만 가져온 것을 확인할 수 있습니다. 여러 파일의 데이터를 한 파일로 모으는 작업을 자동화할 수 있습니다.

시트를 PDF 파일로 저장하는 매크로 만들기

예제 _ PART 03 \ CHAPTER 09 \ PDF 저장.xlsm

작업 이해하기

엑셀 업무를 하다보면 필요에 따라 특정 시트를 PDF 파일로 저장해야 하는 경우가 있습니다. 엑셀 2010 버전부터는 엑셀 파일이나 시트를 PDF 파일로 저장할 수 있는 기능을 제공하므로 이런 작업은 어렵지 않습니다. 다만, 정해진 폴더 내에 엑셀 파일을 PDF 파일로 저장하는 작업을 항상 일정한 패턴으로 반복한다면 매크로를 개발해 활용하는 것이 편리합니다.

PDF 저장.xlsm 예제 파일을 열면 [대림], [SC] 시트가 있으며, 각 시트에는 다음과 같은 견적서 양식이 포함되어 있습니다.

예제와 같은 파일이 있을 때 원하는 시트를 PDF 파일로 저장하고, 파일명은 회사명 뒤에 오늘 날짜가 yymmdd 형식으로 입력되어야 한다고 가정합니다.

시트를 PDF 파일로 저장하는 매크로 개발하기

먼저 해당 시트를 PDF 파일로 저장하는 동작을 매크로 기록기로 다음과 같이 기록해 샘플 코드를 얻습니다.

01 [대림] 시트가 선택된 상태에서 리본 메뉴의 [개발 도구] 탭–[코드] 그룹–[매크로 기록 ▣]을 클릭합니다.

02 [매크로 기록] 대화상자가 표시되면 [매크로 이름]을 **PDF저장**으로 수정하고 [확인]을 클릭합니다.

03 리본 메뉴의 [파일] 탭–[다른 이름으로 저장]을 클릭합니다.

04 [찾아보기]를 클릭하면 [다른 이름으로 저장] 대화상자가 표시됩니다.

> **공략 TIP** 03~04 과정은 엑셀 버전에 따라 차이가 있을 수 있으므로 단축키 F12 를 눌러 [다른 이름으로 저장] 대화상자를 호출해도 됩니다.

05 [다른 이름으로 저장] 대화상자가 표시되면 다음과 같이 설정합니다.

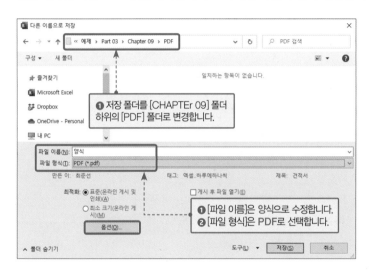

06 [옵션]을 클릭해 현재 시트만 저장되는지 확인합니다.

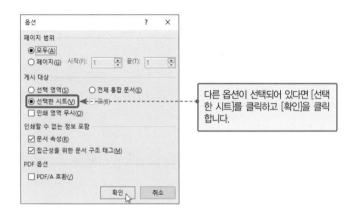

07 [저장]을 클릭해 PDF 파일로 저장합니다.

08 리본 메뉴의 [개발 도구] 탭-[코드] 그룹-[기록 중지⬜]를 클릭합니다.

단축키 [Alt]+[F11]을 눌러 [VB 편집기] 창을 열고 [프로젝트 탐색기] 창에서 [Module1] 모듈을 더블클릭하면 다음과 같은 매크로 코드를 확인할 수 있습니다.

```
Sub PDF저장()

    ChDir "C:\예제\Part 03\Chapter 09\PDF" ———————— ❶
    ActiveSheet.ExportAsFixedFormat Type:=xlTypePDF, Filename:= _
        "C:\예제\Part 03\Chapter 09\PDF\양식.pdf", Quality:= _
        xlQualityStandard, IncludeDocProperties:=True, IgnorePrintAreas:=False, _
        OpenAfterPublish:=False ———————— ❷

End Sub
```

기록된 매크로 코드는 다음 설명을 참고합니다.

❶ **ChDir** 함수에서 표시되는 경로는 [열기] 또는 [다른 이름으로 저장] 대화상자를 이용할 때 공통적으로 기록되는 코드입니다. 아래 줄에서 파일을 저장할 때 파일의 저장 경로가 한 번 더 표시되므로 삭제해도 됩니다.

❷ **ActiveSheet.ExportAsFixedFormat** 명령은 PDF 파일을 저장할 때 기록되는 코드입니다. 여러 옵션이 함께 기록되어 코드가 가로로 길게 표시됩니다. 매크로 기록기가 줄 연속 문자(_)를 사용해 줄을 바꿔 코드를 기록해줍니다.

ChDir 함수 부분을 삭제하고 ActiveSheet.ExportAsFixedFormat의 옵션 부분 코드를 줄 연속 문자(_)를 사용해 다음과 같이 정리합니다.

```
Sub PDF저장()

    ActiveSheet.ExportAsFixedFormat _
            Type:=xlTypePDF, _
            Filename:="C:\예제\Part 03\Chapter 09\PDF\양식.pdf", _
            Quality:=xlQualityStandard, _
            IncludeDocProperties:=True, _
            IgnorePrintAreas:=False, _
            OpenAfterPublish:=False ———————— ❶

End Sub
```

❶ 엑셀의 PDF 저장 기능은 다양한 옵션을 제공해주므로 기록된 코드 역시 길어질 수밖에 없습니다. 매크로 기록기가 줄 연속 문자(_)를 사용해 줄을 바꿔주긴 하지만 가독성이 좋지 않습니다. 따라서 각 옵션이 구분되는 쉼표(,)를 기준으로 코드를 다시 정리해주는 것이 좋습니다. 줄 연속 문자는 마지막 문자에서 한 칸 띄어 쓴 후 입력해야 한다는 점에 유의합니다.

참고로 ExportAsFixedFormat 명령이 ActiveSheet 개체를 대상으로 진행됩니다. ActiveSheet는 현재 화면에 표시되는 시트로 사용자가 선택한 시트에 따라 대상이 달라지게 됩니다.

공략 TIP 수정된 코드는 PDF 저장 (코드 1).txt 파일로 제공됩니다.

변수를 사용해 매크로 코드 개선하기

파일을 여는 작업과 저장하는 작업의 공통점은 경로와 파일명이 코드에 기록된다는 점입니다. 이런 부분은 코드를 길게 만들기 때문에 변수에 저장하고 작업해야 관리가 쉬워집니다. 이번 매크로 역시 경로와 파일 변수를 활용해 다음과 같이 코드를 수정합니다.

```
Sub PDF저장()

    Dim 경로 As String ─────────── ❶
    Dim 파일 As String ─────────── ❷

    경로 = ThisWorkbook.Path & "\PDF\" ─────────── ❸
    파일 = "양식.pdf" ─────── ❹

    ActiveSheet.ExportAsFixedFormat _
            Type:=xlTypePDF, _
            Filename:=경로 & 파일, _ ─────────── ❺
            Quality:=xlQualityStandard, _
            IncludeDocProperties:=True, _
            IgnorePrintAreas:=False, _
            OpenAfterPublish:=False

End Sub
```

❶ 파일의 저장 경로를 저장할 String 형식의 경로 변수를 선언합니다.
❷ 파일명을 저장할 String 형식의 파일 변수를 선언합니다.
❸ 경로 변수에 ThisWorkbook.Path와 "\PDF\" 문자열을 결합해 저장합니다. ThisWorkbook.Path를 이용하면 항상 현재 예제 파일이 위치한 경로를 돌려받을 수 있습니다. 이 경로를 "\PDF\" 문자열과 결합하면 [CHAPTER 09] 폴더 내 [PDF] 폴더의 경로가 경로 변수에 저장됩니다.
❹ 파일 변수에 "양식.pdf" 문자열을 저장합니다.
❺ ExportAsFixedFormat 메서드의 Filename 매개변수에 경로와 파일 변수를 연결해 전달합니다.

공략 TIP 수정된 코드는 PDF 저장 (코드 2).txt 파일로 제공됩니다.

코드가 제대로 동작하는지 확인합니다. [코드] 창에서 F5를 눌러 매크로를 실행했을 때 아무런 메시지 없이 동작이 완료되면 PDF 파일이 제대로 저장된 것입니다. PDF 파일을 저장할 때 동일한 이름의 파일이 존재하면 기본 설정으로 기존 파일에 덮어 씌워 저장합니다.

좀 더 정확한 테스트를 원한다면 [PDF] 폴더 내 저장된 **양식.pdf** 파일을 삭제한 후 다시 매크로를 실행해보세요!

PDF 파일명에 회사명과 날짜 삽입하기

파일 변수에 저장된 문자열을 수정하여 PDF 파일명에 회사 이름과 오늘 날짜가 기록되도록 수정합니다. 다음 코드를 참고해 수정합니다.

```
Sub PDF저장()

    Dim 경로 As String
    Dim 파일 As String

    경로 = ThisWorkbook.Path & "\PDF\"
    파일 = Range("B7").Value & "-" & Format(Date, "yymmdd") & ".pdf"  ─────────── ❶

    ActiveSheet.ExportAsFixedFormat _
            Type:=xlTypePDF, _
            Filename:=경로 & 파일, _
            Quality:=xlQualityStandard, _
            IncludeDocProperties:=True, _
            IgnorePrintAreas:=False, _
            OpenAfterPublish:=False

End Sub
```

❶ 파일 변수에 다음 값을 순서대로 연결하여 저장합니다.

[B7] 셀의 값	[B7] 셀에는 견적서를 발행하는 회사명이 입력되어 있습니다.
하이픈(–)	회사명과 날짜를 구분할 구분 기호입니다.
Format(Date, "yymmdd")	Date 함수는 VBA 함수로 오늘 날짜를 반환해줍니다. 워크시트 함수로는 Today 함수와 동일한 함수입니다. Format 함수는 VBA 함수로 워크시트 함수 중 Text 함수와 동일합니다. 그러므로 이 부분은 오늘 날짜를 yymmdd 형식으로 변환한 값을 반환합니다.
.pdf	확장자 문자열입니다.

이렇게 하면 회사명–날짜.pdf 형식의 문자열이 파일 변수에 저장되게 됩니다.

코드가 제대로 동작하는지 확인하려면 [코드] 창에서 F5 를 눌러 매크로를 실행합니다. [PDF] 폴더에 다음과 같은 파일이 저장됩니다.

ActiveSheet.ExportAsFixedFormat의 옵션 중 필요한 것만 남기고 나머지 옵션은 모두 제거합니다. 다음 코드를 참고해 수정합니다.

```
Sub PDF저장()

    Dim 경로 As String
    Dim 파일 As String

    경로 = ThisWorkbook.Path & "\PDF\"
    파일 = Range("B7").Value & "-" & Format(Date, "yymmdd") & ".pdf"

    ActiveSheet.ExportAsFixedFormat _
            Type:=xlTypePDF, _
            Filename:=경로 & 파일            ❶

End Sub
```

❶ ExportAsFixedFormat의 Type 매개변수는 PDF 형식으로 파일을 저장하도록 선택하는 필수 옵션입니다. Filename 매개변수 역시 PDF 파일을 저장할 경로와 파일명을 설정하는 필수 옵션입니다. 그 외에는 변경한 옵션이 없으므로 삭제해도 상관없습니다.

PDF 저장 매크로의 단점 보완하기

매크로 실행 위치 지정하기

이번 매크로는 다양한 엑셀 시트에서 실행될 수 있어야 하므로 도형이나 단추 컨트롤 등을 이용해 실행하기는 어렵습니다. 이런 경우 가장 쉽게 매크로를 실행시킬 수 있는 위치가 바로 [빠른 실행 도구 모음]입니다. 다음 과정을 참고해 매크로를 등록합니다.

01 리본 메뉴 상단의 [빠른 실행 도구 모음]-[사용자 지정]을 클릭한 후 [기타 명령]을 클릭합니다.

02 ❶ [Excel 옵션] 대화상자가 표시되면 [명령 선택]에서 [매크로]를 선택합니다. ❷ 하단 리스트에서 [PDF저장] 매크로를 클릭하고 ❸ [추가]를 클릭합니다.

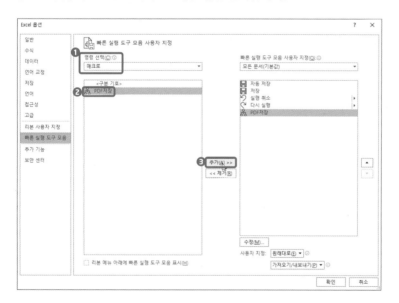

03 [수정]을 클릭해 원하는 아이콘을 클릭한 후 [표시 이름]을 **PDF 저장**으로 변경합니다. [확인]을 클릭합니다.

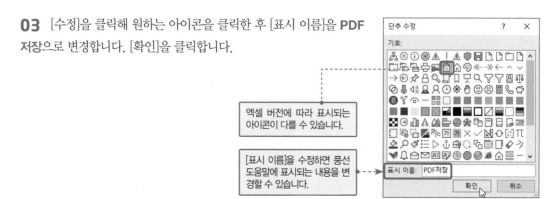

엑셀 버전에 따라 표시되는 아이콘이 다를 수 있습니다.

[표시 이름]을 수정하면 풍선 도움말에 표시되는 내용을 변경할 수 있습니다.

04 [Excel 옵션] 대화상자에서도 [확인]을 클릭해 닫습니다.

05 [빠른 실행] 도구 모음에 다음과 같은 명령 아이콘을 확인할 수 있습니다.

이제 어떤 시트에서도 [빠른 실행] 도구 모음의 명령 아이콘을 클릭해 매크로를 실행할 수 있습니다. 예제 파일에서 [SC] 시트를 클릭하고 [빠른 실행 도구 모음]에 등록된 [PDF저장] 매크로를 실행시켜보세요!

1페이지가 넘어가는 경우

PDF 파일은 기본적으로 인쇄하는 것과 유사하게 동작합니다. 따라서 사용자 환경에 따라 저장된 PDF 파일을 볼 때 1페이지를 초과하는 경우가 발생할 수 있습니다.

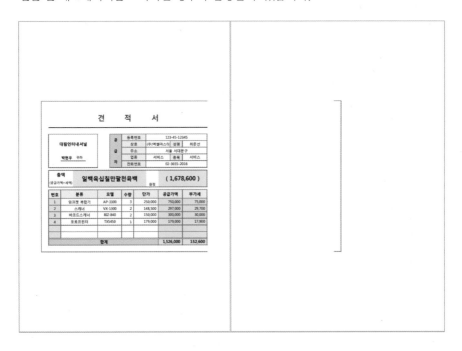

이런 경우에는 PDF 파일이 항상 1페이지에 표시될 수 있도록 인쇄 페이지 설정 코드를 추가해주는 것이 좋습니다. 매크로를 다음과 같이 수정합니다.

```
Sub PDF저장()

    Dim 경로 As String
    Dim 파일 As String

    경로 = ThisWorkbook.Path & "\PDF\"
    파일 = Range("B7").Value & "-" & Format(Date, "yymmdd") & ".pdf"

    ActiveSheet.PageSetup.FitToPagesWide = 1                     ❶

    ActiveSheet.ExportAsFixedFormat _
            Type:=xlTypePDF, _
            Filename:=경로 & 파일

End Sub
```

❶ 이 코드는 리본 메뉴의 [페이지 레이아웃] 탭-[크기 조정] 그룹-[너비]를 [1페이지]로 설정합니다.

1페이지가 넘어갈 수 있는 경우에도 가로 너비를 항상 한 페이지에 맞춰 출력하게 되므로 PDF 파일로 저장하는 작업뿐만 아니라 인쇄할 때도 매우 유용한 옵션입니다.

공략 **TIP** 수정된 코드는 PDF 저장 (코드 3).txt 파일로 제공됩니다.

매크로를 실행하면 크기가 항상 한 페이지에 맞춰지는 것을 확인할 수 있습니다.

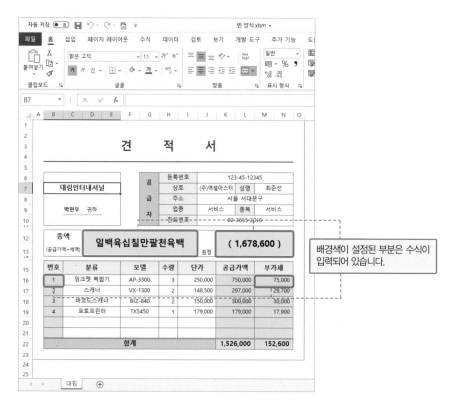

빈 양식 시트를 추가하는 매크로 만들기

필수 공식 36

예제_ PART 03 \ CHAPTER 09 \ 빈 양식. xlsm

작업 이해하기

엑셀로 업무를 하다보면 비슷한 양식을 자주 활용할 수밖에 없습니다. 이런 경우 시트를 복사한 후 기존에 입력된 데이터를 지우는 동작을 반복하게 됩니다. 이런 작업 역시 매크로를 이용하면 보다 편리하게 작업할 수 있습니다.

빈 양식.xlsm 예제 파일을 열면 **필수 공식 35**의 예제와 동일한 양식을 확인할 수 있습니다.

> 배경색이 설정된 부분은 수식이 입력되어 있습니다.

이 양식을 기본 템플릿 시트라고 가정하고 데이터가 없는 빈 양식을 추가해주는 매크로를 개발합니다.

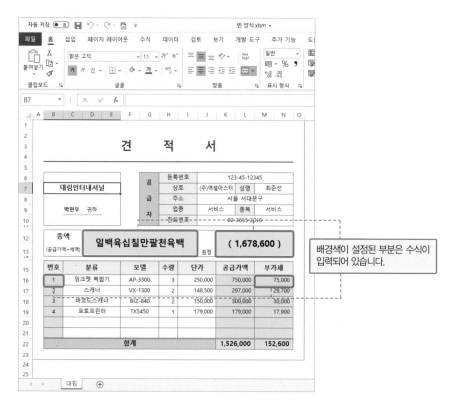

샘플 코드 얻기

기존 시트를 참고해 빈 양식을 만들려면 다음과 같은 두 가지 방식이 있습니다.

첫째, 시트를 복사하고 기존에 입력된 데이터를 지우는 방법

둘째, 빈 시트를 하나 추가하고 기존 시트를 복사/붙여넣기한 다음 입력된 데이터를 지우는 방법

보통 첫 번째 방법을 자주 사용하지만, 여기서는 두 번째 방법을 사용합니다. 시트를 복사하면 기존 시트에서 정의된 이름과 서식(셀 스타일)까지 그대로 복사되어 추후 작업에 문제가 일어나는 경우가 많기 때문입니다.

다음 과정을 따라해 매크로 기록기로 샘플 코드를 얻습니다.

01 [대림] 시트에서 리본 메뉴의 [개발 도구] 탭—[코드] 그룹—[매크로 기록📷]을 클릭합니다.

02 [매크로 기록] 대화상자가 표시되면 [매크로 이름]을 **새양식**으로 수정하고 [확인]을 클릭합니다.

03 시트 탭에서 [새 시트⊕]를 클릭해 빈 시트를 추가합니다.

04 [대림] 시트 탭을 클릭하고 시트의 열 주소와 행 주소가 교차하는 위치의 [모두 선택◢]을 클릭합니다.

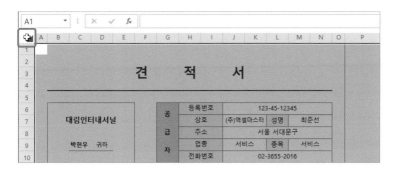

05 단축키 Ctrl + C 를 눌러 복사합니다.

06 새로 추가된 [Sheet1] 시트 탭을 클릭합니다.

07 단축키 Ctrl + V 를 눌러 붙여 넣습니다.

08 Esc 를 눌러 복사 모드를 해제합니다.

09 기존 데이터가 입력되면 다음 범위를 순서대로 선택하고 Delete 를 눌러 데이터를 지웁니다.

선택할 범위	설명
[B7:E7]	회사명이 입력된 병합 셀
[C9]	담당자가 입력된 셀
[C16:J21]	주문 내역이 입력된 범위

10 회사명을 입력할 때 편하도록 [B7] 병합 셀을 클릭합니다.

공략 TIP 이 작업은 편의성 때문에 추가하는 작업으로 꼭 필요한 것은 아닙니다.

11 눈금선을 제거하기 위해 리본 메뉴의 [보기] 탭-[표시] 그룹-[눈금선]의 체크를 해제합니다.

공략 TIP [대림] 시트의 경우에도 [눈금선]의 체크를 해제해 깔끔하게 구성했으므로 동일하게 적용합니다.

12 시트명을 변경하기 위해 [sheet1] 시트 탭을 더블 클릭한 후 이름을 **새견적서**로 변경합니다.

13 리본 메뉴의 [개발 도구] 탭-[코드] 그룹-[기록 중지□]를 클릭합니다.

14 추후 테스트를 위해 추가한 [새견적서] 시트는 삭제합니다.

단축키 Alt + F11 을 눌러 [VB 편집기] 창을 열고 [프로젝트 탐색기] 창에서 [Module1] 모듈을 더블클릭하면 다음과 같은 매크로 코드를 확인할 수 있습니다.

```
Sub 새양식()

    Sheets.Add After:=ActiveSheet ————— ❶
    Sheets("대림").Select ————— ❷
    Cells.Select ————— ❸
    Selection.Copy ————— ❹
    Sheets("Sheet1").Select ————— ❺
    ActiveSheet.Paste ————— ❻
    Application.CutCopyMode = False ————— ❼
    Range("B7:E7").Select ————— ❽
    Selection.ClearContents ————— ❾
    Range("C9").Select ————— ❿
    Selection.ClearContents ————— ⓫
    Range("C16:J21").Select ————— ⓬
    Selection.ClearContents ————— ⓭
    Range("B7:E7").Select ————— ⓮
    ActiveWindow.DisplayGridlines = False ————— ⓯
    Sheets("Sheet1").Select ————— ⓰
    Sheets("Sheet1").Name = "새견적서" ————— ⓱

End Sub
```

기록된 매크로 코드는 순서대로 다음 설명을 참고합니다.

❶ [새 시트⊕]를 눌러 시트를 추가하면 현재 시트의 오른쪽에 빈 시트가 추가됩니다.

❷ 복사할 시트인 [대림] 시트 탭을 선택합니다.

❸ 시트 내 모든 범위를 선택합니다.

❹ 선택된 범위를 모두 복사합니다.

❺ 추가된 [Sheet1] 시트 탭을 선택합니다.

참고로 이 부분은 테스트 환경에 따라 [Sheet2]나 [Sheet3] 등이 될 수 있습니다.

❻ [붙여넣기]를 실행합니다.

❼ 복사 모드를 해제합니다.

❽ [B7:E7] 범위를 선택합니다.

❾ 선택한 범위를 Delete 를 눌러 지웁니다.

❿ [C9] 셀을 선택합니다.

⓫ 선택한 셀을 Delete 를 눌러 지웁니다.

⓬ [C16:J21] 범위를 선택합니다.

⓭ 선택한 범위를 Delete 를 눌러 지웁니다.

⓮ [B7:E7] 병합 셀을 선택합니다.

⓯ 양식을 깔끔하게 유지하기 위해 [눈금선] 옵션을 해제합니다.

⓰ [Sheet1] 시트 탭을 선택합니다.

시트의 이름을 변경하기 위해 시트 탭을 더블클릭하면 시트가 선택되는 코드가 다시 기록됩니다. 그러므로 이 코드는 꼭 필요한 코드는 아닙니다.

⓱ [Sheet1] 시트의 이름을 "새견적서"로 변경합니다.

공략 TIP 기록된 코드는 빈 양식 (코드 1).txt 파일로 제공됩니다

이렇게 파일이나 시트를 이리저리 옮겨 다니는 작업의 경우, 작업 위치를 구분할 수 있도록 들여쓰기만 잘해도 코드를 훨씬 수월하게 분석할 수 있습니다. 다음은 위 코드에서 시트별로 동작하는 명령만 들여쓰기 해 놓은 결과입니다.

```
Sub 새양식()

    Sheets.Add After:=ActiveSheet

    Sheets("대림").Select
        Cells.Select
        Selection.Copy

    Sheets("Sheet1").Select
        ActiveSheet.Paste
        Application.CutCopyMode = False
        Range("B7:E7").Select
        Selection.ClearContents
        Range("C9").Select
        Selection.ClearContents
        Range("C16:J21").Select
        Selection.ClearContents
        Range("B7:E7").Select
        ActiveWindow.DisplayGridlines = False

    Sheets("Sheet1").Select
```

```
        Sheets("Sheet1").Name = "새견적서"

End Sub
```

위 작업은 꼭 필요한 것은 아니지만 코드가 어느 시트에서 동작하는지 확인할 수 있는 좋은 방법입니다. 파일이나 시트를 이동하면서 작업한다면 위와 같이 편집하는 것을 추천합니다.

매크로 코드 수정하기

이번 매크로는 추가적인 수정 없이는 제대로 사용할 수 없습니다. 시트를 추가하면 처음에는 시트명이 [Sheet1]이지만 이후 작업에서는 [Sheet2], [Sheet3], …과 같이 변경되므로 기록된 매크로에서 참조할 시트가 달라지기 때문입니다. 이런 문제를 해결하지 않으면 매크로를 활용할 수 없기 때문에 그에 맞게 매크로 코드를 수정해야 합니다.

새로 추가된 시트를 개체변수에 연결해 사용합니다. 다음 코드를 참고합니다.

```
Sub 새양식()

    Dim WS As Worksheet ─────────── ❶

    Set WS = Sheets.Add(After:=ActiveSheet) ─────────── ❷

    Sheets("대림").Select
        Cells.Select
        Selection.Copy

    WS.Select ─────────── ❸
        ActiveSheet.Paste
        Application.CutCopyMode = False
        Range("B7:E7").Select
        Selection.ClearContents
        Range("C9").Select
        Selection.ClearContents
        Range("C16:J21").Select
        Selection.ClearContents
        Range("B7:E7").Select
        ActiveWindow.DisplayGridlines = False

    WS.Select ─────────── ❹
    WS.Name = "새견적서" ─────────── ❺

End Sub
```

❶ 새로 추가된 시트를 연결할 Worksheet 형식의 WS 개체변수를 선언합니다.
❷ 시트를 새로 추가하고 해당 시트를 WS 개체변수에 연결합니다.
　이때 Add 뒤의 After 매개변수 부분을 괄호 안에 넣어야 합니다.
❸ Sheets("Sheet1") 부분을 WS 개체변수를 사용하도록 변경합니다.
❹ ❸과 동일합니다.
❺ ❸과 동일합니다.

코드를 줄이기 위해 Select, Selection 부분을 한 줄로 연결합니다. 불필요한 코드도 삭제합니다. 다음을
참고합니다.

```
Sub 새양식()

    Dim WS As Worksheet

    Set WS = Sheets.Add(After:=ActiveSheet)
    Sheets("대림").Select
        Cells.Copy ──────────── ❶

    WS.Select
        ActiveSheet.Paste
        Application.CutCopyMode = False
        Range("B7:E7").ClearContents ──────── ❷
        Range("C9").ClearContents ──────── ❸
        Range("C16:J21").ClearContents ──────── ❹
        Range("B7:E7").Select
        ActiveWindow.DisplayGridlines = False

    WS.Select ──────── ❺
    WS.Name = "새견적서"

End Sub
```

❶ 코드를 줄이기 위해 Select, Selection 부분을 한 줄로 연결합니다.
❷ ❶과 동일합니다.
❸ ❶과 동일합니다.
❹ ❶과 동일합니다.
❺ 시트 탭을 클릭하는 동작입니다. 불필요하므로 삭제합니다.

이렇게 완성된 매크로를 278~279페이지를 참고해 [빠른 실행 도구 모음]에 추가한 후 해당 매크로를 실행하면 다음과 같은 결과를 얻을 수 있습니다.

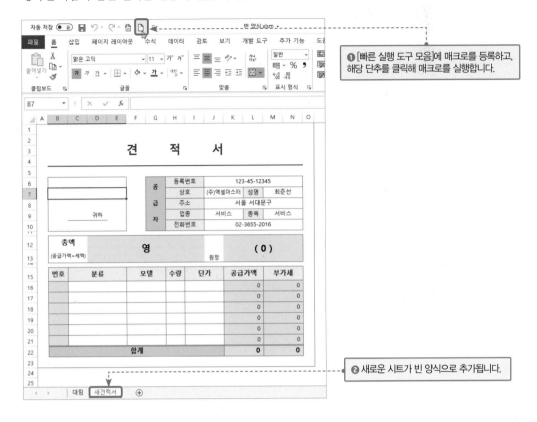

❶ [빠른 실행 도구 모음]에 매크로를 등록하고, 해당 단추를 클릭해 매크로를 실행합니다.

❷ 새로운 시트가 빈 양식으로 추가됩니다.

시트명에 일련번호 붙이기

수정된 매크로는 정상적으로 동작하지만 동일한 시트명(새견적서)이 존재할 경우 다음과 같은 오류 메시지가 표시됩니다.

[디버그]를 눌러 에러 위치를 확인하면 다음과 같은 코드에서 매크로가 중단되는 것을 확인할 수 있습니다.

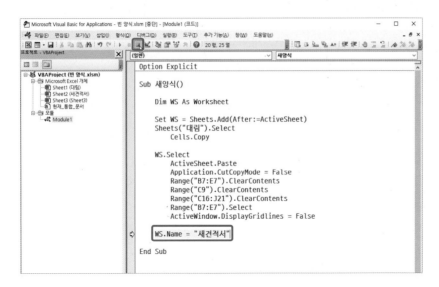

에러 위치는 시트명을 수정하는 부분입니다. 시트명은 고유해야 하므로 기존 시트의 이름이 변경되지 않으면 에러가 발생하게 됩니다. [재설정 ■]을 클릭해 중단 모드를 해제합니다.

에러가 발생되지 않으려면 [Sheet1], [Sheet2], …와 같이 기존 이름에 1, 2, 3,…과 같은 일련번호를 추가하는 것이 좋습니다. 다음 코드를 참고해 매크로를 수정합니다.

```
Sub 새양식()

    Dim WS As Worksheet
    Dim i As Long          ━━━━━━━━━  ❶

    i = Sheets.Count       ━━━━━━━━━  ❷

    Set WS = Sheets.Add(After:=ActiveSheet)
    Sheets("대림").Select
        Cells.Copy

    WS.Select
        ActiveSheet.Paste
        Application.CutCopyMode = False
        Range("B7:E7").ClearContents
        Range("C9").ClearContents
        Range("C16:J21").ClearContents
        Range("B7:E7").Select
        ActiveWindow.DisplayGridlines = False

    WS.Name = "새견적서" & i     ━━━━━━━  ❸

End Sub
```

공략 TIP 수정된 코드는 빈 양식 (코드 4).txt 파일로 제공됩니다.

수정 후 [새양식] 매크로를 몇 번 더 실행해보면 더 이상 에러가 발생되지 않고 [새견적서2], [새견적서3], …과 같이 시트가 추가됩니다.

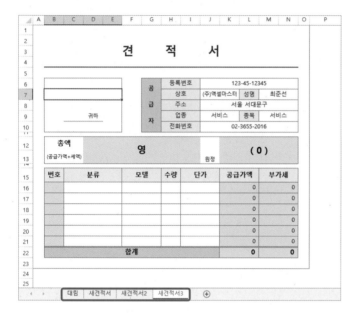

피벗 테이블, 차트 관련 매크로

엑셀에서 가장 자주 활용되는 기능으로 피벗 테이블과 차트를 꼽을 수 있습니다. 피벗 테이블과 차트역시 매크로를 활용하면 다양한 작업을 자동화할 수 있습니다. 이번 CHAPTER에서는 피벗 테이블과 차트를 사용할 때 알고 있으면 좋을 매크로 개발방법에 대해 알아보겠습니다.

원하는 차트를 만드는 매크로 개발하기

예제_PART 03 \ CHAPTER 10 \ 차트. xlsm

작업 이해하기

엑셀에서는 요약 및 분석 업무를 진행하기 위해 데이터 시각화 작업을 하는 경우가 많습니다. 이런 작업도 매크로를 이용해 자동화할 수 있습니다.

차트.xlsm 예제 파일을 열면 다음과 같은 데이터를 갖는 몇 개의 집계표를 확인할 수 있습니다.

지점	1월	2월	3월
수서점	2,000	1,800	1,600
신도림점	1,600	2,200	2,600
용산점	2,000	1,600	1,850

보고서 양식

차트 영역

[B5:E8] 범위의 표를 가지고 [G5:M17] 범위에 차트를 생성하고 싶다고 가정합니다.

차트를 생성하는 매크로 코드 얻기

먼저 차트를 생성하는 코드를 매크로 기록기로 얻어보겠습니다. 다음과 같은 과정을 참고해 작업합니다.

01 리본 메뉴의 [개발 도구] 탭–[코드] 그룹–[매크로 기록🔲]을 클릭합니다.

02 [매크로 기록] 대화상자가 표시되면 [매크로 이름]을 **차트생성**으로 수정하고 [확인]을 클릭합니다.

03 [B5:E8] 범위를 선택합니다.

04 리본 메뉴의 [삽입] 탭-[차트] 그룹-[세로 또는 가로 막대형 차트 삽입▥]을 클릭한 후 [2차원 세로 막대형]-[묶은 세로 막대형]을 클릭합니다.

05 차트가 생성되면 리본 메뉴의 [개발 도구] 탭-[코드] 그룹-[기록 중지▢]를 클릭합니다.

06 생성된 차트는 Delete 를 눌러 삭제합니다.

단축키 Alt + F11 을 눌러 [VB 편집기] 창을 열고 [프로젝트 탐색기] 창에서 [Module1] 모듈을 더블클릭하면 다음과 같은 매크로 코드를 확인할 수 있습니다.

```
Sub 차트생성()

    Range("B5:E8").Select ──────── ❶
    ActiveSheet.Shapes.AddChart2(201, xlColumnClustered).Select ──────── ❷
    ActiveChart.SetSourceData Source:=Range("sample!$B$5:$E$8") ──────── ❸
    ActiveChart.ChartArea.Select ──────── ❹

End Sub
```

기록된 매크로 코드는 순서대로 다음 설명을 참고합니다.

❶ [B5:E8] 범위를 선택합니다.
   엑셀에서 차트를 생성할 때는 범위를 선택해야 하므로 차트 원본 범위를 선택하는 코드가 기록됩니다. 다만, ❸ 에서 차트 원본 범위를 설정하는 코드가 따로 존재하므로 반드시 필요한 코드는 아닙니다.

❷ 현재 시트에 묶은 세로 막대형(xlColumnClustered) 차트를 생성합니다.

AddChart2 메서드는 엑셀 2016 이상 버전에서 사용하는 코드로, 엑셀 2016 버전부터 새로 지원된 트리맵, 히스토그램 등의 차트를 생성할 수 있는 명령입니다. AddChart2 메서드의 첫 번째 인수와 두 번째 인수는 각각 Style과 XlChartType입니다. 매개변수와 함께 코드를 구성하면 다음과 같은 코드가 됩니다.

```
ActiveSheet.Shapes.AddChart(Style:=201, _
                    XlChartType:=xlColumnClustered).Select
```

묶은 세로 막대형 차트를 생성하고 차트 스타일은 201을 적용하는 코드입니다. 참고로 차트의 기본 스타일을 적용하고 싶은 경우에는 Style:=-1로 입력하면 됩니다.

Style 매개변수는 AddChart2 명령에만 제공됩니다. 엑셀 2013 이하 버전에서는 AddChart 메서드로 기록되는데 둘은 동일한 결과를 반환해주므로 코드가 다음과 같이 기록되어도 상관없습니다.

```
ActiveSheet.Shapes.AddChart(xlColumnClustered).Select
```

상황에 따라 코드가 다음과 같이 기록될 수도 있습니다.

```
ActiveSheet.Shapes.AddChart.Select
ActiveChart.ChartType = xlColumnClustered
```

❸ 생성된 차트의 원본 범위를 [sample] 시트의 [B5:E8] 범위로 설정합니다.
❹ 생성된 차트의 차트 영역을 선택합니다.

참고로 이 코드는 사용자가 선택하지 않아도 차트가 생성되면 자동으로 차트 영역이 선택되어 기록된 코드입니다. 반드시 필요한 코드는 아닙니다.

공략 TIP 기록된 코드는 차트 (코드 1).txt 파일로 제공됩니다.

매크로 공략 치트키 차트 종류별 코드 알아보기

참고로 ChartType 중 자주 사용하는 차트는 다음과 같은 코드로 기록됩니다.

차트 종류	내장 상수	설명
세로 막대형	xlColumnClustered	묶은 세로 막대형
	xlColumnStacked	누적 세로 막대형
	xlColumnStacked100	100% 기준 누적 세로 막대형
꺾은 선형	xlLine	꺾은 선형
	xlLineStacked	누적 꺾은 선형
	xlLineStacked100	100% 기준 누적 꺾은 선형
	xlLineMarkers	표식이 있는 꺾은 선형
	xlLineMarkersStacked	표식이 있는 누적 꺾은 선형
	xlLineMarkersStacked100	표식이 있는 100% 기준 누적 꺾은 선형
원형	xlPie	원형
	xlPieExploded	쪼개진 원형
	xl3DPieExploded	쪼개진 3차원 원형

차트 종류	내장 상수	설명
원형	xlPieOfPie	원형 대 원형
	xlBarOfPie	원형 대 가로 막대형
가로 막대형	xlBarClustered	묶은 가로 막대형
	xlBarStacked	누적 가로 막대형
	xlBarStacked100	100% 기준 누적 가로 막대형
영역형	xlArea	영역형
	xlAreaStacked	누적 영역형
	xlAreaStacked100	100% 기준 누적 영역형
분산형	xlXYScatter	분산형
	xlXYScatterLines	직선 및 표식이 있는 분산형
	xlXYScatterLinesNoMarkers	직선이 있는 분산형
	xlXYScatterSmooth	곡선 및 표식이 있는 분산형
	xlXYScatterSmoothNoMarkers	곡선이 있는 분산형

엑셀 2016 이상 버전에서 차트를 생성할 경우에는 AddChart2 메서드가 사용되므로, 다음과 같은 ChartType이 추가로 표시될 수 있습니다.

차트 종류	내장 상수
트리맵	xlTreemap
히스토그램	xlHistogram
폭포	xlWaterfall
선버스트	xlSunburst
상자 수염 그림	xlBoxwhisker
파레토	xlPareto
깔때기	xlFunnel

다음 코드에서 불필요한 두 줄은 삭제할 수 있습니다.

```
Sub 차트생성()

    Range("B5:E8").Select
    ActiveSheet.Shapes.AddChart2(201, xlColumnClustered).Select
    ActiveChart.SetSourceData Source:=Range("sample!$B$5:$E$8")
    ActiveChart.ChartArea.Select

End Sub
```

원본 표 범위가 더 늘어날 수 있다면 단축키 Ctrl + A 를 누르는 방법으로 범위를 설정할 수 있습니다.

```
Sub 차트생성()

    ActiveSheet.Shapes.AddChart2(201, xlColumnClustered).Select
    ActiveChart.SetSourceData Source:=Range("B5").CurrentRegion

End Sub
```

이해를 돕기 위해 AddChart2 메서드 부분도 매개변수를 추가하면 다음과 같습니다.

```
Sub 차트생성()

    ActiveSheet.Shapes.AddChart2( _
            Style:=201, _
            XlChartType:=xlColumnClustered).Select
    ActiveChart.SetSourceData Source:=Range("B5").CurrentRegion

End Sub
```

공략 TIP 수정된 코드는 차트 (코드 2).txt 파일로 제공됩니다.

기록된 코드를 단추 컨트롤에 연결해 실행해봅니다.

01 리본 메뉴의 [개발 도구] 탭-[컨트롤] 그룹-[삽입📇]을 클릭합니다.

02 [양식 컨트롤] 그룹에서 [단추] 컨트롤을 클릭하고 [F5:F7] 범위에 적당한 크기로 삽입합니다.

03 [매크로 지정] 대화상자가 표시되면 [차트생성] 매크로를 클릭하고 [확인]을 클릭합니다.

04 단추 컨트롤의 레이블을 **클릭**으로 수정하고 빈 셀을 클릭합니다.

[클릭] 단추를 클릭하면 다음과 같은 차트가 생성됩니다.

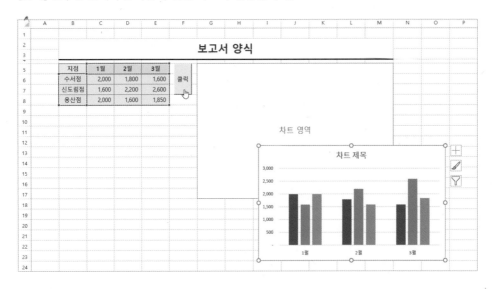

생성된 차트는 다음 테스트를 위해 미리 삭제합니다.

차트를 원하는 위치로 옮기기

차트 위치를 [G5:M17] 범위에 맞추려면 차트 크기와 위치를 조정할 수 있어야 합니다. 그런데 이런 부분은 매크로 기록기를 이용해 작업할 수 없습니다. 매크로 기록기는 차트와 같은 그래픽 개체의 크기를 조정할 때 현재 좌표와 크기를 기준으로 상대 위치 및 크기를 코드로 기록해주기 때문에 차트 생성 위치가 달라지면 사용할 수 없기 때문입니다.

이번 작업은 코드를 직접 입력하는 방법을 이용하겠습니다. 기존 매크로 코드를 다음과 같이 수정합니다.

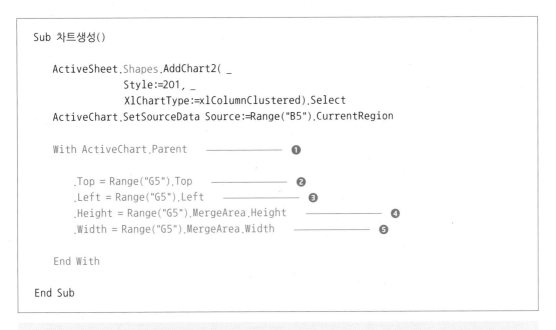

```
Sub 차트생성()

    ActiveSheet.Shapes.AddChart2( _
            Style:=201, _
            XlChartType:=xlColumnClustered).Select
    ActiveChart.SetSourceData Source:=Range("B5").CurrentRegion

    With ActiveChart.Parent ————————————— ❶

        .Top = Range("G5").Top ————————— ❷
        .Left = Range("G5").Left ————————— ❸
        .Height = Range("G5").MergeArea.Height ————————— ❹
        .Width = Range("G5").MergeArea.Width ————————— ❺

    End With

End Sub
```

❶ **ActiveChart**는 현재 생성된 차트(Chart) 개체를 의미합니다. 차트의 개체 모델은 생각보다 복잡한 요소가 있습니다. 위의 코드 첫 번째 줄을 보면 차트가 현재 시트에 바로 추가되는 것이 아니라 Shape라는 도형이 먼저 추가된 후 **AddChart** 메서드를 이용해 추가되는 것을 볼 수 있습니다.

```
ActiveSheet.Shapes.AddChart2
```

즉, 차트는 도형(Shape)과 같은 그래픽 개체에 추가되는 방식으로 생성됩니다. 차트는 다음과 같은 개체 모델 구성을 갖습니다.

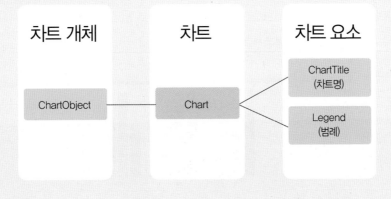

차트의 크기와 위치를 조정하면 Chart 개체가 아니라 차트의 상위 개체인 ChartObject 개체를 조정해야 합니다. ChartObject는 Chart 개체의 상위(Parent) 개체입니다. 따라서 ActiveChart.Parent라는 코드는 Chart의 상위 개체인 ChartObject를 의미합니다.

그러므로 이번 코드는 다음과 같이 변경해도 됩니다.

```
With ActiveSheet.ChartObjects(1)
```

이 설명이 잘 이해되지 않으면 빈 셀인 [B10] 셀을 클릭한 후 [코드] 창에서 F8 을 눌러 매크로를 실행해보는 것을 권합니다. 첫 번째 줄의 코드가 동작했을 때 다음과 같은 결과를 얻을 수 있습니다.

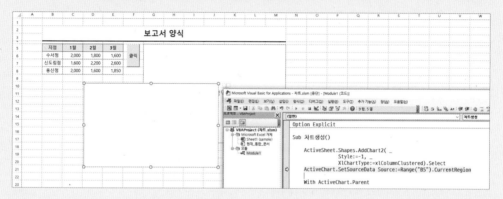

이렇게 아무것도 표시되지 않는 차트 개체가 ChartOject입니다. F8 을 한 번 더 누르게 되면 차트 개체 위에 차트가 표시됩니다.

❷ 차트 개체의 상단(Top) 위치를 [G5] 셀의 상단에 맞춥니다.

❸ 차트 개체의 왼쪽(Left) 위치를 [G5] 셀의 왼쪽 테두리 위치에 맞춥니다.

❹ 차트 개체의 세로 길이(Height)를 [G5] 병합 셀(MergeArea)의 세로 길이에 맞춥니다.

❺ 차트 개체의 가로 너비(Width)를 [G5] 병합 셀(MergeArea)의 가로 너비에 맞춥니다.

> **공략 TIP** 수정된 코드는 차트 (코드 3).txt 파일로 제공됩니다.

수정된 코드를 테스트하기 위해 엑셀 창에서 [클릭] 단추를 클릭해 차트가 원하는 위치에 생성되는지 확인합니다.

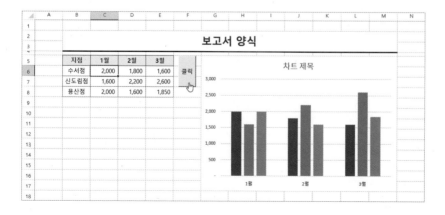

필수 공식 38
차트를 활용할 때 알아두면 좋은 매크로

예제 _ PART 03 \ CHAPTER 10 \ 차트 설정.xlsm

생성된 기존 차트를 삭제하고 다시 생성하기

차트를 생성하는 매크로를 사용하다 보면 기존 차트를 삭제하고 다시 생성해야 하는 경우가 있습니다. 이런 작업을 위한 몇 가지 방법을 알아보겠습니다.

차트 설정.xlsm 예제 파일을 열고 [클릭] 단추를 누르면 오른쪽 병합 셀 영역에 차트가 생성됩니다. [이름 상자]를 보면 [차트 1]이라는 차트명을 확인할 수 있습니다.

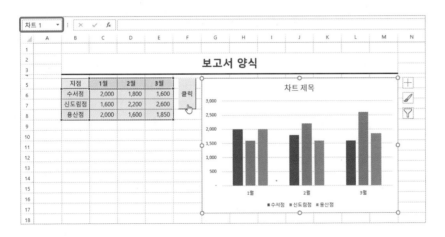

공략 TIP 차트명은 프로그램 환경에 따라 달라질 수 있습니다.

차트가 생성될 때 차트명에는 자동으로 1, 2, 3,…과 같은 일련번호가 붙습니다. 차트를 삭제하는 과정을 매크로 기록기로 기록하면 다음과 같은 코드를 얻을 수 있습니다.

```
Sub 차트삭제()

    ActiveSheet.ChartObjects("차트 1").Activate ────────── ❶
    ActiveChart.Parent.Delete ────────── ❷

End Sub
```

❶ 현재 시트의 차트 중 "차트 1" 이름의 차트를 선택합니다. Activate는 Select와 유사한 기능을 한다고 생각하면 됩니다.

❷ 생성된 차트의 차트 개체(Chart의 Parent인 ChartObject)를 삭제합니다.
ActiveChart.Parent는 ChartObject 개체이므로 ❶의 ActiveSheet.ChartObjects("차트 1")를 의미합니다.

공략 TIP 기록된 코드는 차트 설정 (코드 1).txt 파일로 제공됩니다.

두 줄의 코드를 다음과 같이 한 줄의 코드로 변경할 수 있습니다.

```
Sub 차트삭제()

    ActiveSheet.ChartObjects("차트 1").Delete ─────────── ❶

End Sub
```

❶ 현재 시트의 차트 개체 중 "차트 1" 이름을 갖는 차트를 삭제합니다.

수정된 코드를 [VB 편집기] 창의 [코드] 창에서 F5 를 눌러 실행하면 생성된 차트가 삭제됩니다.

위 코드는 항상 차트명이 "차트 1"인 경우에만 차트를 삭제할 수 있습니다. 생성된 첫 번째 차트를 삭제하려면 ChartObjects 컬렉션에 일련번호를 사용합니다.

```
Sub 차트삭제()

    ActiveSheet.ChartObjects(1).Delete ─────────── ❶

End Sub
```

❶ 이번 코드는 현재 시트의 차트 개체 중 첫 번째 차트를 삭제하라는 의미입니다.

위 코드는 삭제할 차트가 첫 번째 차트 하나라면 괜찮지만 삭제할 차트가 여러 개이고 생성된 순서를 모른다면 사용할 수 없습니다. 차트를 삭제하는 가장 안전한 방법은 차트를 생성할 때 차트명을 원하는 대로 설정하고 해당 이름의 차트를 삭제하는 것입니다.

차트를 생성할 때 이름을 부여하려면 [차트생성] 매크로에 다음 코드를 추가합니다.

```
Sub 차트생성()

    ActiveSheet.Shapes.AddChart2( _
             Style:=201, _
             XlChartType:=xlColumnClustered).Select
    ActiveChart.SetSourceData Source:=Range("B5").CurrentRegion

    With ActiveChart.Parent

        .Name = "매크로 차트"  ─────────  ❶

        .Top = Range("G5").Top
        .Left = Range("G5").Left
        .Height = Range("G5").MergeArea.Height
        .Width = Range("G5").MergeArea.Width

    End With

End Sub
```

❶ 이번 코드는 ActiveChart.Parent.Name을 "매크로 차트" 이름으로 변경하라는 의미입니다. 위 코드에서 생성된 차트 개체의 이름을 원하는 이름으로 변경할 수 있습니다.

엑셀 창에서 [클릭] 단추를 클릭하면 다음과 같은 차트가 생성됩니다. 차트명은 [이름 상자]에서 확인할 수 있습니다. 매크로에서 지정한 대로 차트명이 설정됩니다.

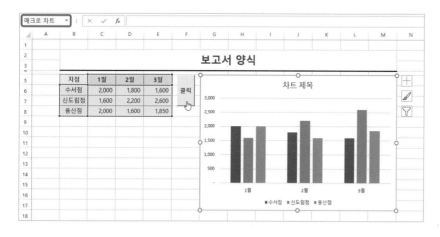

차트를 새로 생성하기 전에 해당 이름의 차트를 다음과 같이 삭제하는 코드를 추가합니다.

```
Sub 차트생성()

    ActiveSheet.ChartObjects("매크로 차트").Delete  ──────────  ❶

    ActiveSheet.Shapes.AddChart2( _
            Style:=201, _
            XlChartType:=xlColumnClustered).Select
    ActiveChart.SetSourceData Source:=Range("B5").CurrentRegion

    With ActiveChart.Parent

        .Name = "매크로 차트"

        .Top = Range("G5").Top
        .Left = Range("G5").Left
        .Height = Range("G5").MergeArea.Height
        .Width = Range("G5").MergeArea.Width

    End With

End Sub
```

❶ 차트를 생성하기 전에 기존 차트 중 "매크로 차트" 이름을 갖는 차트를 삭제합니다. 이렇게 하면 기존 작업에서 생성된 차트가 삭제되고 다시 새로운 차트가 생성되면서 차트명이 "매크로 차트"로 부여됩니다.

공략 TIP 수정된 코드는 차트 설정 (코드 2).txt 파일로 제공됩니다.

차트명 변경하고 범례 설정하기

차트명을 변경하려면 다음과 같은 코드를 추가합니다.

```
Sub 차트생성()

    ActiveSheet.ChartObjects("매크로 차트").Delete

    ActiveSheet.Shapes.AddChart2( _
            Style:=-1, _
            XlChartType:=xlColumnClustered).Select
    ActiveChart.SetSourceData Source:=Range("B5").CurrentRegion

    With ActiveChart.Parent

        .Name = "매크로 차트"

        .Top = Range("G5").Top
        .Left = Range("G5").Left
```

```
        .Height = Range("G5").MergeArea.Height
        .Width = Range("G5").MergeArea.Width

    End With

    With ActiveChart  ──────────── ❶

        .HasTitle = True ──────────── ❷
        .ChartTitle.Text = "1사분기 지점별 매출 비교" ──────────── ❸

    End With

End Sub
```

❶ 생성된 차트에 여러 설정을 진행하기 위해 With 문을 사용하여 추가합니다.

❷ 차트명을 표시합니다. 차트명이 항상 표시되는 것은 아니기 때문에 차트명을 변경하기 전에 차트명을 표시해주는 작업을 진행해야 합니다. 엑셀 2016 이상 버전에서 매크로 기록기를 이용해 차트명을 표시하는 동작을 매크로로 기록하면 다음과 같은 코드를 얻을 수 있습니다.

```
ActiveChart.SetElement msoElementChartTitleAboveChart
```

엑셀 2016 버전부터는 새로운 종류의 차트가 추가되고 구성 방법에 여러 변화가 생겼기 때문에 사용하는 코드가 달라진 것입니다. ❷에서 사용한 코드는 엑셀 전체 버전에서 안정적으로 동작하고 코드 길이도 짧아 자주 사용됩니다.

❸ 차트명(ChartTitle)의 문자열(Text)을 "1사분기 지점별 매출 비교"로 변경합니다. 만약 차트명을 다른 셀(예를 들어 [A1] 셀)에 입력된 것으로 변경하려면 다음과 같은 코드에서 셀 주소만 변경하여 사용합니다.

```
.ChartTitle.Text = Range("A1").Value
```

범례는 차트명과 다르게 위치를 설정해야 합니다. 범례가 상단에 표시되도록 수정하겠습니다.

```
Sub 차트생성()

    ActiveSheet.ChartObjects("매크로 차트").Delete

    ActiveSheet.Shapes.AddChart2( _
            Style:=-1, _
            XlChartType:=xlColumnClustered).Select

    ActiveChart.SetSourceData Source:=Range("B5").CurrentRegion

    With ActiveChart.Parent

        .Name = "매크로 차트"
```

```
            .Top = Range("G5").Top
            .Left = Range("G5").Left
            .Height = Range("G5").MergeArea.Height
            .Width = Range("G5").MergeArea.Width

    End With

    With ActiveChart

        .HasTitle = True
        .ChartTitle.Text = "1사분기 지점별 매출 비교"

        .HasLegend = True                          ❶
        .Legend.Position = xlLegendPositionTop                    ❷

    End With

End Sub
```

❶ 생성된 차트에 범례가 표시되도록 설정합니다.
❷ 범례를 차트 상단(차트명 아래)에 표시합니다.
이번에 새로 추가된 ❶, ❷ 코드를 엑셀 2016 이상 버전에서 매크로 기록기를 사용하여 얻으면 다음과 같습니다.

```
ActiveChart.SetElement msoElementLegendTop
```

위 코드를 이용해 한 줄로 범례를 표시하면서 차트 상단에 표시되도록 할 수도 있습니다. ❶, ❷ 코드를 삭제하고 다음 코드만 추가합니다.

```
.SetElement msoElementLegendTop
```

공략 **TIP** 수정된 코드는 차트 설정 (코드 3).txt 파일로 제공됩니다.

코드를 수정한 후 엑셀 창에서 [클릭] 단추를 클릭하면 다음과 같은 차트를 얻을 수 있습니다.

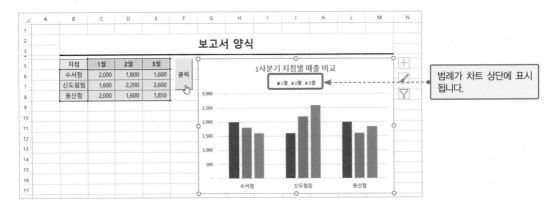

필수 공식 39
피벗 테이블 보고서를 만드는 매크로 개발하기

예제 _ PART 03 \ CHAPTER 10 \ 피벗 테이블. xlsm

작업 이해하기

피벗 테이블.xlsm 예제 파일을 열면 다음과 같은 원본 데이터를 확인할 수 있습니다.

	A	B	C	D	E	F	G
1	지역	지점	월	분류	제품	판매액	
2	경기	고잔점	1월	복사기	컬러레이저복사기 XI-3200	2,998,800	
3	서울	가양점	1월	바코드스캐너	바코드 Z-350	144,900	
4	서울	성수점	1월	팩스	잉크젯팩시밀리 FX-1050	142,200	
5	경기	고잔점	1월	복사용지	프리미엄복사지A4 2500매	160,200	
6	서울	용산점	1월	바코드스캐너	바코드 BCD-100 Plus	605,500	
195	서울	성수점	4월	팩스	잉크젯팩시밀리 FX-1000	397,800	
196	서울	자양점	4월	복사용지	복사지A4 1000매	11,600	
197	서울	신도림점	4월	복합기	잉크젯복합기 AP-3300	226,800	
198	경기	고잔점	4월	복사용지	복사지A4 500매	2,900	
199	경기	고잔점	4월	복합기	레이저복합기 L650	1,022,865	
200	서울	가양점	4월	문서세단기	오피스 Z-03	418,000	
201							
202							
203							

sample

위 데이터를 가지고 다음과 같은 피벗 테이블 보고서를 새로운 시트에 생성해주는 매크로를 개발합니다.

	A	B	C	D	E	F	G
1							
2							
3	매출	열 레이블					
4	행 레이블	1월	2월	3월	4월	총합계	
5	⊟서울	20,735,860	33,749,685	25,060,165	13,235,970	92,781,680	
6	가양점	932,900	516,000	3,095,275	577,900	5,122,075	
7	성수점	4,750,700	6,027,300	3,787,595	586,800	15,152,395	
8	수서점	2,226,800	14,325,225	5,856,200	2,257,360	24,665,585	
9	신도림점	2,000,300	2,819,320	3,532,215	6,798,650	15,150,485	
10	용산점	8,211,560	5,199,020	4,003,355	260,400	17,674,335	
11	자양점	2,613,600	4,862,820	4,785,525	2,754,860	15,016,805	
12	⊟경기	8,098,000	9,428,495	7,575,700	1,909,065	27,011,260	
13	고잔점	3,191,500	617,600	781,200	1,735,765	6,326,065	
14	동백점	456,700	4,298,875	372,100		5,127,675	
15	죽전점	4,449,800	4,512,020	6,422,400	173,300	15,557,520	
16	총합계	28,833,860	43,178,180	32,635,865	15,145,035	119,792,940	
17							
18							

Sheet1　sample

피벗 테이블 보고서를 생성하는 매크로로 개발하기

피벗 테이블 보고서를 생성하는 과정을 매크로 기록기로 기록해 샘플 코드를 얻습니다. 다음과 같은 순서로 작업합니다.

01 [sample] 시트에서 표 내부의 빈 셀이 선택된 상태로 기록을 시작합니다.

02 리본 메뉴의 [개발 도구] 탭-[코드] 그룹-[매크로 기록🔲]을 클릭합니다.

03 [매크로 기록] 대화상자가 표시되면 [매크로 이름]을 **피벗생성**으로 수정하고 [확인]을 클릭합니다.

04 리본 메뉴의 [삽입] 탭-[표] 그룹-[피벗 테이블🔲]을 클릭합니다.

05 [피벗 테이블 만들기] 대화상자가 표시되면 다음과 같이 설정된 상태에서 [확인]을 클릭합니다.

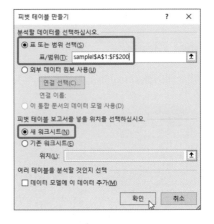

06 피벗 테이블 레이아웃이 표시되면 다음과 같이 피벗 테이블 보고서를 구성합니다.

필드	영역
지역, 지점	행
월	열
판매액	값

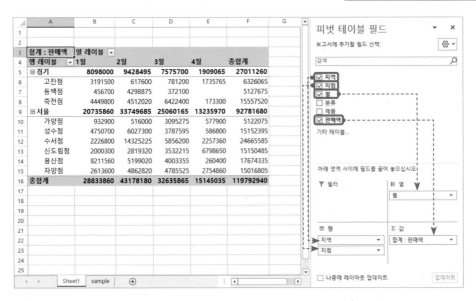

07 서울 지역이 경기 지역보다 상단에 표시되도록 위치를 변경합니다.

08 [A9] 셀을 클릭하고 선택된 셀 테두리 영역에 마우스 커서를 위치시킨 후 [A5] 셀 위쪽으로 드래그합니다.

09 [값] 영역에 삽입된 필드의 표시 형식과 이름을 변경합니다.

10 [A3] 셀을 마우스 오른쪽 버튼으로 클릭한 후 [값 필드 설정]을 클릭합니다.

11 [값 필드 설정] 대화상자가 표시되면 [사용자 지정 이름]을 매출로 변경하고 [표시 형식]을 클릭합니다.

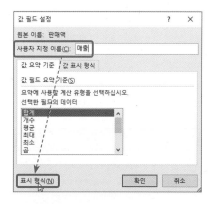

12 [셀 서식] 대화상자가 표시되면 [범주]에서 [숫자]를 클릭하고 [소수 자릿수]–[1000 단위 구분 기호 (,) 사용]에 체크한 후 [확인]을 클릭합니다.

13 [값 필드 설정] 대화상자도 [확인]을 클릭해 닫습니다.

14 모든 작업이 종료되었으므로 리본 메뉴의 [개발 도구] 탭–[코드] 그룹–[기록 중지□]를 클릭합니다.

단축키 Alt + F11 을 눌러 [VB 편집기] 창을 열고 [프로젝트 탐색기] 창에서 [Module1] 모듈을 더블클릭하면 다음과 같은 매크로 코드를 확인할 수 있습니다.

```
Sub 피벗생성()

    Sheets.Add
    ActiveWorkbook.PivotCaches.Create(SourceType:=xlDatabase, SourceData:= _
        "sample!R1C1:R200C6", Version:=7).CreatePivotTable TableDestination:= _
        "Sheet1!R3C1", TableName:="피벗 테이블1", DefaultVersion:=7
    Sheets("Sheet1").Select
    Cells(3, 1).Select
    With ActiveSheet.PivotTables("피벗 테이블1")
        .ColumnGrand = True
        .HasAutoFormat = True
        .DisplayErrorString = False
        .DisplayNullString = True
        .EnableDrilldown = True
        .ErrorString = ""
        .MergeLabels = False
        .NullString = ""
        .PageFieldOrder = 2
        .PageFieldWrapCount = 0
        .PreserveFormatting = True
        .RowGrand = True
        .SaveData = True
        .PrintTitles = False
```

```
        .RepeatItemsOnEachPrintedPage = True
        .TotalsAnnotation = False
        .CompactRowIndent = 1
        .InGridDropZones = False
        .DisplayFieldCaptions = True
        .DisplayMemberPropertyTooltips = False
        .DisplayContextTooltips = True
        .ShowDrillIndicators = True
        .PrintDrillIndicators = False
        .AllowMultipleFilters = False
        .SortUsingCustomLists = True
        .FieldListSortAscending = False
        .ShowValuesRow = False
        .CalculatedMembersInFilters = False
        .RowAxisLayout xlCompactRow
    End With
    With ActiveSheet.PivotTables("피벗 테이블1").PivotCache
        .RefreshOnFileOpen = False
        .MissingItemsLimit = xlMissingItemsDefault
    End With
    ActiveSheet.PivotTables("피벗 테이블1").RepeatAllLabels xlRepeatLabels
    With ActiveSheet.PivotTables("피벗 테이블1").PivotFields("지역")
        .Orientation = xlRowField
        .Position = 1
    End With
    With ActiveSheet.PivotTables("피벗 테이블1").PivotFields("지점")
        .Orientation = xlRowField
        .Position = 2
    End With
    With ActiveSheet.PivotTables("피벗 테이블1").PivotFields("월")
        .Orientation = xlColumnField
        .Position = 1
    End With
    ActiveSheet.PivotTables("피벗 테이블1").AddDataField ActiveSheet.PivotTables( _
        "피벗 테이블1").PivotFields("판매액"), "합계 : 판매액", xlSum
    Range("A9").Select
    ActiveSheet.PivotTables("피벗 테이블1").PivotFields("지역").PivotItems("서울").
    Position _
        = 1
    Range("A3").Select
    With ActiveSheet.PivotTables("피벗 테이블1").PivotFields("합계 : 판매액")
        .Caption = "매출"
        .NumberFormat = "#,##0_ "
    End With
End Sub
```

작업한 단계에 비해 코드가 매우 길어 가독성이 떨어집니다. 쉽게 이해될 수 있도록 정리해줍니다.

공략 TIP 기록된 코드는 피벗 테이블 (코드 1).txt 파일로 제공됩니다.

기록된 코드를 개체변수와 줄 연속 문자(_)를 사용해 정리합니다.

```
Sub 피벗생성()

    Dim 피벗캐시 As PivotCache  ──────────  ❶
    Dim 피벗 As PivotTable  ──────────  ❷

    Sheets.Add

    Set 피벗캐시 = ActiveWorkbook.PivotCaches.Create( _
                  SourceType:=xlDatabase, _
                  SourceData:="sample!R1C1:R200C6", _
                  Version:=7)  ──────────  ❸

    Set 피벗 = 피벗캐시.CreatePivotTable( _
                  TableDestination:="Sheet1!R3C1", _
                  TableName:="피벗 테이블1", _
                  DefaultVersion:=7)  ──────────  ❹

    Sheets("Sheet1").Select
    Cells(3, 1).Select

    With 피벗  ──────────  ❺
        .ColumnGrand = True
        .HasAutoFormat = True
        .DisplayErrorString = False
        .DisplayNullString = True
        .EnableDrilldown = True
        .ErrorString = ""
        .MergeLabels = False
        .NullString = ""
        .PageFieldOrder = 2
        .PageFieldWrapCount = 0
        .PreserveFormatting = True
        .RowGrand = True
        .SaveData = True
        .PrintTitles = False
        .RepeatItemsOnEachPrintedPage = True
        .TotalsAnnotation = False
        .CompactRowIndent = 1
        .InGridDropZones = False
        .DisplayFieldCaptions = True
        .DisplayMemberPropertyTooltips = False
        .DisplayContextTooltips = True
        .ShowDrillIndicators = True
        .PrintDrillIndicators = False
        .AllowMultipleFilters = False
        .SortUsingCustomLists = True
        .FieldListSortAscending = False
        .ShowValuesRow = False
        .CalculatedMembersInFilters = False
```

```
            .RowAxisLayout xlCompactRow
        End With


        With 피벗.PivotCache          ━━━━━━━━━  ❻
            .RefreshOnFileOpen = False
            .MissingItemsLimit = xlMissingItemsDefault
        End With


        피벗.RepeatAllLabels xlRepeatLabels


        With 피벗.PivotFields("지역")    ━━━━━━━━  ❼
            .Orientation = xlRowField
            .Position = 1
        End With


        With 피벗.PivotFields("지점")    ━━━━━━━━  ❽
            .Orientation = xlRowField
            .Position = 2
        End With


        With 피벗.PivotFields("월")     ━━━━━━━  ❾
            .Orientation = xlColumnField
            .Position = 1
        End With


        피벗.AddDataField 피벗.PivotFields("판매액"), "합계 : 판매액", xlSum    ━━━━━━━━━━  ❿


        Range("A9").Select
        피벗.PivotFields("지역").PivotItems("서울").Position = 1    ━━━━━━━  ⓫


        Range("A3").Select
        With 피벗.PivotFields("합계 : 판매액")    ━━━━━━━  ⓬
            .Caption = "매출"
            .NumberFormat = "#,##0_ "
        End With

    End Sub
```

❶ PivotCache 형식의 피벗캐시 개체변수를 선언합니다.

　 피벗 테이블 보고서는 원본 데이터에서 바로 만들어지지 않습니다. 피벗 캐시를 먼저 생성한 후 생성된 피벗 캐시를 가지고 만들어집니다. 캐시를 생성하는 부분과 피벗을 만드는 부분을 구분하기 위한 목적으로 개체변수를 선언했습니다.

❷ PivotTable 형식의 피벗 개체변수를 선언합니다.

　 이 변수에 생성될 피벗 테이블 보고서를 연결합니다.

❸ 피벗캐시 변수에 활성화된 엑셀 파일의 피벗 캐시를 생성해 연결합니다.

　 PivotCaches.Create 메서드에는 다음과 같은 세 개의 매개변수가 있습니다.

매개변수	설정 값
SourceType	[피벗 테이블 보고서 만들기] 대화상자에서 설정할 수 있는 옵션 부분으로 xlDatabase는 [표 또는 범위 선택]을 의미합니다. **피벗 테이블 만들기** ? ✕ 분석할 데이터를 선택하십시오. ◉ 표 또는 범위 선택(S) 　표/범위(T): sample!$A$1:$F$200 ↑ ○ 외부 데이터 원본 사용(U) 　연결 선택(C)... 　연결 이름: ○ 이 통합 문서의 데이터 모델 사용(D)
SourceData	SourceData가 xlDatabase일 때, [표/범위]의 참조 범위를 의미합니다. 즉, sample!R1C1:R200C6은 sample!A1:F200과 동일합니다.
Version	피벗 테이블의 버전 값입니다. 피벗 테이블은 엑셀 버전에 따라 기능 차이가 있으므로 어떤 버전에 맞출지 설정하게 됩니다. 다음 표를 참고합니다. 표 참조: 이 옵션은 엑셀 버전에 따라 표시되지 않을 수도 있고 숫자가 다르게 나올 수도 있습니다. Version 매개변수는 엑셀 버전에 맞춰 자동으로 설정되므로 어떻게 설정해야 할지 막막하다면 사용하지 않아도 상관없습니다.

값	설명
0	엑셀 2000 버전
1	엑셀 2002 버전
2	엑셀 2003 버전
3	엑셀 2007 버전
4	엑셀 2010 버전
5	엑셀 2013 이상 버전
7	마이크로소프트 365 이상 버전

❹ 피벗캐시 변수에 연결된 PivotCache를 가지고 피벗을 생성합니다. CreatePivotTable 메서드의 옵션은 다음과 같습니다.

매개변수	설정 값
TableDestination	피벗 테이블 보고서를 생성할 위치로, [피벗 테이블 만들기] 대화상자 하단에서 설정하는 옵션 값입니다. 피벗 테이블 보고서를 넣을 위치를 선택하십시오. ◉ 새 워크시트(N) ○ 기존 워크시트(E) 　위치(L): _____ ↑ 피벗 테이블 보고서가 새 시트에 만들어질 때 피벗 테이블 보고서의 생성 위치는 항상 [A3] 셀입니다. 그러므로 이 매개변수에 전달된 "Sheet1!R3C1"은 새로 생성된 시트(Sheet1)의 [A3] 셀을 의미하므로 "Sheet1!A3"와 동일합니다.
TableName	피벗 테이블 보고서가 생성되면 순서대로 피벗 테이블1, 피벗 테이블2, …와 같은 이름이 부여되게 됩니다. 매크로 기록기로 기록되는 코드로 사용자가 직접 설정한 부분 외에는 사용할 필요가 없습니다.
DefaultVersion	이 옵션은 PivotCaches.Create의 Version 매개변수와 동일합니다. 사용자가 직접 선택할 필요는 없으므로 사용하지 않아도 상관없습니다.

❺❻❼❽❾❿⓫⓬ ActiveSheet.PivotTables("피벗 테이블1") 코드를 모두 선언된 피벗 변수로 수정합니다.

이제 본격적으로 불필요한 부분을 제거하고 필요한 코드만 남겨놓겠습니다. 피벗 테이블 보고서의 참조 범위와 생성 위치 모두 Range 개체를 이용해 참조합니다. 다음 코드를 참고합니다.

```
Sub 피벗생성1()

    Dim 피벗캐시 As PivotCache
    Dim 피벗 As PivotTable

    Sheets.Add

    Set 피벗캐시 = ActiveWorkbook.PivotCaches.Create( _
                SourceType:=xlDatabase, _
                SourceData:="sample!R1C1:R200C6", _
                Version:=7)                           ❶

    Set 피벗 = 피벗캐시.CreatePivotTable( _
                TableDestination:="Sheet1!R3C1", _
                TableName:="피벗 테이블1", _
                DefaultVersion:=7)                     ❷

    Sheets("Sheet1").Select                            ❸
    Cells(3, 1).Select                                 ❹

    With 피벗                                           ❺
        .ColumnGrand = True
        .HasAutoFormat = True
        .DisplayErrorString = False
        .DisplayNullString = True
        .EnableDrilldown = True
        .ErrorString = ""
        .MergeLabels = False
        .NullString = ""
        .PageFieldOrder = 2
        .PageFieldWrapCount = 0
        .PreserveFormatting = True
        .RowGrand = True
        .SaveData = True
        .PrintTitles = False
        .RepeatItemsOnEachPrintedPage = True
        .TotalsAnnotation = False
        .CompactRowIndent = 1
        .InGridDropZones = False
        .DisplayFieldCaptions = True
        .DisplayMemberPropertyTooltips = False
        .DisplayContextTooltips = True
        .ShowDrillIndicators = True
        .PrintDrillIndicators = False
        .AllowMultipleFilters = False
        .SortUsingCustomLists = True
        .FieldListSortAscending = False
        .ShowValuesRow = False
```

```
        .CalculatedMembersInFilters = False
        .RowAxisLayout xlCompactRow
    End With

    With 피벗.PivotCache                         ——————— ⑥
        .RefreshOnFileOpen = False
        .MissingItemsLimit = xlMissingItemsDefault
    End With

    피벗.RepeatAllLabels xlRepeatLabels          ——————— ⑦

    With 피벗.PivotFields("지역")
        .Orientation = xlRowField
        .Position = 1
    End With

    With 피벗.PivotFields("지점")
        .Orientation = xlRowField
        .Position = 2
    End With

    With 피벗.PivotFields("월")
        .Orientation = xlColumnField
        .Position = 1
    End With

    피벗.AddDataField 피벗.PivotFields("판매액"), "합계 : 판매액", xlSum

    Range("A9").Select                          ——————— ⑧
    피벗.PivotFields("지역").PivotItems("서울").Position = 1

    Range("A3").Select                          ——————— ⑨
    With 피벗.PivotFields("합계 : 판매액")
        .Caption = "매출"
        .NumberFormat = "#,##0_ "
    End With

End Sub
```

❶ PivotCache.Create 메서드의 매개변수 옵션 중 Version은 제거합니다. 그러면 다음과 같은 코드가 됩니다.

```
Set 피벗캐시 = ActiveWorkbook.PivotCaches.Create( _
            SourceType:=xlDatabase, _
            SourceData:="sample!R1C1:R200C6")
```

❷ CreatePivotTable 메서드의 매개변수 중 TableName과 DefaultVersion은 삭제합니다.

```
Set 피벗 = 피벗캐시.CreatePivotTable( _
            TableDestination:="Sheet1!R3C1")
```

❸ 첫 번째 줄에서 Sheets.Add 명령으로 시트가 추가되면 새로운 시트가 현재 작업 시트가 됩니다. 시트를 다시 선택할 필요가 없으므로 삭제합니다.

❹ Cells(3, 1)은 Range("A3")와 동일합니다. 피벗 테이블 보고서가 생성되는 셀이 선택되는 것인데 이미 CreatePivotTable에서 [A3] 셀에 피벗 테이블 보고서를 만들도록 했으니 셀을 선택할 필요는 없으므로 삭제합니다.

❺ With 문으로 피벗 변수에 연결된 피벗 테이블에 여러 옵션을 설정합니다. 피벗 테이블 보고서를 만들 때 옵션을 변경하지 않았기 때문에 이 부분은 필요하지 않으므로 모두 삭제합니다.

❻ 피벗 변수에 연결된 피벗 테이블 보고서의 PivotCache에 별도의 옵션을 설정하는 부분입니다. 따로 설정한 옵션이 없으므로 삭제합니다.

❼ 이 부분 역시 따로 설정한 부분이 없으므로 삭제합니다.

❽ [A9] 셀의 [서울] 항목을 옮기기 위해 선택한 동작입니다. 바로 아래 줄에 의해 [서울] 항목의 위치가 옮겨집니다. 셀을 선택하는 동작은 기록기를 이용할 때만 나타나므로 삭제합니다.

❾ [합계 : 판매액] 필드의 이름과 표시 형식을 변경하기 위해 [A3] 셀을 선택한 부분입니다. 실제 설정은 아래 With 문을 통해 이뤄지므로 셀을 선택할 필요는 없습니다. 삭제합니다.

불필요한 코드를 모두 삭제하고 Range 개체를 이용해 참조 범위를 변경한 후 주석을 첨부해 정리하면 다음과 같은 코드가 됩니다.

```
Sub 피벗생성()

    Dim 피벗캐시 As PivotCache
    Dim 피벗 As PivotTable

    ' 새 시트에 피벗 테이블 보고서를 생성
    Sheets.Add

    Set 피벗캐시 = ThisWorkbook.PivotCaches.Create( _
                        SourceType:=xlDatabase, _
                        SourceData:=Worksheets("sample").Range("A1").CurrentRegion)
                        ─────────── ❶
    Set 피벗 = 피벗캐시.CreatePivotTable(TableDestination:=Range("A3")) ─────── ❷

    ' 행 영역 구성
    With 피벗.PivotFields("지역")
        .Orientation = xlRowField
        .Position = 1
    End With

    With 피벗.PivotFields("지점")
        .Orientation = xlRowField
        .Position = 2
    End With

    ' 열 영역 구성
    With 피벗.PivotFields("월")
```

```
            .Orientation = xlColumnField
            .Position = 1
     End With

     ' 값 영역 구성
     피벗.AddDataField 피벗.PivotFields("판매액"), "합계 : 판매액", xlSum

     ' 행 영역의 지역 필드의 표시 순서 변경
     피벗.PivotFields("지역").PivotItems("서울").Position = 1

     ' 값 영역에 추가된 필드 설정
     With 피벗.PivotFields("합계 : 판매액")
         .Caption = "매출"
         .NumberFormat = "#,##0_ "
     End With

End Sub
```

❶ 피벗캐시 변수에 연결하는 부분을 수정합니다. 수정한 부분은 다음과 같습니다.
첫째, ActiveWorkbook을 ThisWorkbook으로 변경합니다.
이 수정이 꼭 필요한 것은 아니지만 ActiveWorkbook보다는 ThisWorkbook이 좀 더 안정성을 가집니다.
둘째, SourceData 매개변수의 주소를 Range 개체를 이용한 참조로 변경합니다. 이때, 데이터가 추가될 수 있으므로 CurrentRegion을 이용해 동적 범위가 참조될 수 있도록 합니다. 다만 이 부분 때문에 코드가 길어지므로 코드를 짧게 줄이려면 개체변수를 하나 더 사용하는 것이 좋습니다. 코드를 다음과 같이 고칠 수 있습니다.

```
Dim 원본표 As Range

Sheets.Add

Set 원본표 = Worksheets("sample").Range("A1").CurrentRegion

Set 피벗캐시 = ThisWorkbook.PivotCaches.Create( _
                    SourceType:=xlDatabase, _
                    SourceData:=원본표)
```

변수를 사용할 때 위치에 따라 코드도 달라질 수 있습니다. 만약 시트가 추가되기 전에 원본표 변수에 개체를 연결하면 시트를 따로 지정하지 않아도 됩니다. 이렇게

```
Dim 원본표 As Range

Set 원본표 = Range("A1").CurrentRegion

Sheets.Add

Set 피벗캐시 = ThisWorkbook.PivotCaches.Create( _
                    SourceType:=xlDatabase, _
                    SourceData:=원본표)
```

❷ 피벗 변수에 연결하는 부분도 Range 개체를 이용하도록 변경합니다. 이미 Sheets.Add 메서드에 의해 시트가 새로 추가되었으므로, TableDestination 매개변수에 전달할 범위에는 시트가 따로 지정되지 않아도 새로 추가된 시트의 범위가 참조됩니다.

공략 TIP 수정된 코드는 피벗 테이블 (코드 2).txt 파일로 제공됩니다.

코드를 수정한 후 [sample] 시트에 개발한 [피벗생성] 매크로를 실행하면 다음과 같이 새로운 피벗 테이블 보고서가 새로운 시트에 구성되는 것을 확인할 수 있습니다.

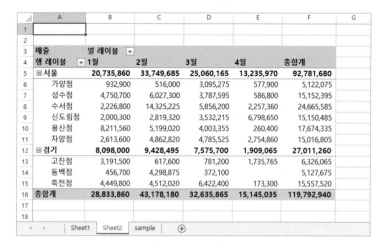

	A	B	C	D	E	F	G
1							
2							
3	매출	열 레이블 ▾					
4	행 레이블 ▾	1월	2월	3월	4월	총합계	
5	⊟서울	20,735,860	33,749,685	25,060,165	13,235,970	92,781,680	
6	가양점	932,900	516,000	3,095,275	577,900	5,122,075	
7	성수점	4,750,700	6,027,300	3,787,595	586,800	15,152,395	
8	수서점	2,226,800	14,325,225	5,856,200	2,257,360	24,665,585	
9	신도림점	2,000,300	2,819,320	3,532,215	6,798,650	15,150,485	
10	용산점	8,211,560	5,199,020	4,003,355	260,400	17,674,335	
11	자양점	2,613,600	4,862,820	4,785,525	2,754,860	15,016,805	
12	⊟경기	8,098,000	9,428,495	7,575,700	1,909,065	27,011,260	
13	고잔점	3,191,500	617,600	781,200	1,735,765	6,326,065	
14	동백점	456,700	4,298,875	372,100		5,127,675	
15	죽전점	4,449,800	4,512,020	6,422,400	173,300	15,557,520	
16	총합계	28,833,860	43,178,180	32,635,865	15,145,035	119,792,940	
17							
18							

Sheet1 | Sheet2 | sample | ⊕

필수 공식

40

피벗 테이블 보고서 활용에 좋은 매크로

예제 _ PART 03 \ CHAPTER 10 \ 피벗 매크로. xlsm

[값] 영역의 집계 함수 변경하기

피벗 테이블 보고서는 [값] 영역에 숫자 필드를 넣으면 합계 함수가(xlSum) 기본 집계 함수로 설정됩니다. 반면 [값] 영역에 텍스트, 날짜, 시간, 논리 값을 갖는 필드를 넣으면 개수 함수(xlCount)가 기본 집계 함수로 설정됩니다.

피벗 매크로.xlsm 예제 파일을 열면 다음과 같은 표를 확인할 수 있습니다. [VB 편집기] 창을 호출하고 [프로젝트 탐색기] 창에서 [피벗매크로] 모듈을 더블클릭하면 다음과 같은 매크로 코드를 확인할 수 있습니다. 피벗 테이블 내 필드의 집계 함수를 변경하는 매크로를 개발해보겠습니다.

```
Sub 집계함수변경()

    ActiveSheet.PivotTables("피벗 테이블1").PivotFields("개수 : 판매액").Function = xlSum
    ──────── ①

End Sub
```

① 현재 시트(ActiveSheet)에서 "피벗 테이블1" 이름을 갖는 피벗 테이블 내 [개수 : 판매액] 필드의 집계 함수를 합계(xlSum)로 변경합니다. 참고로 집계 함수는 다음과 같은 함수로 변경할 수 있습니다.

함수	내장 상수
합계	xlSum
개수	xlCount
평균	xlAverage
최대	xlMax
최소	xlMin
곱	xlProduct
숫자개수	xlCountNum
표준편차	xlStDev, xlStDevP
분산	xlVar, xlVarP

공략 **TIP** 이 코드는 피벗 매크로 (코드 1).txt 파일로 제공됩니다.

앞의 코드는 제대로 동작하지만 코드가 너무 길어 가독성이 떨어집니다. 개체변수나 With 문을 사용해 코드의 길이를 줄이는 것이 좋습니다. 이번에는 With 문을 사용해 코드를 다음과 같이 수정합니다.

```
Sub 집계함수변경()

    With ActiveSheet.PivotTables("피벗 테이블1")  ——————————  ①

        .PivotFields("개수 : 판매액").Function = xlSum

    End With

End Sub
```

① With 문을 사용해 ActiveSheet.PivotTables("피벗 테이블1") 코드와 나머지 코드를 분리해 입력합니다.

코드는 정리됐지만 위 코드는 필드명이 "개수 : 판매액"으로 동일한 경우에만 에러 없이 동작합니다. 이름을 모두 일련번호로 변경하고 피벗 테이블의 필드도 [값] 영역 내의 필드만을 대상으로 하도록 변경합니다. 코드를 다음과 같이 수정합니다.

```
Sub 집계함수변경()

    With ActiveSheet.PivotTables(1)  ——————————  ①

        .DataFields(1).Function = xlSum  ——————————  ②
```

```
    End With

End Sub
```

❶ PivotTables 컬렉션에서 "피벗 테이블1" 대신 숫자 1을 사용해 첫 번째 피벗 테이블을 대상으로 작업하도록 변경합니다. 이렇게 하면 좀 더 안정적으로 코드가 동작됩니다.

❷ PivotFields 컬렉션을 DataFields 컬렉션으로 수정합니다. PivotFields는 피벗 테이블의 모든 영역에 삽입된 필드를 참조할 수 있지만, DataFields 컬렉션은 [값] 영역에 추가된 필드만을 대상으로 합니다. 이번에 수정된 명령은 [값] 영역에 추가된 첫 번째 필드를 대상으로 합니다.

피벗 테이블의 이름 대신 숫자를 사용하여 코드를 구성하면 순환문을 사용해 [값] 영역 내 모든 필드의 집계 함수를 변경하도록 만들 수 있습니다.

For… Next 순환문을 사용하도록 매크로 코드의 구성을 다음과 같이 변경합니다.

```
Sub 집계함수변경()

    Dim i As Long  ─────────── ❶

    For i = 1 To 1  ─────────── ❷

        With ActiveSheet.PivotTables(1)

            .DataFields(i).Function = xlSum  ─────────── ❸

        End With

    Next

End Sub
```

❶ 순환문에서 사용할 Long 형식의 i 변수를 선언합니다.

❷ For… Next 문을 사용해 i 변수를 1에서 1까지 1씩 증가시킵니다.
  [값] 영역에 삽입한 필드의 개수를 모르므로 일단 1에서 1까지로 고정해놓고 필드수를 확인한 다음 코드를 수정합니다.

❸ DataFields 컬렉션에 1 대신 i 변수를 이용해 n번째 필드의 집계 함수를 변경하도록 수정합니다.

공략 TIP 수정된 코드는 피벗 매크로 (코드 2).txt 파일로 제공됩니다.

[값] 영역에 삽입된 필드의 개수를 알려면 DataFields 컬렉션의 Count 속성을 사용합니다. 다음 코드를 참고합니다.

```
Sub 집계함수변경()

    Dim i As Long
    Dim 필드수 As Long ─────────── ❶

    필드수 = ActiveSheet.PivotTables(1).DataFields.Count ──────── ❷

    For i = 1 To 필드수 ───────── ❸

        With ActiveSheet.PivotTables(1)

            .DataFields(i).Function = xlSum

        End With

    Next

End Sub
```

❶ [값] 영역 내 삽입된 필드의 개수를 저장할 Long 형식의 필드수 변수를 선언합니다.
❷ 필드수 변수에 현재 시트 내 첫 번째 피벗 테이블 내 [값] 영역의 필드 개수를 저장합니다.
  DataFields 컬렉션은 [값] 영역에 삽입된 필드를 모두 포함하므로 모든 컬렉션에 제공되는 Count 속성을 이용하면 모든 필드의 개수를 알 수 있습니다. For… Next 순환문을 이용해 모든 대상을 처리하도록 만들려면 컬렉션과 개체를 구분할 수 있어야 하고, 컬렉션의 Count 속성 값을 확인하는 방법을 알아야 합니다.
❸ For… Next 순환문에서 i 변수의 마지막 값을 필드수 변수의 값으로 처리합니다.
  순환문 내에서 모든 [값] 영역 내 필드의 집계 함수를 변경할 수 있습니다.

코드가 제대로 동작하는지 확인해보기 위해 피벗 테이블 보고서의 [값] 영역에 [판매액] 필드를 드래그해 몇 번 더 삽입합니다.

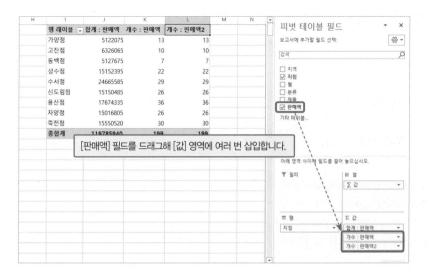

[집계함수변경] 매크로를 동작시키면 [값] 영역 내 모든 필드의 집계 함수가 합계로 변경되어야 합니다.

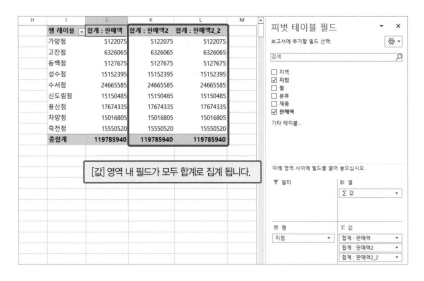

[값] 영역 내 필드가 모두 합계로 집계 됩니다.

With 문의 위치를 옮기면 코드를 좀 더 효율적으로 구성할 수 있습니다. 다음 코드를 참고해 수정합니다.

```
Sub 집계함수변경()

    Dim i As Long
    Dim 필드수 As Long

    With ActiveSheet.PivotTables(1) ─────────── ❶

        필드수 = .DataFields.Count ─────────── ❷

        For i = 1 To 필드수

            .DataFields(i).Function = xlSum

        Next

    End With

End Sub
```

❶ With 문의 위치를 For… Next 문의 최상단으로 옮깁니다.
❷ 필드수 변수에 값을 저장할 때 사용하던 ActiveSheet.PivotTables(1)도 With 문 안에서 동작하여 코드 길이가 줄어듭니다.

공략 TIP 수정된 코드는 피벗 매크로 (코드 3).txt 파일로 제공됩니다.

피벗 테이블 보고서가 여러 개 있고 모든 [값] 영역 내 필드의 집계 함수를 원하는 대로 변경하고 싶다면 For… Next 문을 중첩해 처리합니다. 다음 코드를 참고합니다.

```
Sub 집계함수변경()

    Dim i As Long
    Dim 필드수 As Long
    Dim k As Long              ──────────────  ❶
    Dim 피벗수 As Long          ──────────────  ❷

    피벗수 = ActiveSheet.PivotTables.Count     ──────────────  ❸

    For k = 1 To 피벗수         ──────────────  ❹

        With ActiveSheet.PivotTables(k)        ──────────────  ❺

            필드수 = .DataFields.Count

            For i = 1 To 필드수

                .DataFields(i).Function = xlSum

            Next

        End With

    Next

End Sub
```

❶ For… Next 순환문에서 사용할 Long 형식의 k 변수를 선언합니다.
❷ 현재 시트의 피벗 테이블 개수를 저장할 Long 형식의 피벗수 변수를 선언합니다.
❸ 피벗수 변수에 현재 시트 내 PivotTables 컬렉션의 개수를 저장합니다. 현재 시트 내 피벗 테이블의 개수를 확인할 수 있습니다.
❹ For… Next 순환문을 사용해 k 변수를 1에서 피벗수 변수의 값이 될 때까지 1씩 증가시킵니다.
❺ With 문의 PivotTables 컬렉션의 1을 k 변수로 변경합니다.
　 k번째 피벗 테이블의 [값] 영역 내 모든 필드를 대상으로 모든 집계 함수를 합계로 변경합니다.

공략 TIP 수정된 코드는 피벗 매크로 (코드 4).txt 파일로 제공됩니다

위 코드는 현재 시트에 피벗 테이블 보고서가 하나 이상 있는 경우에 사용할 수 있습니다.

피벗 테이블 새로 고침하기

피벗 테이블 보고서는 원본 표의 변경된 내역을 바로 반영하지 않고 [새로 고침 🔄]을 클릭해야 원본 데이터를 다시 반영하는 구조를 갖고 있습니다. 새로 고침을 해주는 매크로를 개발해보겠습니다.

예제에서 [F7] 셀에 '미정'이 입력되어 있어 오른쪽 피벗 테이블의 [합계 : 판매액]에는 해당 셀의 금액이 포함되지 않습니다. [B7] 셀을 보면 [F7] 셀은 죽전점의 판매 내역이며 [J10] 셀을 보면 죽전점의 [합계 : 판매액]은 15,550,520입니다.

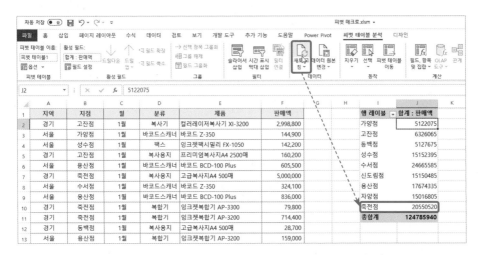

[F7] 셀의 값을 **5,000,000**으로 변경합니다. 그래도 [J10] 셀의 [합계 : 판매액]에는 변화가 없습니다.

이제 피벗 테이블 보고서 내의 셀을 하나 클릭하고 리본 메뉴의 [피벗 테이블 분석] 탭-[데이터] 그룹-[새로 고침 🔄]을 클릭하면 [J10] 셀의 죽전점 매출이 증가합니다.

[새로 고침] 명령을 매크로 기록기로 기록하면 다음과 같은 코드를 얻을 수 있습니다.

```
Sub 새로고침()

    ActiveSheet.PivotTables("피벗 테이블1").PivotCache.Refresh ——————— ❶

End Sub
```

❶ 현재 시트(ActiveSheet) 내 "피벗 테이블1" 이름을 갖는 피벗 테이블의 캐시를 새로 고침합니다.

만약 여러 피벗 테이블 보고서를 한번에 새로 고침을 하려면 코드를 다음과 같이 수정합니다.

```
Sub 새로고침()

    Dim i As Long
    Dim 피벗수 As Long

    피벗수 = ActiveSheet.PivotTables.Count

    For i = 1 To 피벗수

        ActiveSheet.PivotTables(i).PivotCache.Refresh

    Next

End Sub
```

❶ 현재 시트(ActiveSheet) 내 "피벗 테이블1" 이름을 갖는 피벗 테이블에서 [개수 : 판매액] 필드의 집계 함수를 합계 함수(xlSum)로 변경합니다.

공략 TIP 수정된 코드는 피벗 매크로 (코드 5).txt 파일로 제공됩니다.

찾아보기